UDO MAINZER

KLEINE ILLUSTRIERTE **KUNSTGESCHICHTE** DER STADT KÖLN

J.P. BACHEM VERLAG

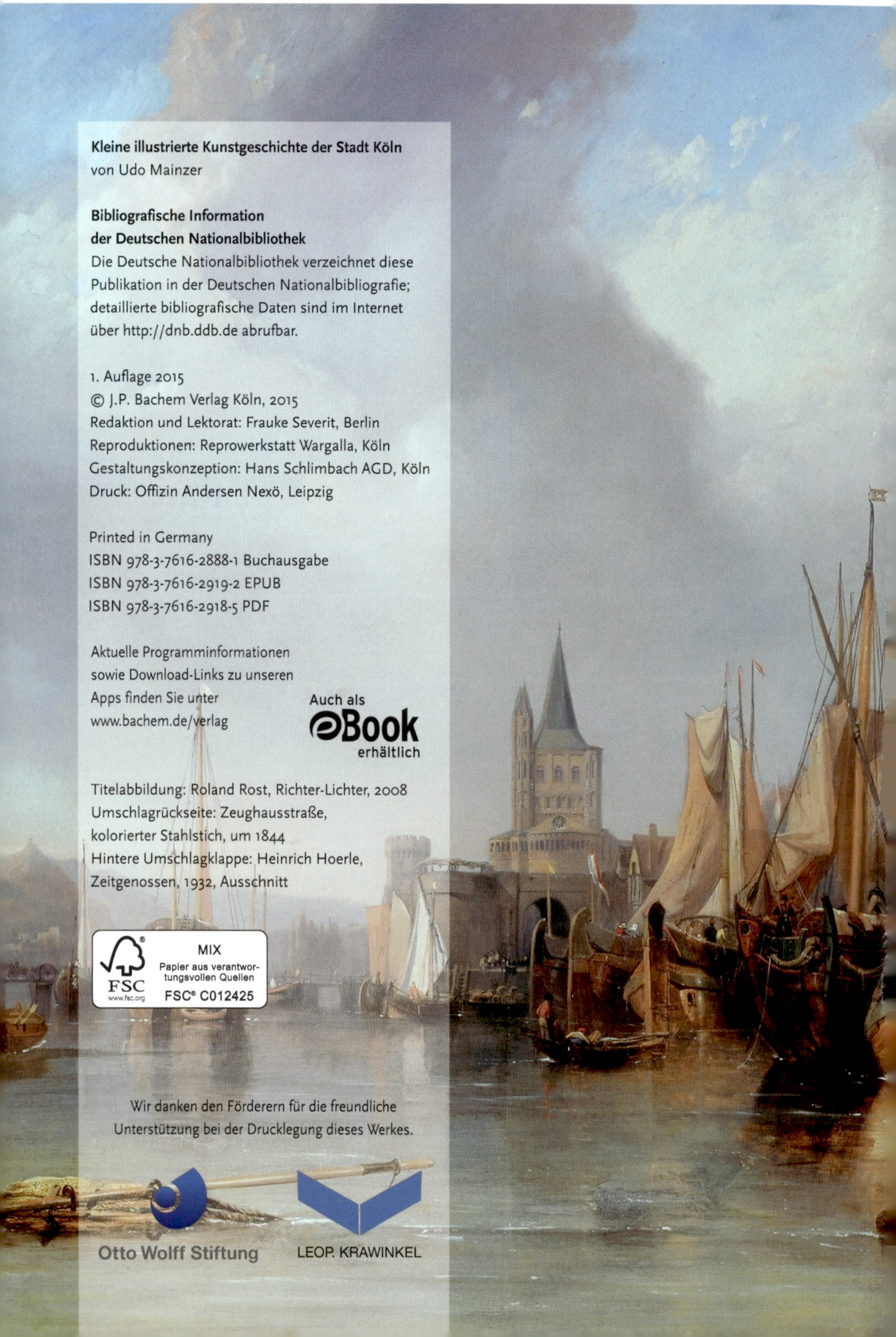

Kleine illustrierte Kunstgeschichte der Stadt Köln
von Udo Mainzer

Bibliografische Information der Deutschen Nationalbibliothek
Die Deutsche Nationalbibliothek verzeichnet diese Publikation in der Deutschen Nationalbibliografie; detaillierte bibliografische Daten sind im Internet über http://dnb.ddb.de abrufbar.

1. Auflage 2015

Redaktion und Lektorat: Frauke Severit, Berlin
Reproduktionen: Reprowerkstatt Wargalla, Köln
Gestaltungskonzeption: Hans Schlimbach AGD, Köln
Druck: Offizin Andersen Nexö, Leipzig

Printed in Germany
ISBN 978-3-7616-2888-1 Buchausgabe
ISBN 978-3-7616-2919-2 EPUB
ISBN 978-3-7616-2918-5 PDF

Aktuelle Programminformationen sowie Download-Links zu unseren Apps finden Sie unter www.bachem.de/verlag

Auch als eBook erhältlich

Titelabbildung: Roland Rost, Richter-Lichter, 2008
Umschlagrückseite: Zeughausstraße, kolorierter Stahlstich, um 1844
Hintere Umschlagklappe: Heinrich Hoerle, Zeitgenossen, 1932, Ausschnitt

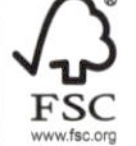

MIX
Papier aus verantwortungsvollen Quellen
FSC® C012425

Wir danken den Förderern für die freundliche Unterstützung bei der Drucklegung dieses Werkes.

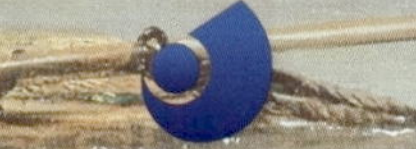

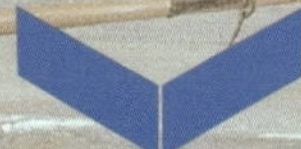

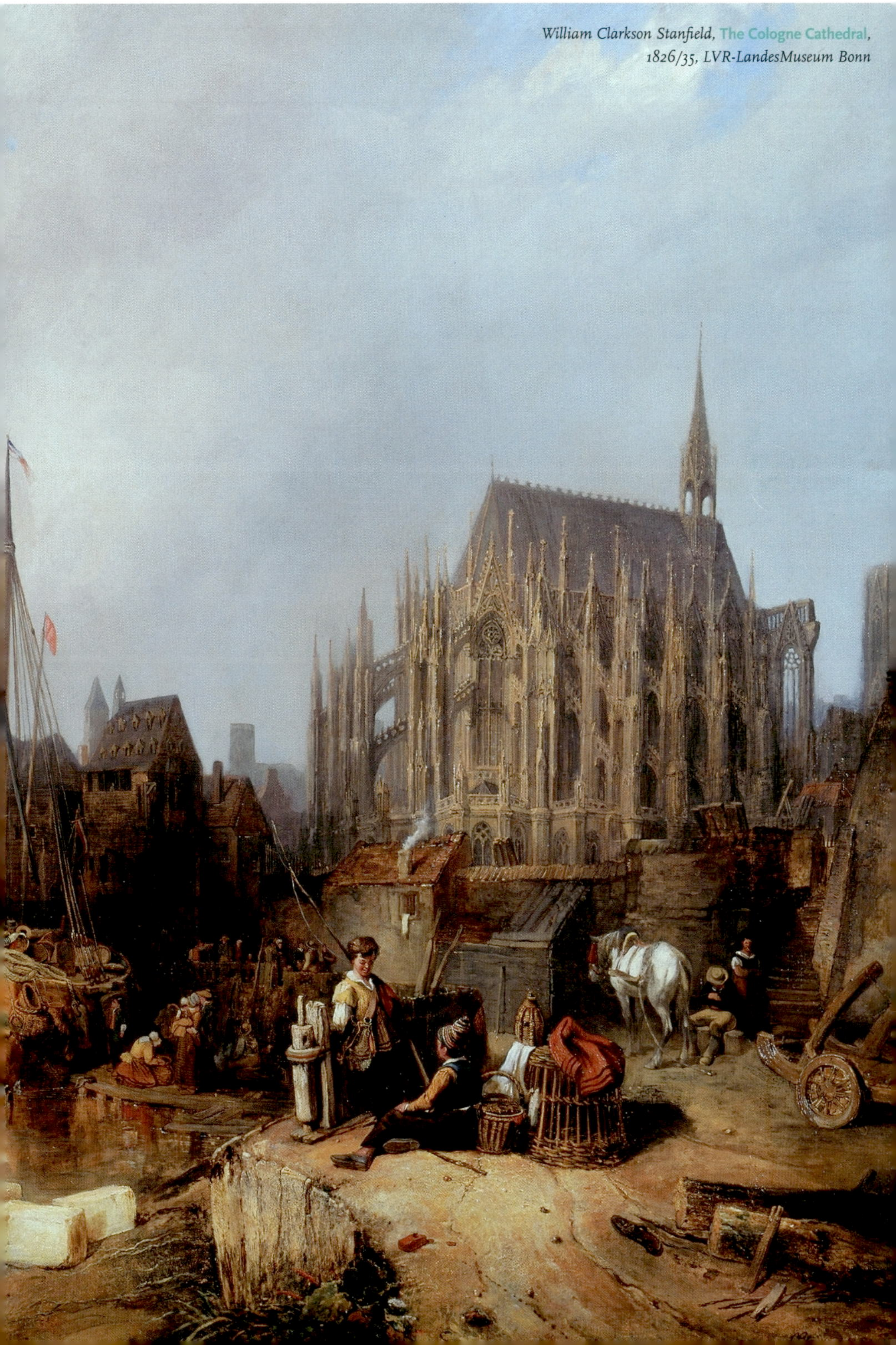

William Clarkson Stanfield, The Cologne Cathedral, 1826/35, LVR-LandesMuseum Bonn

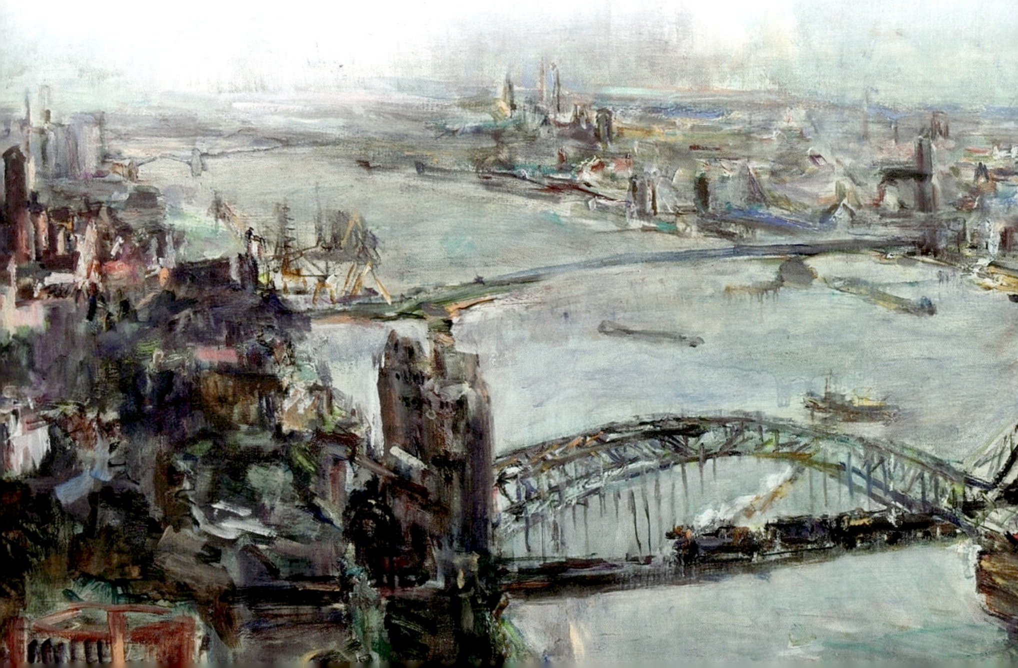

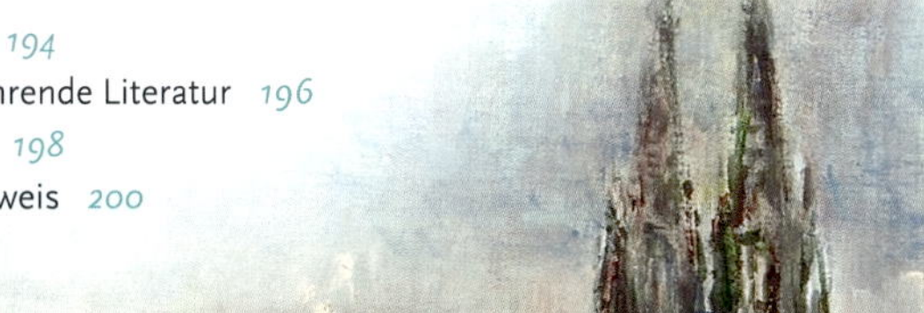

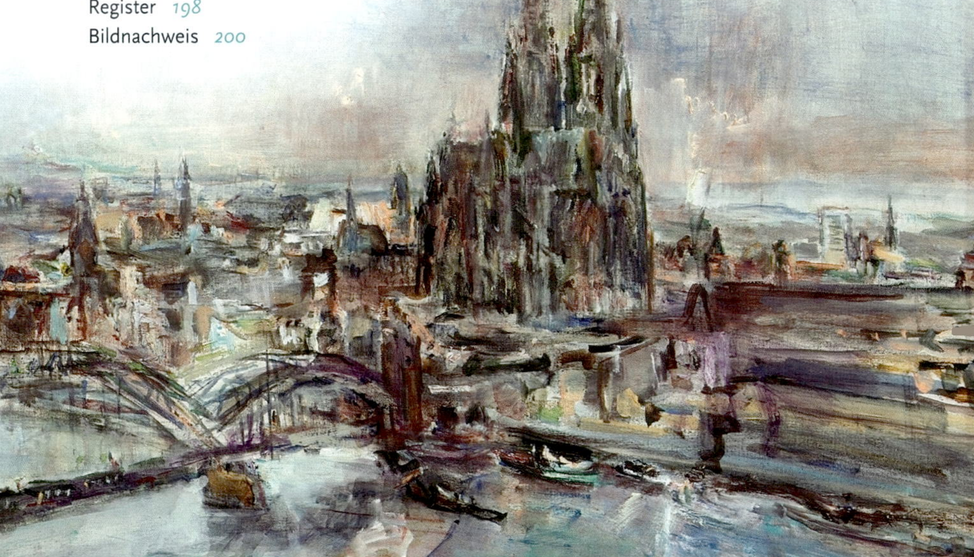

Oskar Kokoschka, **Köln vom Messeturm**, *1956, Museum Ludwig Köln*

In der menschlichen Natur liegt ein heftiges Verlangen,
zu allem, was wir sehen, Worte zu finden,
und fast noch lebhafter ist die Begierde,
dasjenige mit Augen zu sehen, was wir beschrieben hören.

Johann Wolfgang von Goethe
Tagebuch der Schweizer Reise, 1797

EINLEITUNG

Köln ist seit mehr als zweitausend Jahren eine an Kunst überaus reiche Stadt. Diesen einzigartigen Reichtum und die damit verbundene kulturelle Vielfalt verdankt sie vornehmlich ihrer Lage am Rhein. Der durch ihn erschlossene Fernhandel erreichte seit dem 10. Jahrhundert nahe und ferne Länder. Kölner Kaufleute unterhielten Kontore in Weltstädten wie Brügge, London und Venedig. Diese wirtschaftlichen Beziehungen brachten mannigfache Einflüsse durch das Kunstschaffen anderer Kulturregionen. Zugleich bescherte der Handel der Stadt einen Wohlstand, der es ermöglichte, die Kunst großzügig zu fördern und Köln mit seinen künstlerischen Leistungen anregend auch für andere Landschaften werden zu lassen.

Ausschlaggebend für den Reichtum Kölns war vor allem das Stapelrecht. Die Stellung Kölns gründete neben wirtschaftlicher Macht ebenso auf der politischen Stellung, die die Kölner Erzbischöfe während des Mittelalters im Reich innehatten. Ihnen stand seit Pilgrim (1021–36) das Recht der Königskrönung zu. Weitere Geltung verschaffte ihnen ihr Amt als Erzkanzler des Heiligen Römischen Reiches Deutscher Nation.

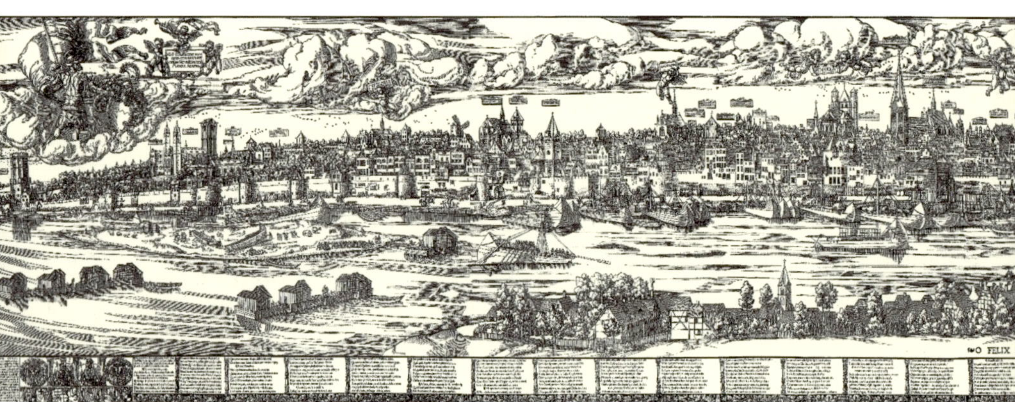

Anton Woensam, Große Stadtansicht von Köln, *Holzschnitt, 1531*

Seit der von Karl d. Gr. begründeten Reichskirchenzeit, in der sich weltliche Machtausübung vorrangig auf Einrichtungen der Kirche stützte, gelangte die Kunst dank der Förderung durch die Kölner Erzbischöfe im Verein mit den vorwiegend adelig besetzten Stiften zu erstaunlicher Blüte. Der umfängliche Reliquienbesitz und der damit einhergehende Frömmigkeitskult beflügelte neben der Wirtschaft eine Kunstproduktion auf höchstem Niveau, um den religiösen und liturgischen Ansprüchen angemessen gerecht zu werden. Bischof Otto von Freising, der bedeutende Geschichtsschreiber des Mittelalters, konnte deshalb loben: „Alle Städte Galliens und Germaniens übertrifft Köln an Reichtum und Bauwerken, an Größe und Pracht".

Spiegelbild dessen ist der fast vier Meter breite Stadtprospekt, mit dem Anton Woensam 1531 der Stadt Köln und ihrem Selbstverständnis ein grandioses Denkmal in Holz geschnitten hat. Mit der zugehörigen Widmungsinschrift ‚O felix Agrippina nobilis Romanorum Colonia' – O glückliches Agrippina, vornehme Kolonie der Römer – wird nicht nur die stolze, bis in die Römerzeit reichende Herkunft beschworen, sondern auch bejubelt, dass die Stadt allen Grund hat, sich glücklich zu schätzen.

Köln fühlte sich mit seinen Kunstschätzen nicht nur als glückliche Stadt. Mit elf Stiftskirchen, 18 Pfarrkirchen, 14 Männer- und 24 Frauenklöstern, etlichen kleineren Konventen, mehr als 30 Kapellen und nicht zuletzt wegen der zahlreichen Heiligenlegenden, die sich mit ihr verbanden, erschien sie wie eine heilige Stadt. Johann Koelhoff benannte sein historisches Werk über Köln absichtsvoll ‚Cronica van der

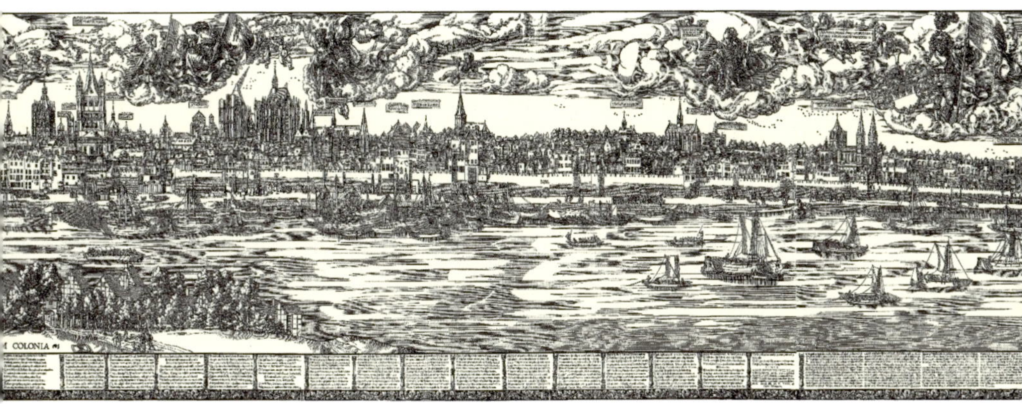

hilliger stat van Coellen'. Das von einem christlichen Heilsplan geordnete Stadtgefüge dieser Sancta Colonia war gezeichnet durch das Kirchenkreuz aus Bischofskirche, Groß St. Martin, St. Maria im Kapitol und St. Kolumba, in dessen Schnittpunkt St. Laurenz (1818 abgebrochen) lag. Und mit der Kirche des 1003 auf der rechten Rheinseite gegründeten Benediktinerklosters wurde das Kreuz über den Strom hinweg ergänzt. Auch in ihrem seit 1149 verwendeten Stadtsiegel rühmt sich Köln als ‚sancta colonia'.

Nach der Schlacht 1288 bei Worringen, in der die Kölner Bürgerschaft ihren Erzbischof geschlagen und zum Verlassen der Stadt genötigt hatte, bewährten sich Patriziat, Bürgertum und die in Gaffeln organisierte Handwerkerschaft als wichtige Initiatoren und Mäzene des Kunstschaffens in Köln. Das Zeitalter der Gotik schränkte die Vorrangstellung der Kirche zugunsten einer erstarkenden Bürgerschaft ein. 1388 wurde die von ihr getragene Universität als erste in Deutschland gegründet, und 1396 beendeten die Zünfte und Gilden die alte Gesellschaftsordnung, indem sie den Rat der Stadt stellten und mit dem Bau des Rathausturmes weithin sichtbar ihre Machtposition demonstrierten. Es entstanden vermehrt respektable Bauwerke für öffentliche und private Zwecke. Auch hielt die Kunst zunehmend Einzug in die Intimität der persönlichen Sphäre. Durch kaiserliches Dekret stieg Köln 1474 zur freien Reichsstadt auf.

Ihr von Humanismus und Renaissance gefestigtes Selbstbewusstsein zeigte sich in einer Vielzahl vornehmer Geschäfts- und Wohnhäuser, in denen oftmals bedeutende Werke der Kunst ihr Zuhause fanden. Gleichzeitig waren die Bürger bereit, für ihr Seelenheil kirchliche Einrichtungen großzügig mit kunstvollen Stiftungen zu bedenken. Die Vertreibung des erzbischöflichen Stadtherrn im frühen 13. Jahrhundert musste Köln damit bezahlen, dass im 17. und 18. Jahrhundert künstlerische Impulse oftmals von dessen Residenzen in Bonn und Brühl ausgingen.

Mit den Zerstörungen und Plünderungen während der Französischen Revolution und nachfolgender Säkularisation verlor die Stadt Dreiviertel ihrer Sakralbauten mitsamt des wertvollen Inventars. Kunstliebenden Persönlichkeiten wie Ferdinand Franz Wallraf und die Brüder Sulpiz und Melchior Boisserée ist es zu verdanken, beachtliche Kunstschätze durch Erwerb vor Verschleuderung oder Vernichtung bewahrt zu haben. Ihre Sammlungen bildeten den Grundstock für das Wallraf-Richartz-Museum in Köln und die Alte Pinakothek in München.

Die Einverleibung Kölns 1815 in das Königreich Preußen und der Einsatz der Dampfmaschine bei Schifffahrt und Eisenbahn eröffneten Köln erneut wichtige Handelsverbindungen. Zusammen mit der prosperierenden Metall- und Chemieindustrie legten sie den Grundstein für einen neuerlichen Wohlstand, der sich im 19. Jahrhundert niederschlug in großartigen Leistungen von Architektur und Stadtbaukunst, beauftragt von öffentlichen, privaten und kirchlichen Bauherren.

Führende Architekten entwarfen für die Werkbundausstellung 1914 wegweisende Bauten. Zwei Jahre zuvor hatte die Sonderbundausstellung vorwiegend Werke der französischen Impressionisten und der Brücke-Maler in Köln vereint. Mit der Umbenennung der ‚Kunstgewerbeschule' 1926 in die ‚Kölner Werkschulen' bekundete Köln erneut seine Bedeutung als Ort des Kunstschaffens und mit der Erweiterung des Wallraf-Richartz-Museums in den 1930er-Jahren um erlesene Sammlungen als herausragender Hort der Kunst.

Nach dem Zweiten Weltkrieg fand diese Tradition ihre Fortsetzung vor allem durch die Sammlungen des Ehepaars Irene und Peter Ludwig mit dem erweiterten Blick auf die Kunst Amerikas und den europäischen Osten. Als Stätte der Entstehung von Kunst, als Bühne für deren Präsentation und als weltweit agierender Umschlagplatz für sie belegt seit 1967 die ‚Art Cologne' als älteste Kunstmesse, wie nahe Köln am Puls der Kunst lebt. Zehn Kunstmuseen und etwa hundert Galerien erheben sie zu einer Metropole der Kunst in Europa und weit darüber hinaus. Mit der Gründung des WDR 1955 begann der Aufstieg Kölns zur bedeutenden Medienstadt Deutschlands.

Eine Kunstgeschichte der Stadt Köln hat sich vorrangig mit den Kunstwerken zu befassen, die hier im Laufe der Jahrhunderte hervorgebracht wurden. Doch das allein würde die Sicht auf den faszinierenden Bestand an Kunst in dieser Stadt unzulässig einengen. Deshalb sind bisweilen auch solche Werke zu betrachten, die außerhalb von Köln eigens für diese Stadt gefertigt wurden oder dazu beigetragen haben, den Ruhm Kölns als Stadt der Kunst zu verfestigen. Dabei kommt man nicht umhin, etliche ihrer Schöpfungen als die ältesten, größten oder bedeutendsten in Deutschland, wenn nicht in Europa herauszustellen. Zudem steht es einer Geschichte der Kunst in Köln gut zu Gesicht, in römischer Zeit zu beginnen, ist doch bereits der Name der Stadt eine im Wandel der Geschichte sprachlich geronnene Form von ‚Colonia', wie sie die Römer nannten.

ANTIKE HOCHKULTUR AM RHEIN: DIE RÖMERZEIT

Wer die Kernstadt Kölns durchwandert, begegnet bei jedem Schritt dem genetischen Abdruck, den die römische Herrschaft im Grundrissgefüge der Stadt hinterlassen hat. Bis heute bestimmt das römischen Militärlagern und Zivilstädten entlehnte, weitgehend rechtwinklige Straßennetz den Grundriss zwischen Getrudenstraße/Clemensstraße und Martinstraße sowie Burgmauer und den Bächen. Die übliche Durchkreuzung mit den dominanten Straßenzügen von Cardo Maximus und Decumanus Maximus lebt fort in Hohestraße und Schildergasse.

Dieser Ausformung des Stadtareals ging eine Geschichte voraus, die um 55 v. Chr. einsetzt, als Gaius Julius Caesar mit der Eroberung Galliens begann, den Rhein überquerte und die jenseits des Flusses ansässigen Ubier als wichtige Bundesgenossen gewinnen konnte. Diese veranlasste sein Nachfolger Marcus Vipsanius Agrippa 38 v. Chr., in die bis dahin unbevölkerte Kölner Bucht umzusiedeln, um dort ein Hauptquartier für den Oberbefehlshaber der römischen Truppen auszubauen. Das daraus erwachsene Oppidum Ubiorum war nicht nur Flottenstützpunkt und Handelszentrum, sondern zugleich religiöser Mittelpunkt der Ubier. Ihr zentrales Heiligtum, die Ara Ubiorum, wird im Jahr 9 erstmals erwähnt.

Nachdem die Römer die Hoffnung auf eine Ausdehnung ihres Reiches jenseits des Rheins aufgeben mussten, erhoben sie das Oppidum Ubiorum zur Hauptstadt Niedergermaniens. Hier wurde Julia Agrippina, die ehrgeizige Enkelin Agrippas, 19 n. Chr. geboren. Im Jahr 50 bringt sie ihren Onkel und Gemahl Kaiser Claudius dazu, die Ubiersiedlung zur Colonia zu erheben, wodurch sie nach römischem Staatsrecht Stadt wurde. Sie führte fortan den Namen Colonia Claudia Ara Agrippinensium (CCAA), später Colonia Agrippinensis und ab der zweiten Hälfte des 5. Jahrhunderts wird sie nur noch ‚Colonia' genannt. Seit 90 Hauptstadt der römischen Provinz Niedergermanien, war sie von 257–74 Residenzort der Kaiser des Gallischen Sonder-

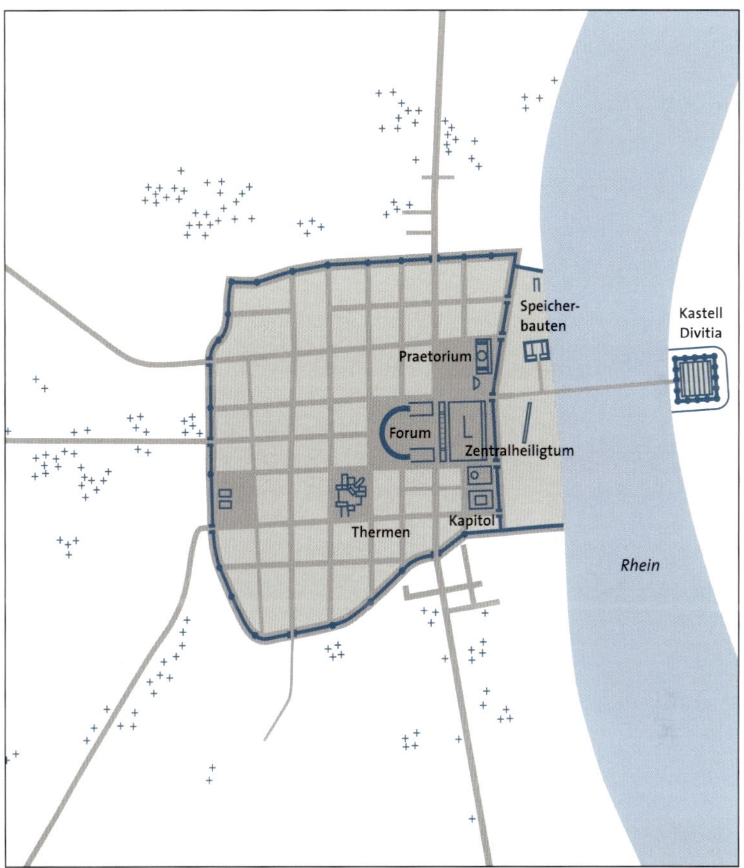

Das römische Köln, *die CCAA, Plan mit den Hauptbauten und der Stadtmauer*

reiches. Sie gewährte in ihren Mauern Zuwanderern unterschiedlicher Ethnien und Religionen Unterkunft und wurde so zum Schmelztiegel mannigfacher kultureller Strömungen.

MONUMENTAL UND REPRÄSENTATIV

Im heutigen Stadtraum unmittelbar erlebbar sind aus der Römerzeit im Wesentlichen nur noch wenige hinsichtlich ihrer Mauertechnik aufschlussreiche Sockelreste von Abschnitten der Mauer, die seit dem 1. Jahrhundert die Stadt, kaum größer als das Oppidum Ubiorum, mit fast vier Kilometern Länge umgürtete. Jene bestand aus einem gut zwei Meter dicken Kern aus Gussbeton (opus caementitium) mit einer Vorblendung aus regelmäßigen Grauwackequadern. Sie besaß mindestens neun Tore und 19 runde Wehrtürme. Am besten von diesen erhalten und baukünstlerisch interessant ist der um 50 an der Nordwestecke der Umwehrung (St. Apernstraße/Zeughausstraße) erbaute, Römerturm genannte Rundturm, der mit seiner Ornamentik aus farbigen Steinen an Bauwerke erinnert, wie sie auch anderenorts im Römischen Reich anzutreffen sind. In seinem Bestand ist er so gut überkommen, weil er seit Anfang des 14. Jahrhunderts dem benachbarten Klarissenkloster als Abortanlage diente.

Von Steinmetzhand feinteiliger bearbeitete Fragmente zeigt das Römisch-Germanische Museum mit der aus Spolien rekonstruierten Archivolte der mittleren Durchfahrt vom einstigen Nordtor der Römerstadt mit der eingemeißelten Stadtsignatur CCAA. Sein seitlicher Durchlass, zusammengefügt aus 70 originalen Steinquadern, ist nur wenig entfernt vom ursprünglichen Standort westlich des Domes aufgestellt. Das um 90, vielleicht auch erst um die Mitte des 3. Jahrhunderts, erbaute Tor besaß zwischen rechteckigen Flankentürmen drei Durchlässe, von denen der mittlere als Straßentrasse breiter und höher war. Aus den Fundstücken ist keine genauere Vorstellung zu gewinnen vom Aussehen des Tores in Gänze, namentlich seiner oberen Geschosse.

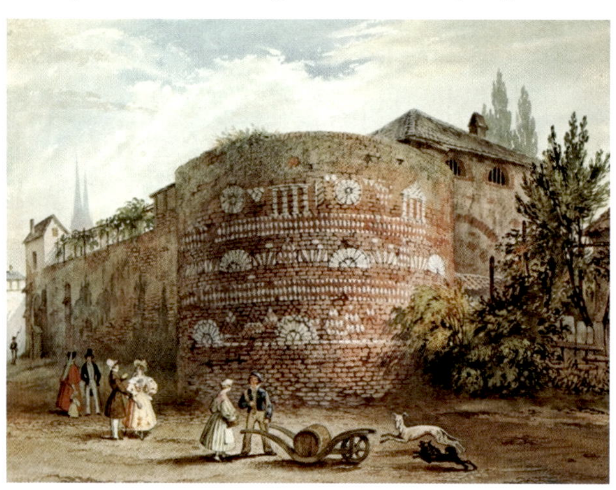

Römerturm, *Aquarell von G. Osterwald, 1836*

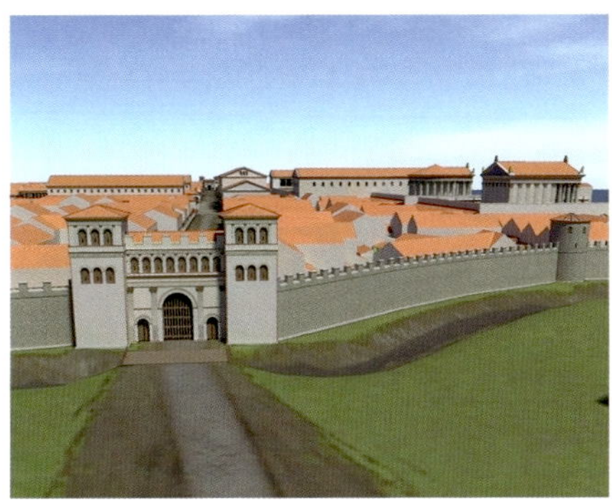

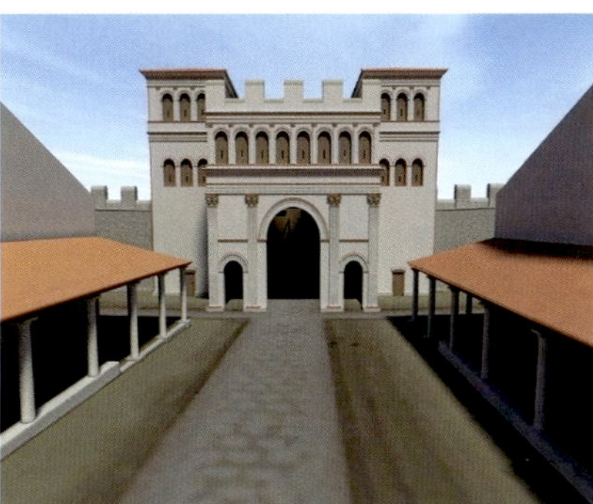

Nordtor der CCAA, *digitale Rekonstruktion der Feld- und der Stadtseite*

Weniger auf Repräsentation als vielmehr auf fortifikatorische Effektivität ausgerichtet waren dagegen die beiden Tore, die nach Westen und Osten das Kastell Divitia (Deutz) erschlossen, das Kaiser Konstantin um 310 auf der rechten Rheinseite anlegen ließ. Wie alle 14 Türme dieser im Grundriss quadratischen Befestigung hatten auch die zu Seiten der Tore einen runden Querschnitt, was sie im Gegensatz zu quadratischen Türmen wie am Nordtor weniger anfällig machte gegen mechanische Angriffe.

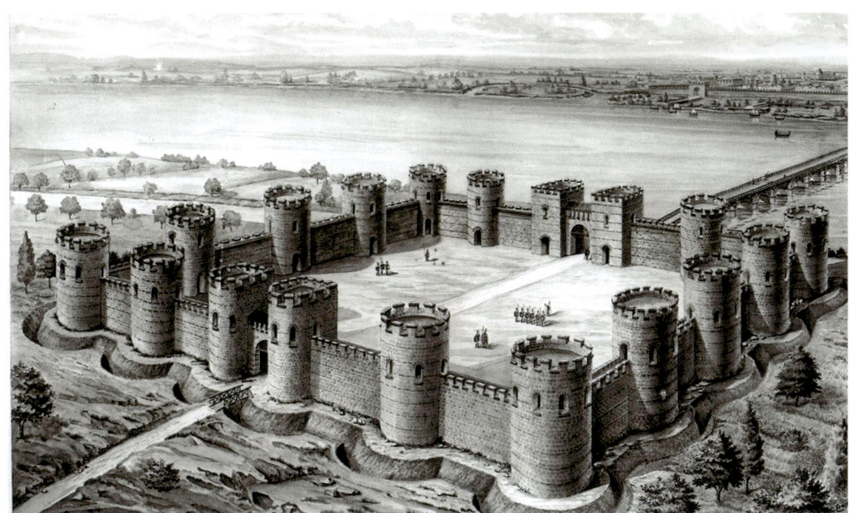

Kastell Divitia, *um 310, Rekonstruktionsvorschlag, 1950*

Der Status der römischen Colonia manifestierte sich in stattlichen Bauten für Verwaltung, Religion und Kultur. Ihr Zentrum, das Forum, gruppierte sich um den Kreuzungsbereich von Cardo Maximus und Decumanus Maximus. Diesen weiträumigen Versammlungsplatz begrenzte nach Westen eine im Halbkreis angelegte Säulenhalle mit einem Portikus in der Mitte und ostwärts seitlich anschließende Hallenbauten. Ihnen quer zum Rhein hin vorgelagert war die Ara Ubiorum. Dazu benachbart erstreckte sich nach Norden das Praetorium, der Statthalterpalast, ein Bau mit zahlreichen offiziellen und privaten Räumen, wohl im 1. Jahrhundert begonnen und bis ins 4. Jahrhundert mehrfach umgebaut. Seine Gebäudemitte betonte ein Oktogon, das einen runden Saal überragte. Pilaster gliederten die Fassade, quergestellte Apsidenbauten schlossen den Baukörper an seinen Flügeln ab. Nördlich davon lag der kleine Mercurius-Augustus-Tempel und südlich des Zentralheiligtums erhoben sich zwei größere Tempelanlagen, von denen die der Capitolinischen Trias von Jupiter, Juno und Minerva geweihte Erwähnung verdient, weil auf ihren Fundamenten später St. Maria im Kapitol gegründet wurde. In der römischen Alltagskultur spielten Thermen eine wichtige Rolle. Solche gab es auch in der Colonia, aus denen die westlich vom Kapitolshügel gelegene durch ihre Ausdehnungen hervorstach. Anzunehmen ist, dass ebenfalls ein Theater, ein Amphitheater und ein Zirkus existiert haben.

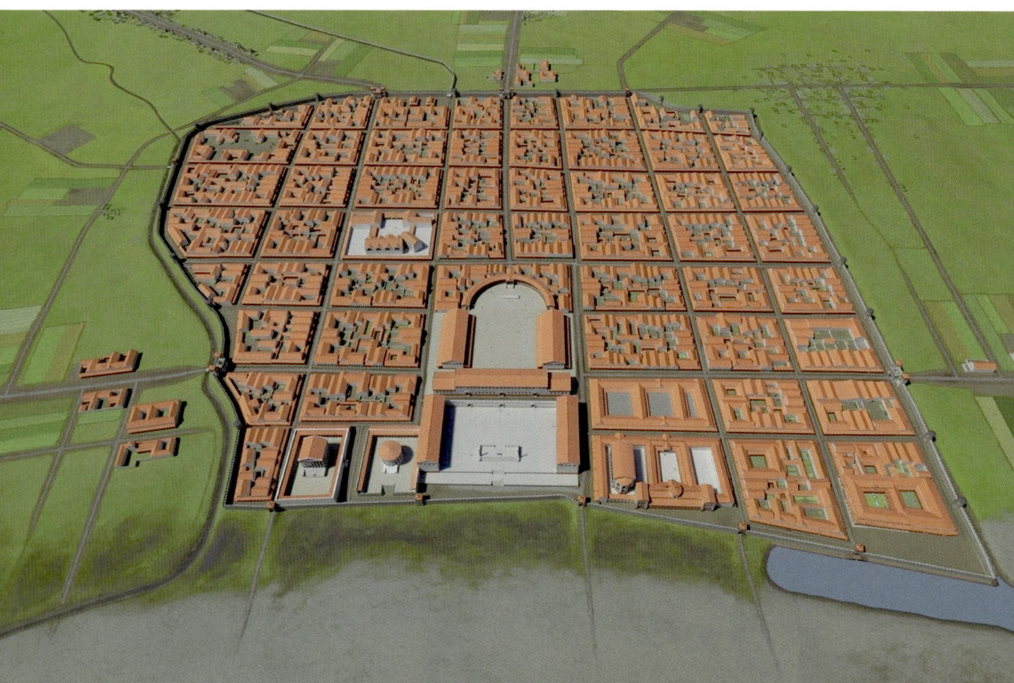

Alle diese Bauten sind in nachrömischer Zeit untergegangen und erst durch wissenschaftliches Durchforsten des Bodens, insbesondere nach den Zerstörungen des Zweiten Weltkrieges in Relikten wieder zutage getreten und entschlüsselt worden. Mit ihren namentlich unter dem Rathauskomplex freigelegten Fundamenten und Resten aufgehenden Mauerwerks, aber auch künstlerisch gestalteten Fragmenten erweisen sie sich für die Forschungsinteressen der Archäologie als äußerst ergiebig. Fragen nach ihrer übrigen Gestaltung und einer davon abzuleitenden Würdigung der Architektur bleiben weitgehend unbeantwortet. Diesbezüglich erlauben die ergrabenen Grundrisskompositionen bestenfalls Annahmen, die sich auf Analogien zu besser bekannten Bauwerken innerhalb des Imperium Romanum stützen. Auch wenn architektonische Einzelformen nur bedingt fassbar sind, zeugen das rechtwinklige und regelmäßige Straßennetz der Stadt und die in ihrem Umriss fassbaren Monumentalbauten im Zusammenspiel mit der Dichte aus Villen und bürgerlichen Bauten von einer Qualität der Stadtbaukunst, wie sie in den nachfolgenden Jahrhunderten in dieser Prägnanz in Köln kaum wieder erreicht wurde. Die erhobene Lage der auf ansteigendem Gelände gewachsenen Stadt und ihre Orientierung zum Rhein, betont durch die Positionierung ihrer prominenten Bauwerke, aber hatte den Grundstock dafür gelegt, dass die Stadt auch zukünftig die Erscheinung ihres beeindruckenden Panoramas zum Strom hin ehrgeizig pflegte.

KUNSTSCHAFFEN AUF HOHEM NIVEAU

Subtilere Aussagen über Besonderheiten und Qualität des Kunstschaffens zu römischer Zeit in Köln vermitteln andere Kunstgattungen. Dazu gehören namentlich die Werke der Bildhauerei, vor allem der Grabmalkunst. Wie in Rom an der Via Appia hatten auch die Bewohner der Colonia ihre Toten vor den Toren entlang der Ausfallstraßen bestattet und zu deren Gedenken Grabmäler errichtet. Aus ihnen ragt das imposante, aus 70 in der Nähe des Chlodwigplatzes aufgefundenen Teilen rekonstruierte nahezu 15 Meter hohe Grabmonument des Lucius Poblicius heraus, das, um 40 entstanden, zu den erlesenen Attraktionen des Römisch-Germanischen Museums zählt. Über einem an seinen Ecken von Pilastern eingefassten geschlossenen Untergeschoss erhebt sich eine vierteilige Säulenstellung, die oberhalb eines Architravs als Dach eine Pyramide mit einer Aeneas-Gruppe trägt. In der Mitte steht

CCAA von Osten,
digitale Rekonstruktion

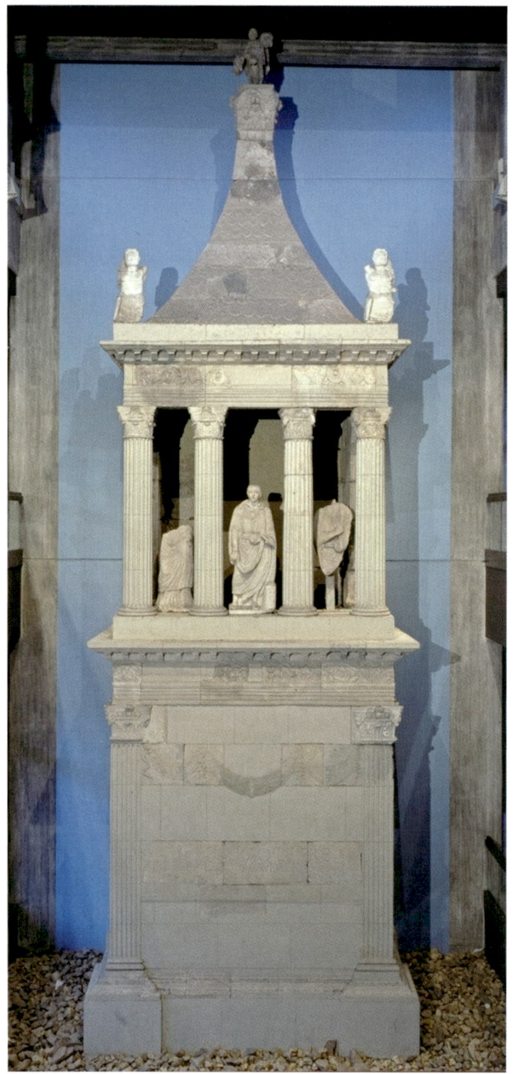

Grabmal des Lucius Poblicius, *um 40, Römisch-Germanisches Museum*

Lucius Poblicius, dargestellt als Redner mit einer Buchrolle in der Hand, bekleidet mit einer Toga, der offiziellen Tracht eines römischen Bürgers. Ihn flankieren als Torsi rechts seine Frau mit ihrer Tochter seitlich dahinter und links eine Männergestalt. Poblicius war Soldat im Lager Xanten und als Veteran in der Colonia dank einer guten Abfindung zu Wohlstand gelangt. Wie eine Inschrift am Untergeschoss besagt, ließ er das Grabmal für sich, seine früh verstorbene Tochter Paulla, seine Söhne und Freigelassene errichten. Die figürlichen Reliefdarstellungen spiegeln die unterschiedlichen Erwartungen von einem Leben nach dem Tod wider. Poblicius gibt in diesem Monument nicht nur seine persönlichen Beweggründe für die Errichtung des Grabmals preis, sondern er bezieht den Betrachter in seine private Sphäre ein.

Eine künstlerische Fähigkeit, die im römischen Köln ebenfalls Bedeutung erlangte, war das Anfertigen von Mosaiken, eine Kunstgattung, die die Römer aus dem hellenistischen Kulturraum übernommen hatten. Ein derartiges Werk, das zu den Prunkstücken des Römisch-Germanischen Museums zählt, ist das Dionysosmosaik, bereits 1941 entdeckt und seit 1974 in situ von außen sichtbar vom Museumskomplex überbaut. Das elf mal sieben Meter messende, aus mehr als einer Million farbiger Kalksteinchen

Dionysosmosaik, *220/30, Römisch-Germanisches Museum*

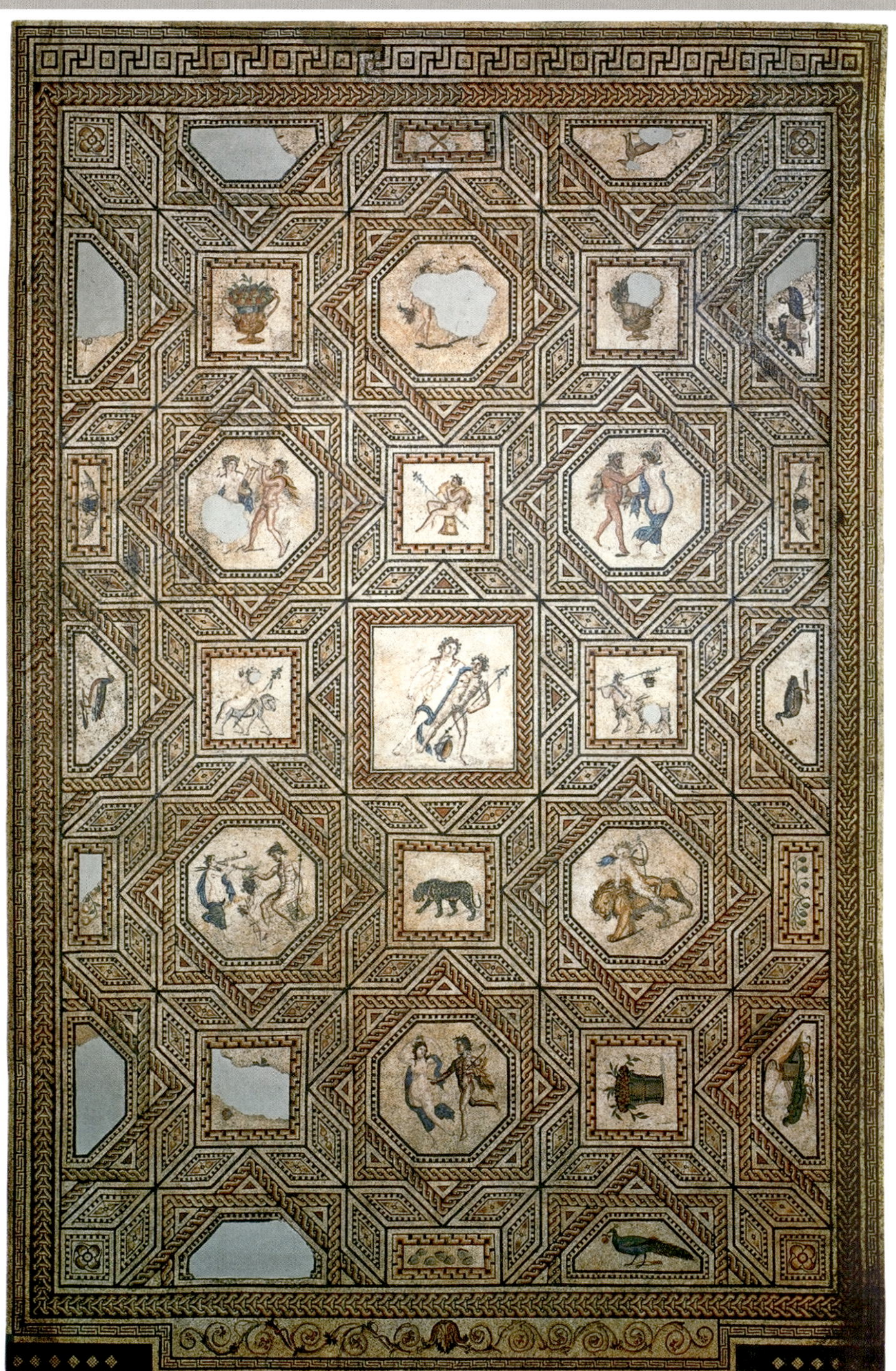

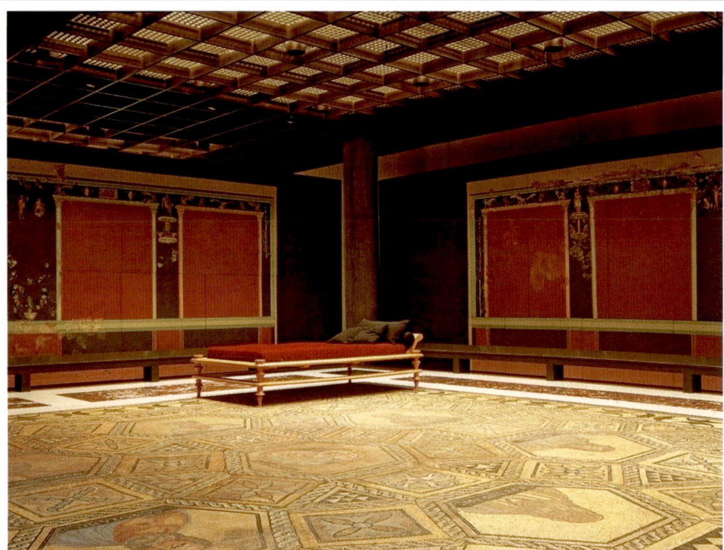

Philosophenmosaik, *3. Jh., mit rekonstruierten* **Wandmalereien** *eines Speisesaals, Mitte 1. Jh., Römisch-Germanisches Museum*

zusammengefügte Mosaikbild aus dem frühen 3. Jahrhundert war der Fußboden eines Fest- oder Speisesaals. Passend dazu zeigt es in 32 Feldern einzelne Themen des Dionysoskultes. Von vergleichbarer Qualität ist das bereits 1844 in der Nähe von St. Cäcilien aufgefundene, etwas jüngere Philosophenmosaik im Römisch-Germanischen Museum. Bei ihm scharen sich um Diogenes in sechskantigen Bildflächen die mit ihren Namen ausgewiesenen Philosophen Platon, Sokrates, Kleobulos, Cheilon, Aristoteles und Sophokles. Ähnlich wie beim Dionysosmosaik wird hier in der Anordnung der einzelnen Porträts, ihrer Rahmung und den ornamentalen Zwickeln eine gewisse Dynamik spürbar.

Man darf davon ausgehen, dass die Böden, mitunter auch die Wände zahlreicher Häuser der Colonia mit ähnlichen, wenn auch nicht immer figürlichen Mosaiken belegt waren. Zu einer solchen Bodenzier gehörte meist ein flächendeckender Schmuck an den Wänden. Es gab ihn als Inkrustation aus ornamental gefügten mehrfarbigen Marmorplatten oder als Bemalung, wie sie der 2,70 Meter hohe Raum um das Philosophenmosaik unter Einbeziehung von Befundresten vorstellt. Typisch für die nordwestlichen Provinzen des Römischen Reiches sind die vertikalen Gliederungen mit Schirmkandelabern. Szenen, die sich auf den Weingott Bacchus beziehen, mögen die Funktion dieses Raumes erhellen. Zahlreiche Befunde belegen für Köln, dass seit augustäischer Zeit öffentliche wie private Innenräume bis ins 4. Jahrhundert mit derartigen Wandmalereien in Freskotechnik versehen waren.

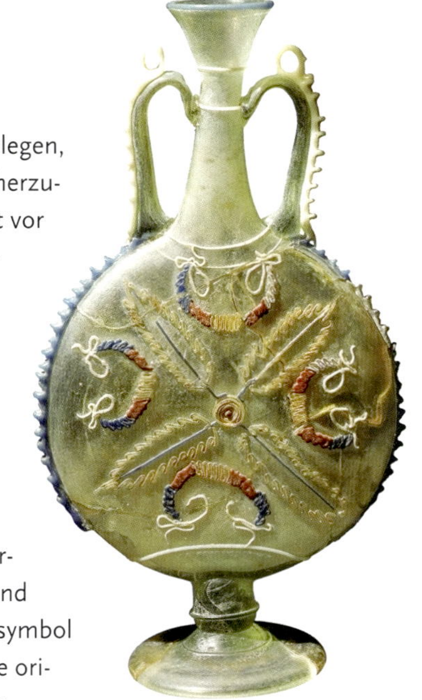

Schlangenfadenglas, *3. Jh., Römisch-Germanisches Museum*

Den Verantwortlichen für die Colonia war daran gelegen, die Massenware an Haushaltsgütern möglichst vor Ort herzustellen. Die Handwerker hatten ihre Werkstätten zumeist vor den Toren der Stadt. Neben der Herstellung von Alltagswaren aus Ton, Glas und Metall gab es eine Fertigung aus Materialien, die hohe künstlerische Ansprüche erfüllen mussten. So wurden aus Edelmetallen außer kunstvollen Wagenbeschlägen und Zierbeschlägen für Ledergürtel kostbare Schmuckstücke für unterschiedliche Zwecke geschaffen. Einfachere Fibeln, wie sie schon die Ubier kannten, dienten wie Schmucknadeln zum Zusammenhalten der Gewänder. Die besser situierte Bürgerschicht leistete sich Ketten und Ringe, die mit Gold und Edelsteinen einen Luxus offenbarten, der sich als Statussymbol an der vom Kaiserhaus in Rom geprägten Schmuckmode orientierte. Gemmen, in Edelsteine eingetiefte, und Kameen, darauf plastisch erhabene Motive, vornehmlich Bildnisse, waren beliebte Schmuckteile in Ringen und als Anhänger.

Beachtlich war im römischen Köln ebenso die Produktion wertvoller Gläser. Trotz ihrer Fragilität konnte eine Vielzahl kostbarer Exemplare der Glaskunst geborgen werden. Häufig gehörten sie zu Grabbeigaben. Berühmt sind die Schlangenfadengläser, auf deren Glaskörper zarte Ornamente aus Glas appliziert wurden. Auch gibt es Gläser mit farbiger Bemalung, bisweilen mit Emailauflagen. Einzigartig sind die Diatretgläser, bei denen durch Ausschleifen der Glasmasse ein Netz aus filigranen Glasornamenten entsteht, das auf dünnen Stegen mit knappem Abstand den inneren Korpus umhüllt. Das Glanzstück dieser zerbrechlichen Glaskunst im Römisch-Germanischen Museum verweist am oberen Rand mit dem Trinkspruch ‚Trinke, damit du immer gut lebst‘ in griechischen Buchstaben vielleicht auf eine byzantinische Herkunft.

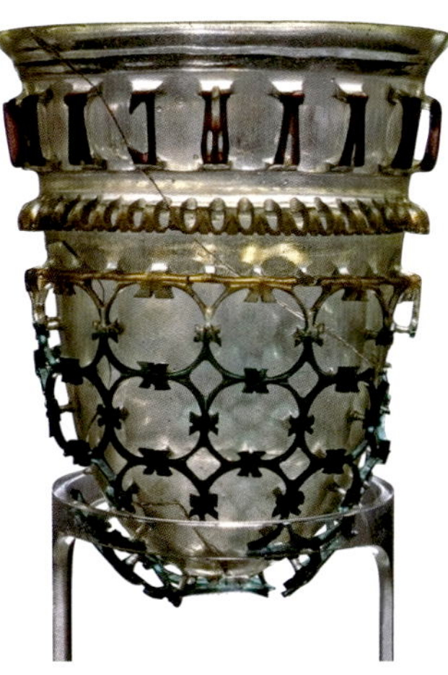

Diatretglas, *330/40, Römisch-Germanisches Museum*

UMBRUCH UND AUFBRUCH: FRÜHES CHRISTENTUM UND FRANKENZEIT

Wann genau das Christentum in Köln Fuß fasste, ist nicht belegt. Doch etwa seit seiner Tolerierung 313 durch Kaiser Konstantin sind hier Funde mit christlichen Motiven nachweisbar und das Wachsen einer christlichen Gemeinde zu beobachten. Ihr erster namentlich genannter Bischof war Maternus. Damals wurden auf den antiken Friedhöfen vor der römischen Stadt über christlichen Märtyrergräbern Bauten zu deren Totengedächtnis errichtet. Aus diesen Memorialbauten entwickelten sich Kultstätten, meist schlichte Saalbauten mit kleiner Apsis und bisweilen seitlichen Erweiterungen. Die Ausgrabungen unter St. Severin vermitteln eine aufschlussreiche Vorstellung vom Werdegang solcher religiöser Versammlungsräume. Auch unter St. Georg und St. Ursula wurden ähnliche Coemeterialbauten entdeckt.

Der stattlichste unter ihnen ist die durch Münzfunde in die zweite Hälfte des 4. Jahrhunderts datierbare Begräbniskirche St. Gereon auf dem römischen Gräber-

Thebäische Legion

Nach christlicher Überlieferung war die Thebäische Legion eine aus Ägypten stammende römische Armee, deren Mitglieder Ende des 3. Jahrhunderts den Märtyrertod erlitten haben sollen. Von ihr berichtete der um 450 verstorbene Lyoner Bischof Eucherius. Auf ihn beruft sich neben anderen vor allem Gregor von Tours. Häufig werden dabei lokale Heilige als Mitglieder der Thebäischen Legion genannt, wie etwa der in Köln verehrte hl. Gereon. Er soll auf seinem Zug nach Gallien in das heutige Rheinland vorausgeeilt sein, wo er und seine 318 Gefährten hingerichtet wurden. Von der modernen Geschichtsforschung wird die Existenz der Thebäischen Legion allerdings zumeist angezweifelt.

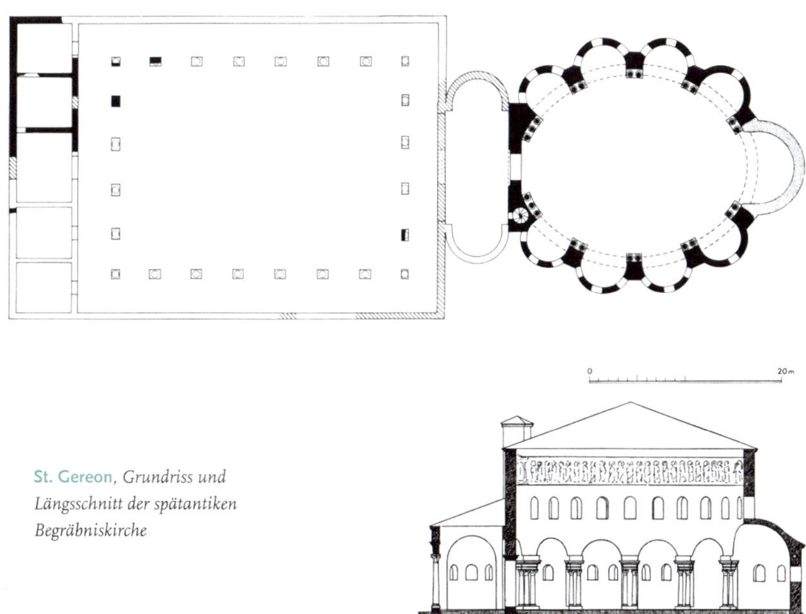

St. Gereon, *Grundriss und Längsschnitt der spätantiken Begräbniskirche*

feld an der Straße nach Tongern. Der Legende nach soll sie von Kaiserin Helena, der Gemahlin Konstantins, an der Stelle gegründet worden sein, an der die Märtyrer der Thebäischen Legion hingerichtet wurden. Sie ist ein geräumiger Zentralbau über ovalem Grundriss mit beidseitig vier hufeisenförmigen Nischen unter Halbkuppeln, jeweils voneinander geschieden durch vorgestellte Säulenpaare, und einer Apside im Osten. Den Obergaden belichteten rundbogige Fenster; die Zone darüber schmückte ein Mosaikfries. Davon aufgefundene goldene Steinchen erklären, weshalb der Bau ‚ad sanctos aureos', zu den Goldenen Heiligen, genannt wurde. Von Westen zugänglich war er durch eine Vorhalle mit seitlichen Konchen. Mit diesem bikonchalen Narthex steht der Zentralbau in der Tradition antiker und frühchristlicher Mausoleen und Baptisterien. Ihm vorgelagert war später ein längsrechteckiges Atrium mit Pfeilerumgang.

Die Etablierung des Christentums in der Colonia vollzog sich etwa zeitgleich mit dem Vordringen der Franken, die mit ihren Eroberungen 355 und 388 die Römer 457 zwangen, die Stadt zu verlassen. Nach den Zerstörungen blieb von ihr hauptsächlich der Abschnitt zwischen dem einstigen Cardo Maximus und dem Rheinufer besie-

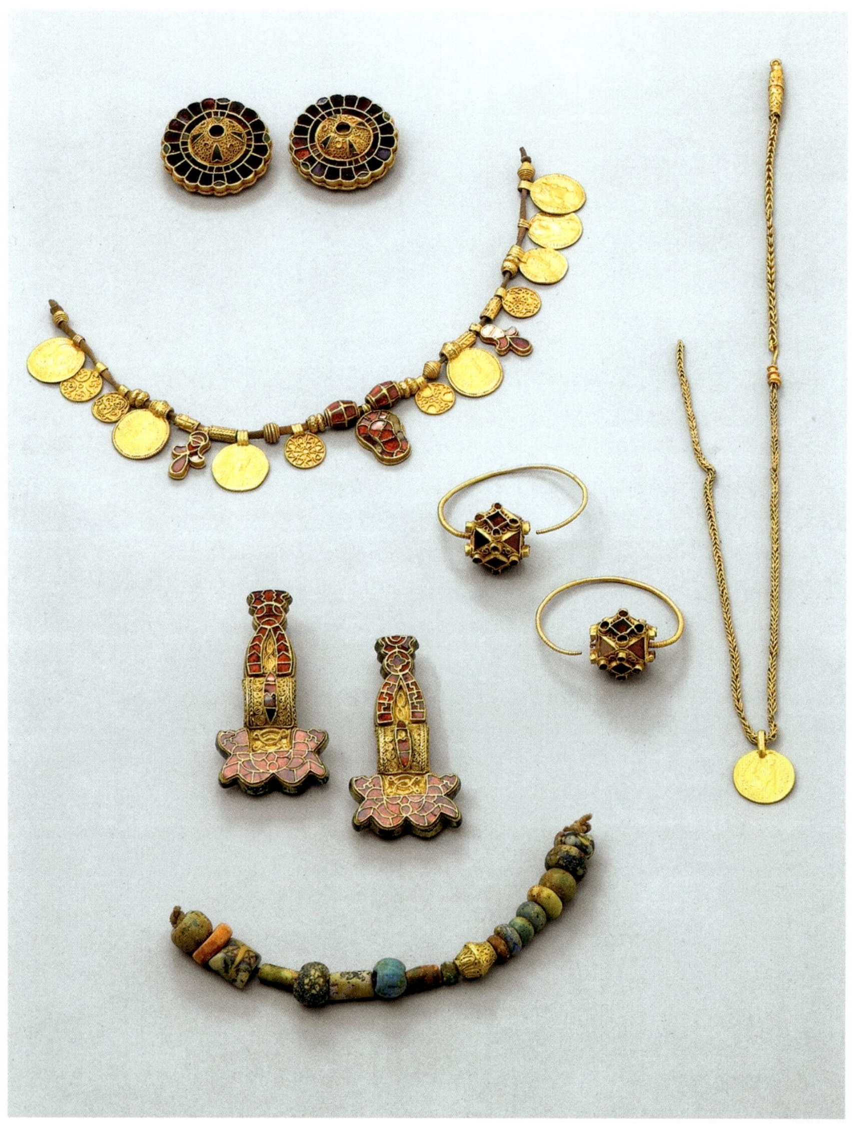

Schmuck der Königin Wisigarde,
530/40, Domschatzkammer

delt. Der zum Christentum übergetretene Merowinger Chlodwig (481–511) ließ sich hier zum König des von ihm geschaffenen fränkischen Königreiches proklamieren.

Da die Franken die meisten Gebäude aus der Römerzeit weiter nutzten, konnten sie auf größere Neubauten verzichten. St. Gereon bestimmten sie zur Kirche der Hofhaltung und zur Begräbnisstätte ihres Adels. Anders als im Fall der Architektur haben sie erlesene Zeugnisse ihres hochstehenden Kunstgewerbes hinterlassen. Außer Glashütten und Töpfereien verfügten sie über Goldschmieden zur Fertigung aufwendigen Schmucks für die Oberschicht. Die Domschatzkammer bewahrt einen Fund aus der Zeit um 530/40, den man unter dem Dom im Grab der Wisigarde bergen konnte. Sie war Gattin Theudeberts I. und bis zu ihrem Tod regierende Königin. Neben geschmiedeten Edelmetallwerken, die von ihrem Stand zeugen, sind Anzahl und Vielfalt der Geschmeide in Gestalt von Ketten, Anhängern, Armreifen, Ohr- und Fingerringen, Schnallen und Fibeln beeindruckend. Bei etlichen sind zwischen feinen Goldstegen rote Edelsteine eingelassen. Ornamente, die als Kreuze gedeutet werden dürfen, belegen die christliche Konfession der Verstorbenen.

Auch nach der Aufsplitterung des von Chlodwig geeinten Reiches blieb Köln in der zweiten Hälfte des 6. Jahrhunderts Hauptsitz des östlichen Gebietes. Die zunehmend von den adeligen Hausmeiern errungenen Machtpositionen verstand der aus karolingischem Hause stammende Pippin von Heristal († 714) in seiner Hand zu vereinen. Ihm und seiner Gemahlin Plektrudis diente der Kapitolshügel als Residenz, in der sie ein adeliges Damenstift gründeten.

Die Erwähnung von Maternus als erstem Bischof in Köln lenkt den Blick auf die Bischofskirche. Diese gab es offenbar schon im 4. Jahrhundert nahe der römischen Stadtmauer zwischen Mercurius-Augustus-Tempel und Nordtor. Weil Ungetaufte die Kirche nicht betreten durften, war sie im Westen durch ein Atrium mit dem Baptisterium im Osten verbunden. Von diesem ist heute noch tiefer liegend vor dem Chorscheitel des Domes die in der ersten Hälfte des 5. Jahrhunderts kreuzförmig mit oktogonalem Becken in Sternform erneuerte Taufe erhalten. Die Überbauung des Atriums führte im folgenden Jahrhundert zu einer doppelchörigen Anlage mit dem Marienpatrozinium im Osten und dem des Petrus im Westen, wo eine querhausartige Erweiterung, runde Chorflankentürme und ein Atrium die dreischiffige Pfeilerbasilika in enge Verwandtschaft rückten zu dem Kirchenbau, wie ihn der St. Gallener Klosterplan von 819/26 zeigt.

IMPERIALER ANSPRUCH: KÖLN WIRD ERZBISTUM

Von weitreichender Bedeutung war die Erhebung des Kölner Bistums durch Karl d. Gr. um 800 zum Erzbistum mit Lüttich und Utrecht als alten, Münster, Osnabrück, Minden und zeitweise Bremen als neuen Suffraganbistümern. Köln rückte damit aus seiner Grenzposition am Rhein ins Zentrum eines von Belgien bis Hamburg reichenden und auch von anderen Kulturtraditionen geprägten Territoriums. Karl d. Gr., der die Bistümer bevorzugt mit Angehörigen seiner Hofkapelle, den Klerikern seiner Kanzlei, besetzte, hatte um 787 seinem engen Berater und Leiter der Hofkapelle Hildebold den Kölner Bischofsstuhl anvertraut und ihm den Titel Erzbischof verliehen.

Nach der karolingischen Reichsteilung um die Mitte des 9. Jahrhunderts führte die Zugehörigkeit des Rheinlandes seit 925 zum ostfränkischen Reich zu einer Konsolidierung des Königtums. Sie war verbunden mit einer besonderen Stellung des Erzbistums Köln und seines Metropoliten. Die ottonischen und salischen Herrscher wussten im 10. und 11. Jahrhundert die Kirche bei ihrer Machtausübung als tragende Säule zu nutzen. Sie geriet sozusagen zur Reichskirche, die Bischöfe zu Reichsbischöfen. Der prominenteste unter ihnen war der Kölner Erzbischof Bruno, Sohn König Heinrichs I. (919–36) und Bruder Ottos I. (936–73). Umfassend gebildet, war er bereits früh für ein geistliches Amt bestimmt. Als Erzkaplan der Hofkapelle hatte er nach dem König den höchsten Rang im Reich inne. Nachdem er 953 Erzbischof in Köln geworden war, setzte er als Herzog von Lothringen und kirchlicher Führer mit der Gründung mehrerer Klöster und Stifte in und im Weichbild von Köln sichtbare Zeichen seines herrschaftlichen Anspruchs.

St. Pantaleon, Westwerk, *Ende 10. Jh., nach weitgehendem Abbruch in der 2. Hälfte 19. Jh. teilrekonstruiert Ende 19. Jh.*

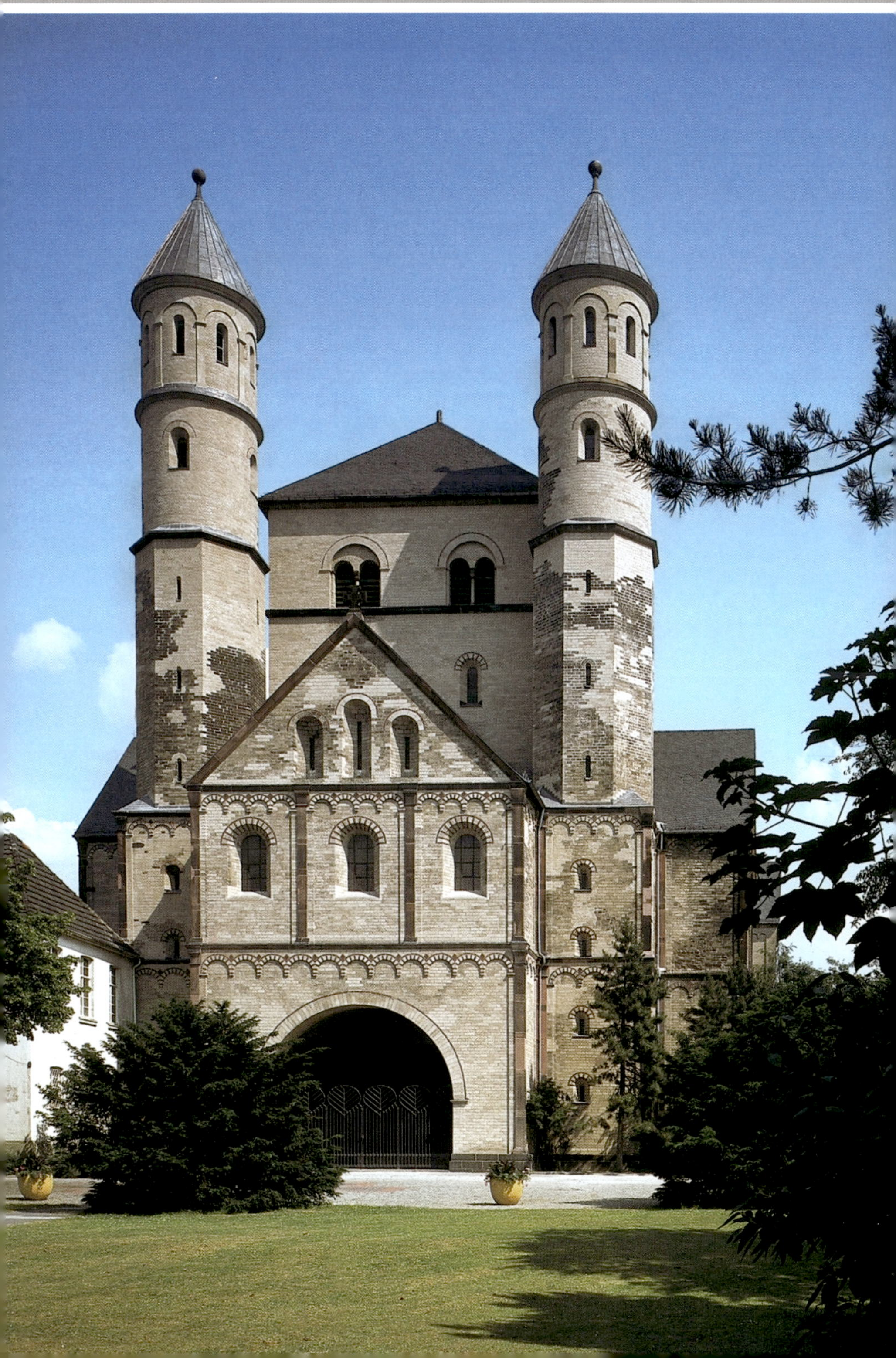

VON DEN OTTONEN ZU DEN STAUFERN: DIE ZEIT DER ROMANIK

DER KRANZ DER KIRCHEN

Imponierendes Zeugnis seiner sakralen Herrschaftsarchitektur sollte die Kirche des südwestlich außerhalb der römischen Stadtmauer von Bruno gegründeten Benediktinerklosters St. Pantaleon werden. Der von ihm initiierte, aber nicht vollendete Bau besaß ein Westwerk mit anschließendem Saal, östlichen Annexen und einen flachen Chor. Seine Erweiterung und Fertigstellung veranlasste nach 984 die aus Byzanz stammende Theophanu, Gemahlin von Brunos Neffen Otto II. und seit 983 Regentin für ihren Sohn Otto III. Dem neuen Westwerk aus mächtigem Vierkantturm mit seitlichen, zwei Joche tiefen doppelgeschossigen Flügelbauten, ihnen entsprechender Vorhalle mit begleitenden Flankentürmen schließt sich ein langer Saal an. An seinem östlichen Ende weitet er sich zu niedrigen Querhäusern mit Apsiden, den Abschluss bildet ein halbrunder Chor.

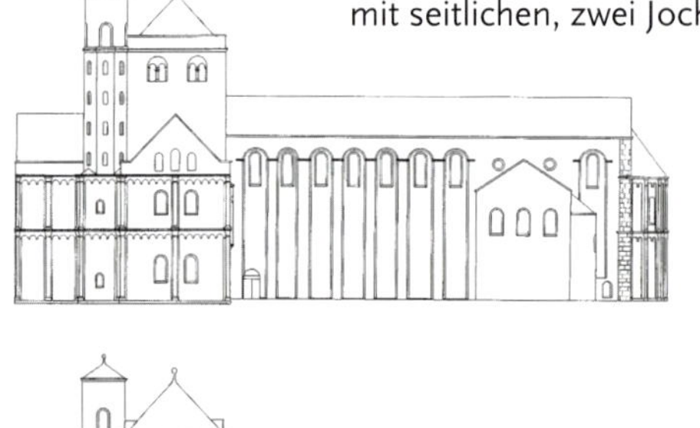

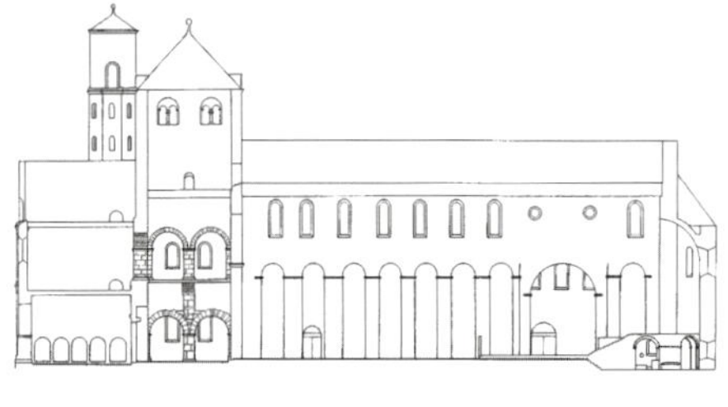

Das Westwerk, neben dem karolingischen mit Welterbestatus in Corvey das großartigste seiner Art in Deutschland, ist in seiner liturgischen Selbstständigkeit mit einem eigenen Patrozinium ausgezeichnet. Durch einen kräftigen Bogen vom Schiff geschieden war sein schachtartiger Innenraum ursprünglich in voller Höhe offen. Gleichmäßig gereihte Arkaden, im Obergeschoss als Empore, erzeugen eine zeitlos hoheitliche Ausstrahlung. Hier und am Außenbau wird es in der Tradition römischer Baukunst an seinen

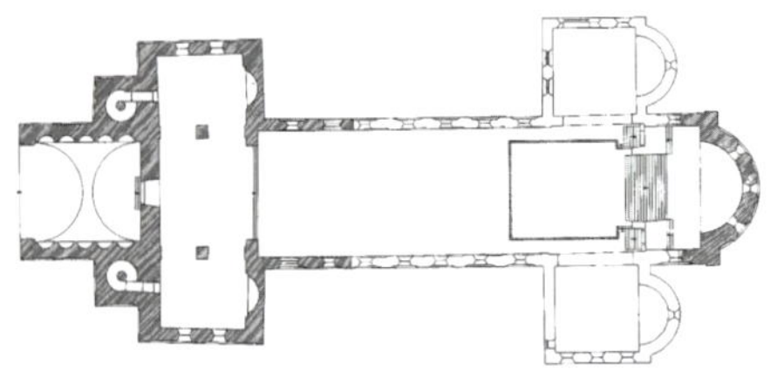

St. Pantaleon, *Südseite, Längsschnitt und Grundriss, Ende 10. Jh.*

Gliederungen vom Wechsel roter und heller Steine bestimmt. Die der Wand außen aufgelegten Strukturen aus Pilastern und Rundbogenfriesen, die nun der Rahmung von Feldern dienen, lösen ältere, primär als Würdeform applizierte Elemente ab. Damit steht dieses Westwerk am Beginn eines neuen Prinzips der Wandgestaltung.

Der angefügte steile Saal hatte außen und innen eine Reihung von Blenden, die die knapp unterhalb der Traufe liegenden Rundbogenfenster umspannten. In der dadurch erzeugten Monumentalisierung des Baukörpers offenbaren sich byzantinische Architekturauffassungen, die ähnlich spätrömische Apsidensäle kennzeichnen, wie etwa die konstantinische Palastaula in Trier. Der für damalige Verhältnisse große Raum war zusammen mit dem Westwerk darauf angelegt, auch weltliche Machtansprüche zu demonstrieren.

Der westlich der Kirche im Pflaster ablesbare Grundriss eines kleineren kreuzförmigen Zentralbaus mit halbrunden Konchen deutet auf eine Reliquien- oder Grabkapelle. Er steht in der Nachfolge spätantiker Mausoleen und belegt den Wunsch Brunos, in seinem Lieblingskloster bestattet zu werden. Wie Theophanu aber hat er seine Grablege im Kircheninneren gefunden.

Bruno war in gleicher Weise daran gelegen, seine Bischofskirche angemessen auszubauen. Er erweiterte den bestehenden Baukörper zu einer fünfschiffigen Anlage, im Osten und Westen mit Querhäusern und Chören über Krypten unter Beibehaltung der Patrozinien. Mit einem neuen westlichen Atrium reichte die ausgebaute Kathedrale nun bis an das römische Nordtor. Eine Ahnung vom Aussehen dieses sogenannten Alten Domes vermittelt vielleicht der obere Teil im Widmungsbild des Hillinus-Codex aus der Zeit um 1010/20.

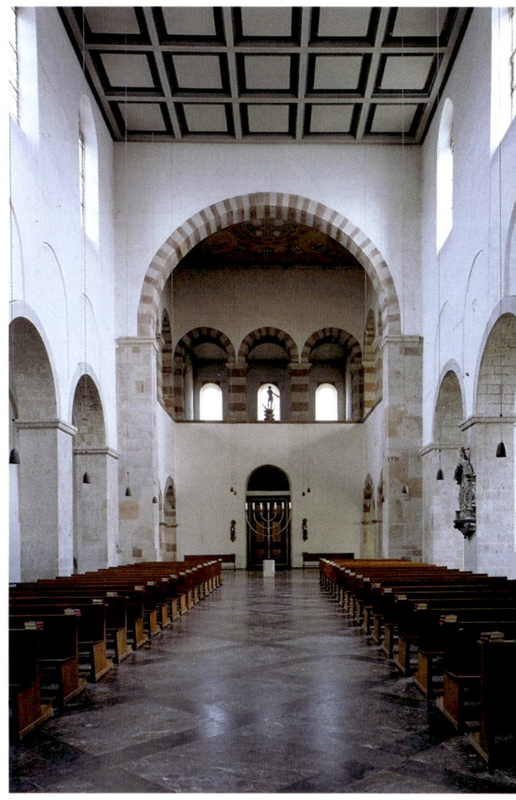

St. Pantaleon, *Blick in das Westwerk*

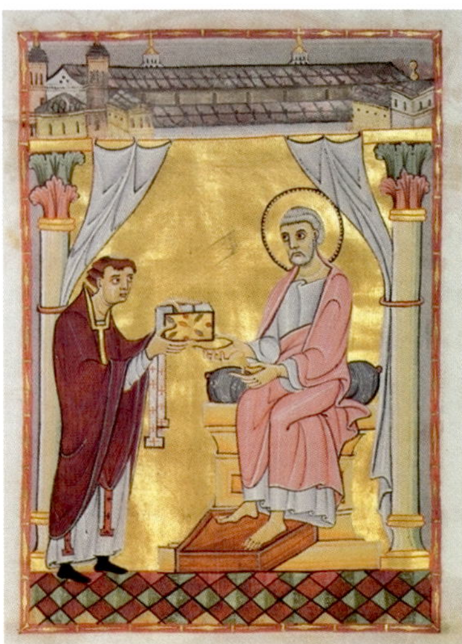

Widmungsbild des Hillinus-Codex, *1010/20, oben Alter Dom*

Das Wissen um die anderen von Bruno testamentarisch bedachten und vielleicht noch veranlassten Kirchen(um)bauten wie St. Kunibert, St. Ursula, St. Andreas, St. Cäcilien, St. Maria im Kapitol, Groß St. Martin und St. Severin ist mit Ausnahme von Resten im Westteil der Marienkirche vornehmlich archäologischen Untersuchungen geschuldet. Ihren Erdaufschlüssen verdanken wir auch die Kenntnis eines anderen Sakralbaus aus dem frühen 11. Jahrhundert, der 1663 zerstört wurde, die 1003 geweihte Kirche, die Erzbischof Heribert zusammen mit einem Kloster in den Ruinen des rechtsrheinischen Römerkastells hatte errichten lassen. Außergewöhnlich war ihre Gestalt: Sie bestand aus einem runden, vermutlich bereits gewölbten Zentralbau mit drei hufeisenförmigen Nischen zu den Seiten, einem Langchor mit Apsis im Osten und einem Westbau, möglicherweise mit zwei Türmen. Die Kirche erinnert an die Zentralbauten von St. Gereon in Köln und die Pfalzkapelle Karl d. Gr. in Aachen. Für ihre besondere Architekturform waren vermutlich Baumeister aus Italien oder Byzanz verantwortlich.

Ein gesteigertes Selbstbewusstsein beseelte Erzbischof Pilgrim (1021–36), dem es im Jahr 1031 gelang, den Ehrentitel ‚Erzkanzler für Italien' und in Ablösung der Mainzer Erzbischöfe das Recht der Königskrönung an das Kölner Bischofsamt zu binden. Das war ihm Anlass, für die seit dem 10. Jahrhundert vor dem Westtor der Römerstadt bestehende Kirche des dort von ihm gegründeten Stiftes einen Neubau zu initiieren. Er war eine doppelchörige Pfeilerbasilika mit gerade schließendem Chor im Osten und einem westlichen Querschiff mit rechteckigem, den heiligen Aposteln geweihtem Chor über einer Krypta. Doppelchörigkeit und Dimension dieses Bauwerks, das Pilgrim zu seiner Begräbnisstätte bestimmte, lassen erahnen, wie sehr er damit eine Konkurrenz zum Dom anstrebte.

Die von Erzbischof Bruno eingeleitete herrschaftliche Epoche der Kirchenbaukunst erfuhr ein erneutes Aufleben unter Erzbischof Hermann II. (1036–56). Als Enkel Kaiser Ottos II. und seiner Frau Theophanu, der griechischen Prinzessin, und Sohn des einflussreichen Pfalzgrafen Ezzo, war er mit dem ottonischen Kaiserhaus unmittelbar verbunden. Seine Schwestern standen als Äbtissinnen wichtigen Stiften innerhalb des Reiches vor: Adelheid/Sainte-Gertrude in Nivelles, Theophanu/Stift in Essen und Gerresheim, Heilwig/St. Quirin in Neuss, Mathilde/in Villich und Dietkirchen bei Bonn und vor allem Ida/Maria im Kapitol in Köln. Mit dem Neubau dieser Kirche, die ihre erste Weihe 1049 durch Papst Leo IX. und 1065 eine abschließende durch Erzbischof Anno II. (1056–75) erfuhr, bescherte Ida Köln ein sakrales Bauwerk von internationalem Rang. Es vereint einen längsgerichteten Bau mit einem Zentralbau in Gestalt eines Dreikonchenchores, um den sich die Seitenschiffe übergangslos als Umgang fortsetzen. Diese Chorform über dem Grundriss eines regelmäßigen Kleeblatts hat ihre Ursprünge in der antiken Baukunst, namentlich in der Geburtskirche Christi in Bethlehem. Dieser typologische Bezug ist symbolträchtig, da der Kölner Erzbischof in der Weihnachtsnacht vom Dom nach Maria im Kapitol zog, um hier die Mitternachtsmesse zu feiern.

St. Maria im Kapitol, *Grundriss mit Eintragung der Geburtskirche in Bethlehem (schraffiert)*

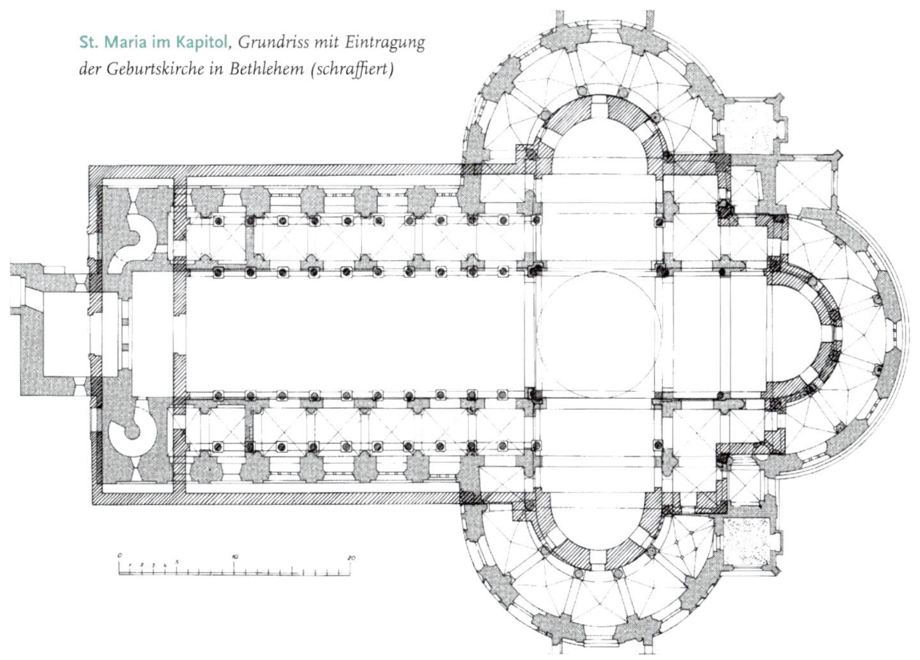

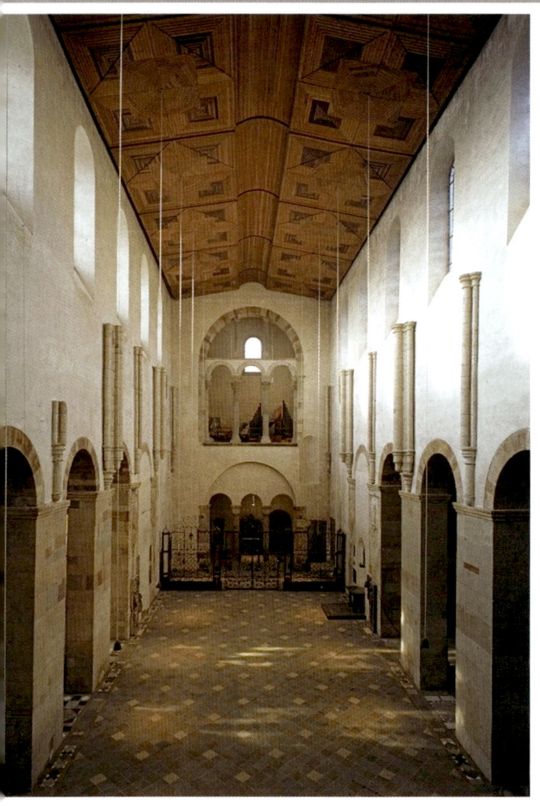

St. Maria im Kapitol, *1065 gew., Inneres nach Westen*

An die zentralisierende Choranlage schloss eine im Mittelschiff zunächst flachgedeckte Basilika mit mauerhaften Pfeilern an. Ihre Seitenschiffe endeten im Westen, ähnlich wie bei der von Idas Schwester Richeza erneuerten Abteikirche in Brauweiler, an Flankentürmen, überragt von einem mächtigen Mittelturm (im 17. Jahrhundert eingestürzt). Diese Turmgruppe in der Tradition des Westwerks von St. Pantaleon gehört zur ‚benediktinischen' Turmfamilie, zu der auch die Abteikirche in Brauweiler und SS. Chrysanthus und Daria in Münstereifel zählen. Im Inneren zitiert die Westwand vor der Empore mit der Vergitterung durch Säulen in zwei Geschossen jenes Aufrissmotiv, das die Polygonseiten um den Kernraum der Pfalzkapelle Karls d. Gr. in Aachen zeichenhaft prägt. Idas Schwester Theophanu hatte den Westteil ihres Kirchenbaus in Essen sogar dreifach mit diesem architektonischen Markenzeichen ausgestattet. Unter dem Dreikochenchor von Maria im Kapitol liegt, das starke Gefälle des Geländes nutzend, eine weiträumige Hallenkrypta. Sie steht in unmittelbarer Nachfolge der 1041 geweihten Krypta des Speyerer Domes, der Grablege des salischen Kaiserhauses.

Wie auch in anderen Sakralbauten, die ihre Errichtung der Ezzonenfamilie verdanken, tritt in der Krypta von Maria im Kapitol, vornehmlich in ihrer inneren Westfas-

Ursulalegende

Die Ursulalegende berichtet von der christlichen Tochter des Königs von Britannien, die den heidnischen englischen Königssohn ehelichen sollte, zuvor aber dessen Taufe forderte. Sie wallfahrte währenddessen mit zehn edlen Jungfrauen und elftausend Mägden zu Schiff nach Köln und Basel und von dort zu Fuß nach Rom zum Papst. Dieser begleitete sie mit mehreren Bischöfen auf ihrer Rückreise, da ihm der Märtyrertod Ursulas und ihrer Frauenschar geweissagt worden war. In Köln wird die fromme Gesellschaft zusammen mit dem inzwischen bekehrten Bräutigam und seiner Verwandtschaft vom Heer des Hunnenfürsten überfallen und hingerichtet. Er selbst tötet Ursula mit einem Pfeil, da sie sich weigerte, seine Frau zu werden.

St. Georg, *Mitte 11. Jh., Grundriss*

sade, jene weltliche Macht zutage, die um den imperialen Anspruch ottonischer Sakralarchitektur weiß und sich in salischer Zeit ihrer verwandtschaftlichen Verwurzelung in der sächsischen Dynastie besinnt, die sich wesentlich durch ihren Bezug zum byzantinischen Kaisertum legitimiert.

Etwa gleichzeitig mit St. Maria im Kapitol erhielt auch die von Erzbischof Gero (969–76) geweihte Stiftskirche St. Andreas eine neue Choranlage, deren Querarme, wie auf der Nordseite teilweise noch erhalten, die Kleeblattform aufnahmen, wobei der östliche Langchor aus dem Schema der Gleichmäßigkeit ausbrach.

Als eine Variation des Dreikonchenchores kann man die Ostteile von St. Georg interpretieren. Als seine wichtigste Neugründung hatte Hermanns Nachfolger Erzbischof Anno (1056–75) diese Kirche für das 1059 von ihm vor der Hohen Pforte, dem Südtor der Römerstadt, eingerichtete Chorherrenstift als eine ursprünglich flachgedeckte Säulenbasilika erbauen lassen, die einzig erhaltene im Rheinland. Ihr kubischer Raum hat allerdings durch die um 1150 eingezogene Wölbung an innerer Kraft verloren. Die Vierung der geräumigen Choranlage begleiten jenseits der Seitenschiffe Querflügel, innen mit Muldennischen, wie sie ähnlich auch die zugehörige Westapsis besaß. Außen sind die Querarme dreiseitig ummantelt. In Fortsetzung der Seitenschiffe entwickelt sich über einer fünfschiffigen Hallenkrypta der Chor dreischiffig mit gestaffelten Apsiden. Unter Anno wurde der Zentralbau von St. Gereon über dreischiffiger Krypta ergänzt um einen Langchor mit seitlichen Türmen. Auch das unmittelbare Umfeld seiner Bischofskirche bereicherte Anno um eine Neugründung mit der Erbauung der Stiftskirche St. Maria ad Gradus östlich vom Domchor, eine doppelchörige Säulenhalle über Krypten (1817 abgebrochen).

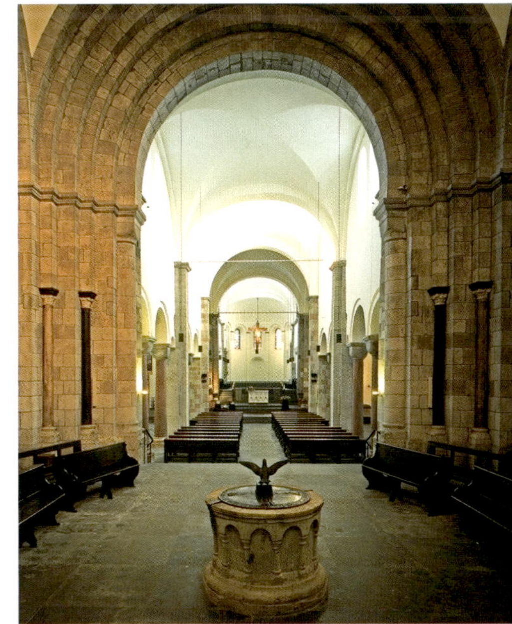

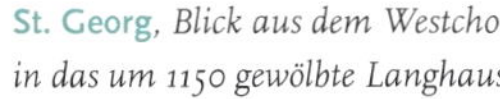

St. Georg, *Blick aus dem Westchor in das um 1150 gewölbte Langhaus*

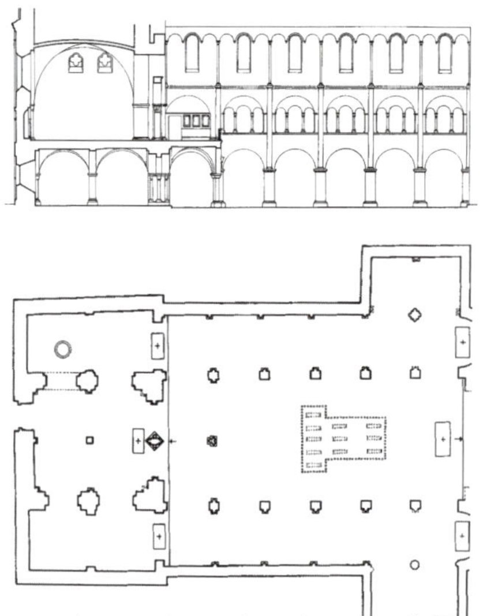

St. Ursula, *Längsschnitt und Grundriss*

Welche Rolle der Reliquienkult in Köln bei Erweiterung oder Neubau von Kirchen spielte, wird besonders deutlich bei St. Ursula. Die 1106 vor der Römerstadt an der nach Neuss führenden Straße aufgefundenen Gräber hatten die im 10./11. Jahrhundert aufgekommene Legende der hl. Ursula nachhaltig belebt und den Wunsch nach einem Kirchenneubau an der Fundstelle beflügelt. In Ablösung einer kontinuierlichen Folge von Vorgängerbauten ab dem 4. Jahrhundert fügt sich dieser seit dem frühen 12. Jahrhundert dem breitgelagerten zweigeschossigen Westbau mit mittigem Turm als einstmals flachgedeckte Pfeilerbasilika an. Querarme mit Apsiden in Verlängerung der gewölbten Seitenschiffe leiteten über zu einem kryptalosen Langchor. Erstmalig in Köln liegen über den Seitenschiffen Emporen, die sich in den Querarmen fortsetzten. Vorbild für diese Emporen mit eingestellten Drillingsarkaden war wahrscheinlich die Abteikirche Notre-Dame zu Jumièges in der Normandie. Doch sind auch sächsische Einflüsse in Nachfolge der ottonischen Klosterkirche in Gernrode denkbar.

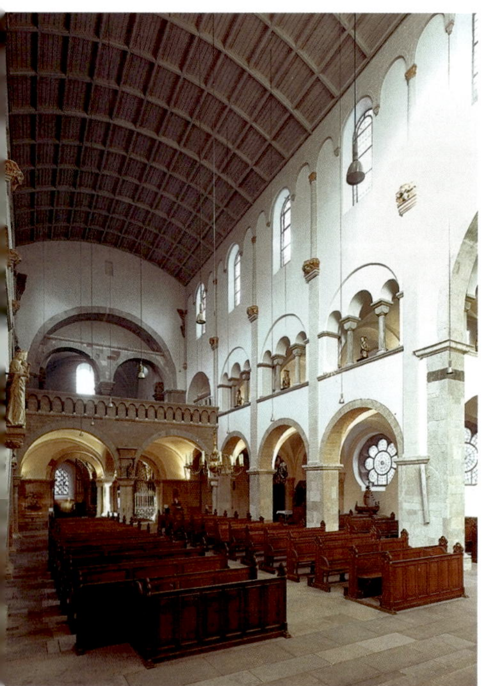

Auf St. Ursula folgte zunächst eine Unterbrechung der sakralen Bauaktivitäten. Beendet wurde sie durch eine von 1150–1250 währende Epoche, die als „Das große Jahrhundert kölnischer Kirchenbaukunst“ (Werner Meyer-Barkhausen) gefeiert wird. Am Anfang stand eine baukünstlerische Erfindung, die Erzbischof Arnold II. von Wied (1151–56) gleich zu Beginn seiner Amtszeit hatte umsetzen lassen: der Etagenchor. Ihn kennzeichnen ein geschossweiser Aufbau aus Blendgliederungen und ein oberer

St. Ursula, *Mittelschiff, frühes 12. Jh.*

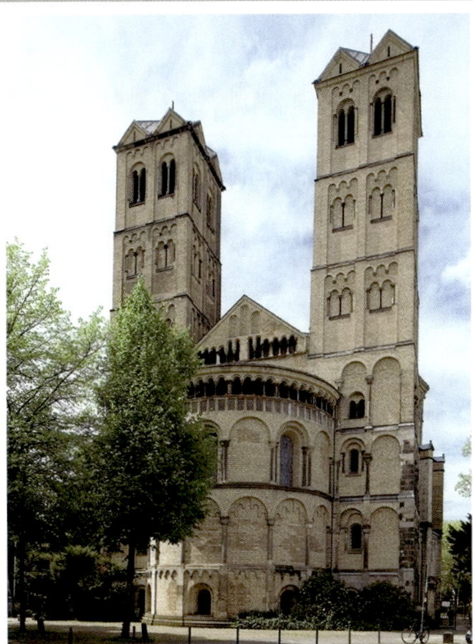

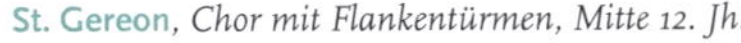

St. Gereon, *Chor mit Flankentürmen, Mitte 12. Jh.*

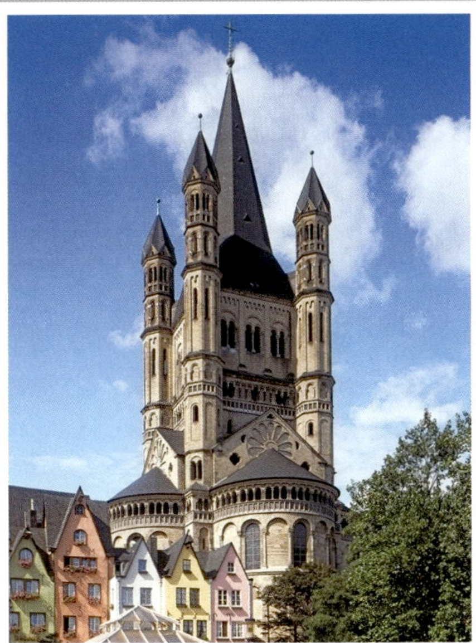

Groß St. Martin, *Dreikonchenchor mit Vierungsturm, nach Mitte 12. Jh. bis 1220/30*

Abschluss aus Plattenfries und Zwerchgalerie. Einen solchen Etagenchor ließ Arnold erstmals zwischen hohen Flankentürmen vor den Langchor vor St. Gereon fügen.

Fast gleichzeitig wurde bis 1172 auch an Groß St. Martin ein Etagenchor in Gestalt eines Dreikonchenchores realisiert, ab etwa 1220 überragt von einem erhabenen Turmmassiv mit Eckentürmen. Das war ein architektonischer Fanfarenstoß, der bis zur Vollendung der Domtürme im 19. Jahrhundert seine Dominanz innerhalb der Kölner Stadtsilhouette für sich behauptete. Eine verwandte ‚Modernisierung' erfuhr um 1200 St. Aposteln mit einem Dreikonchenchor, den ein polygonaler Vierungsturm mit Laterne krönt. Als Gegengewicht dazu kam es dort bald danach zum Ausbau des westlichen Querschiffes und zur Aufstockung des Westturmes. St. Maria im Kapitol sollte an einer solchen architektonischen Vervollkommnung teilhaben, indem man 1200/10 die Ostkonche zu einem klassischen Etagenchor umbaute.

Im Norden der Stadt bezog die Stiftskirche St. Kunibert um 1220/40 mit ihrem Etagenchor unmittelbar am Rhein Position. Ihr Langhaus und westliches Querhaus mit steilem Turm wurden als architektonischer Gegenpol erst nach der Jahrhundertmitte fertiggestellt. Als städtebauliches Pendent im Süden hat St. Severin nach einer lange zurückreichenden Abfolge von Bauperioden einen weiteren baukünstlerischen Fortschritt vorzuweisen, indem der Etagenchor dort außen polygonal gebrochen ist.

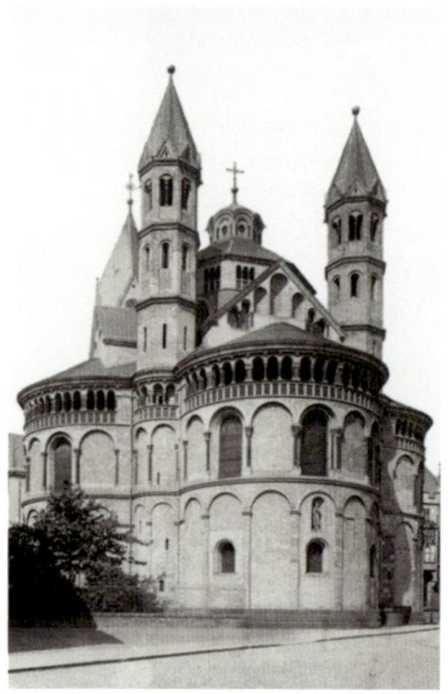

St. Aposteln, *Dreikonchenchor, um 1200*

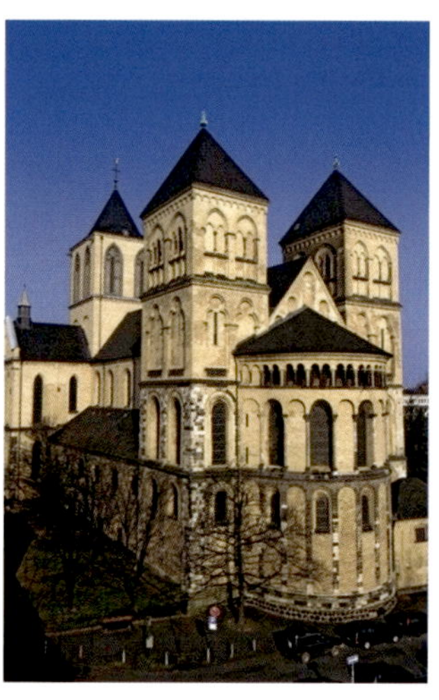

St. Kunibert, *Chor mit Flankentürmen, 1220/40*

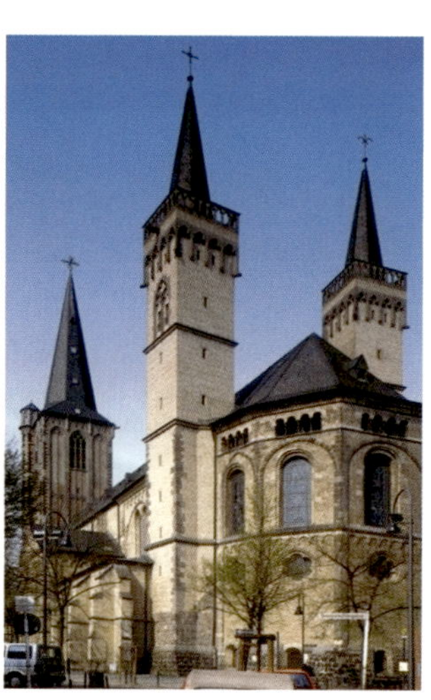

St. Severin, *Chor mit Flankentürmen, um 1230*

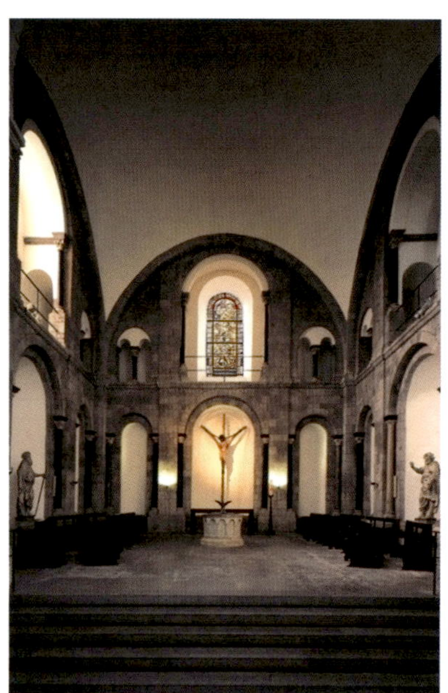

St. Georg, *Westchor, um 1180*

Alle diese Chöre wurden in ihrer Wirkung gesteigert durch unterschiedliche Türme zu ihren Seiten: Über quadratischem Grundriss kraftvoll an St. Gereon und St. Kunibert, schlanker an St. Severin, ebenso bei der kleineren Pfarrkirche St. Maria Lyskirchen, die um 1220/30 mit Flankentürmen mithalten wollte, selbst wenn ihr nur die Vollendung des nördlichen vergönnt war. Die Kirchen St. Maria im Kapitol, St. Mauritius südlich von St. Aposteln und diese selbst bevorzugten polygonale beziehungsweise runde Flankentürme.

Die vielteilige Gliederung der Etagenchöre außen paart sich mit einer reichen Gestaltung im Inneren. Wie bereits um 1180 im massiven Westchor von St. Georg wird die Wandstärke der Chöre nun aufgelöst durch Blendbögen und Nischen, insbesondere durch ihre Aushöhlung, die zwei Schichten erzeugt und mit dieser Zweischaligkeit Raum für Umgänge in den Obergeschossen schafft. Bei St. Gereon hat das durch Ummantelung und Aufstockung des spätanti-

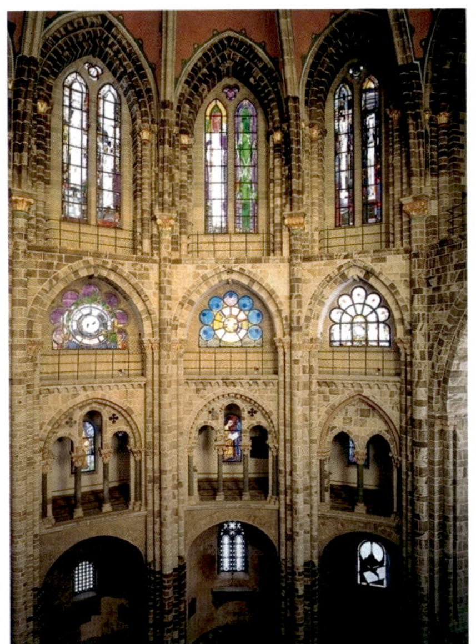

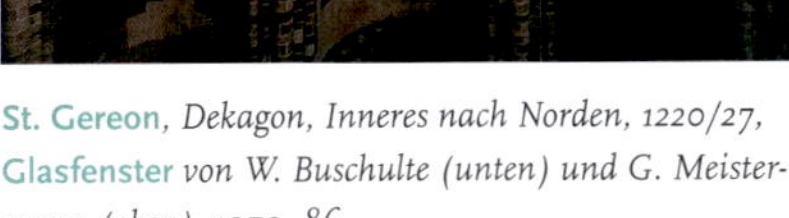

St. Gereon, *Dekagon, Inneres nach Norden, 1220/27,* Glasfenster *von W. Buschulte (unten) und G. Meistermann (oben), 1979–86*

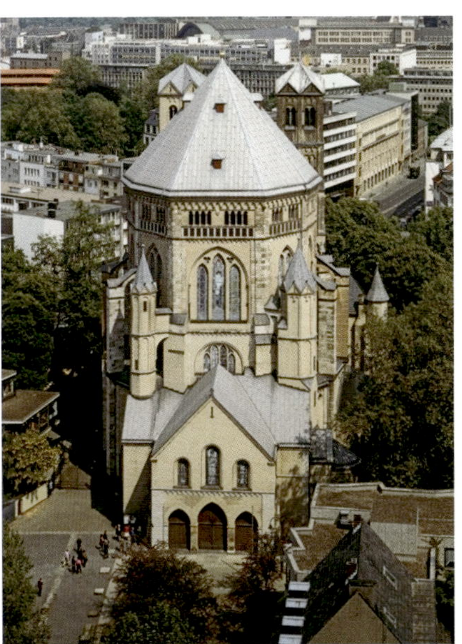

St. Gereon, *Dekagon von Westen*

ken Zentralbaus emporgewachsene Dekagon 1220/27 die Grenzen der Wandauflösung ausgelotet. Oberhalb der Nischen des Ursprungsbaus durchbrechen in drei Geschossen Emporen, Umgänge und Drillingsgruppen hoher Lanzettfenster die Wandstärke und künden den Übergang an vom Mauermassenbau zum Gliederskelettbau der Gotik. Diesen Eindruck wollen die außen eng angelehnten Strebepfeiler unterstreichen.

Die ambitionierten Umbauprojekte der Choranlagen gingen einher mit Umgestaltungen der Mittelschiffe. Die kahlen Flächen der Innenwände vor den Dächern der Seitenschiffe belebten als vorgeblendete Arkaturen jetzt Triforien: Als Blendtriforium in St. Aposteln und in St. Kunibert sowie in Groß St. Martin, dort eine Generation später von einem Gangtriforium abgelöst. Dessen schlanke Säulenpaare unter spitzen Bögen und die von Konsolen abgefangenen Dienste setzen die Kenntnis des weiterentwickelten Baugeschehens in Frankreich voraus. St. Andreas variiert das Thema mit einem Nischentriforium. Verbunden mit diesem dreizonigen Wandaufriss war die Einwölbung mit Rippen, in St. Aposteln und St. Kunibert sechsteilig.

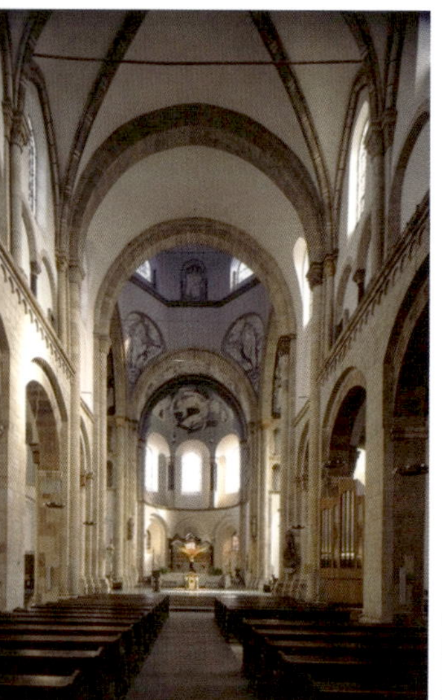

St. Aposteln, *Inneres nach Osten*

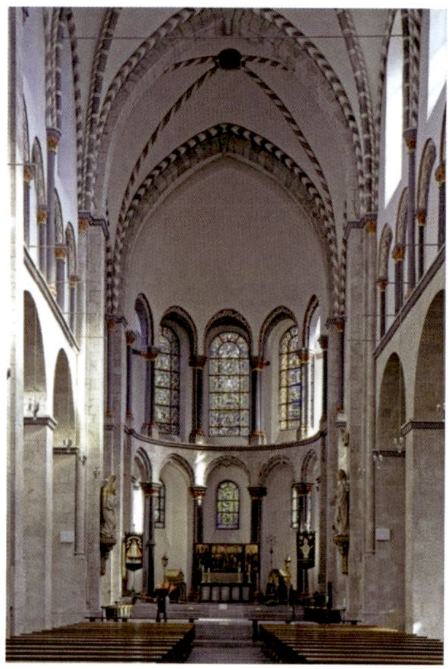

St. Kunibert, *Inneres nach Osten*

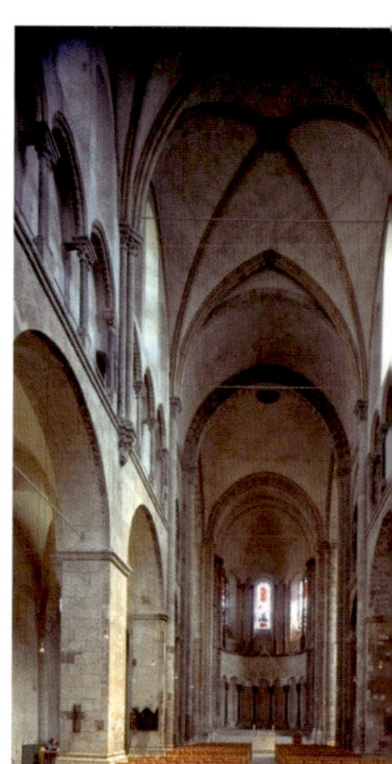

Groß St. Martin, *Inneres nach Osten*

Solche Innovationen waren vorrangig jenem Ehrgeiz geschuldet, mit dem die wohlhabenden, vom Patriziat dominierten Stifte wetteifern wollten mit den Bauleistungen des Erzbischofs als auch weltlichem Stadtherrn. Zugleich waren ihre baukünstlerischen Anstrengungen geleitet von dem Willen, der Stadt Köln zum Rhein hin substanziell und ideell eine Prachtfassade zu verleihen, selbst wenn die Kirchenbauten weiter zurückversetzt im Stadtleib lagen.

DIE PROFANARCHITEKTUR

Eingebettet waren die Sakralbauten mit ihren zugehörigen profanen Gebäuden in das dichte Gefüge von privaten Häusern. Hauptsächlich Adelige und begüterte Bürger waren in der Lage, sich massive Steinbauten zu leisten. Wenn auch 1674 wegen Baufälligkeit abgebrochen, ist hier der erzbischöfliche Palast auf der Südseite des Domes zu nennen, dessen Aussehen eine Zeichnung von Johannes Finckenbaum wenige Jahre zuvor recht zuverlässig festgehalten hat. Neben einem dreigeschossigen Trakt, um 1160, mit Zwillingsöffnungen im mittleren Geschoss war die Front des anschließenden, eine Generation jüngeren Saalbaus hervorgehoben durch eine Galerie aus zwölf Arkaden auf paarigen Säulen, die beiden mittleren von ihnen überhöht und von

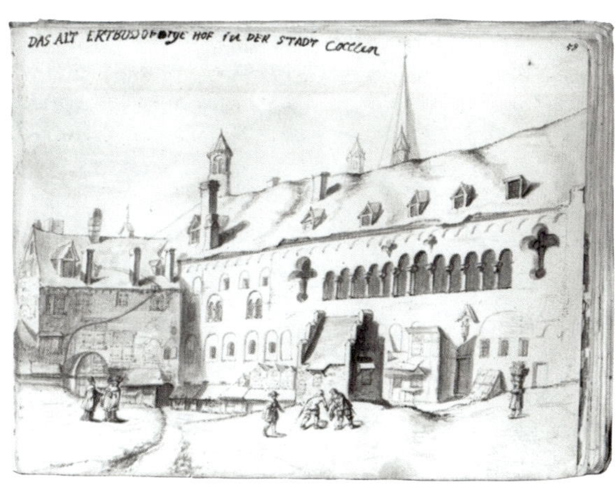

Erzbischöflicher Palast, *2. Hälfte 12. Jh., Zeichnung von J. Finckenbaum, 1660/65*

darüber liegenden Lilienfenstern betont. Besonders markant waren seitlich der Arkadenreihung die gewaltigen Fenster in Glockenform, wie sie in diesen Ausmaßen sonst kaum bekannt sind.

Einzig überkommen ist das rekonstruierend wiederaufgebaute Haus Rheingasse 8. Das 1220/30 von der Kaufmannsfamilie von Overstolz errichtete Gebäude wartet zur Straße auf mit fünf Geschossen unter einem Treppengiebel. Seine gesamte Fassadenfläche ist ausgefüllt von einer variationsreichen Gliederung um rundbogige Fenster und Blenden. Über dem höheren Erdgeschoss lag ein Festsaal, in voller Breite belichtet von Zwillingsfenstern. Die Geschosse darüber dienten als Speicher und hatten vor dem Dachraum ebenfalls Zwillingsöffnungen. Dieser Musterfront spätromanischen Formenreichtums steht auf der Gartenseite eine Fassade gegenüber, an der eine andere Formensprache zu vernehmen ist. Kreuzstockfenster, die die Wand weitgehend durchbrechen und innen Sitzbänke besitzen, verraten den neuesten Stil. Sie sind modern, auch wenn sie noch von herkömmlichen Wülsten mit Wirteln umrahmt sind. Zum öffentlichen Raum bevorzugte der Bauherr die etablierten konservativen Bauformen, in seinem privaten Bereich wagte er den Schritt zu einer fortschrittlicheren Architektur. In dieser Haltung verbirgt sich ein Phänomen, das immer wieder im Kunstschaffen Kölns zu beobachten ist, das Festhalten an der Tradition.

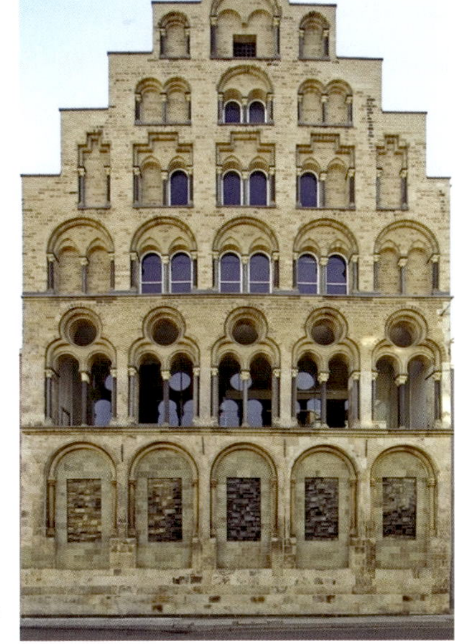

Overstolzenhaus, *Rheingasse 8, Straßenfassade, 1225/30*

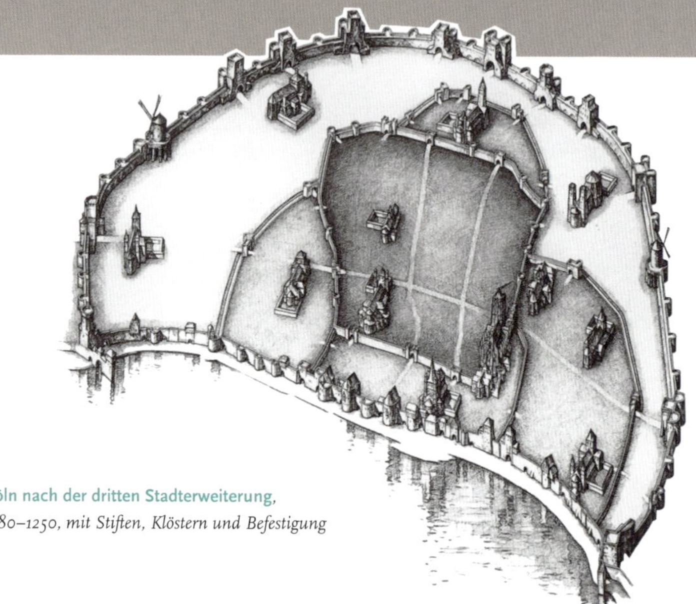

Köln nach der dritten Stadterweiterung, *1180–1250, mit Stiften, Klöstern und Befestigung*

Die umfangreichste profane Bauleistung jener Epoche war die seit 1180 in weitem Halbrund angelegte Befestigung der Stadt, die größte ihrer Zeit in Europa nördlich der Alpen. In ihren Schutz sollten auch die Stifte St. Gereon und St. Severin, das Kloster St. Pantaleon sowie die im Vorgelände der 1106 erfolgten Stadtumwehrung entstandenen Ansiedlungen einbezogen werden. Herausragend aus dieser niemals eingenommenen, 1881 bis auf kurze, türmebewehrte Mauerstrecken niedergelegten Fortifikation waren die Torburgen mit ihrer funktionsbedingt sparsamen Verwendung von Zierformen. Von ihnen stehen nur noch das Severinstor im Süden, das Ulretor im Südwesten, das Hahnentor im Westen und das Eigelsteintor im Norden. Wie die drei letztgenannten waren sechs weitere Tore als Doppelturmanlagen ausgebaut, bei denen feldseitig runde Türme den Mittelteil mit der Durchfahrt flankieren. Diese ist nur mit einem Turm überbaut bei den beiden Turmtoren Friesentor und Severinstor, dessen Front an den Seiten zusätzlich abgeschrägt ist.

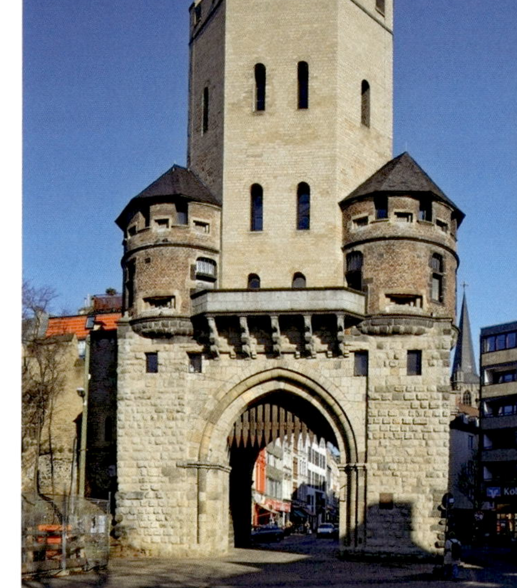

Severinstor, *Feldseite, Mitte 13. Jh., seitliche Altane 2. Hälfte 16. Jh.*

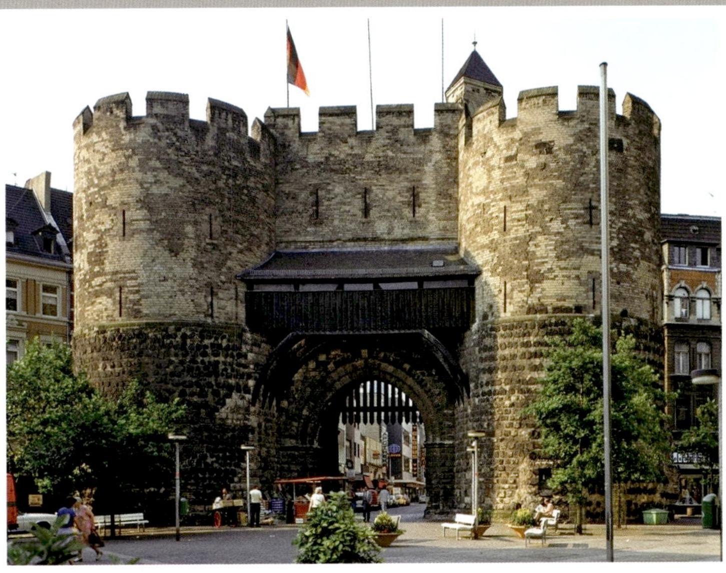

Eigelsteintor,
Feldseite,
2. Viertel 13. Jh.

Auch wenn die Kölner Doppelturmtore in ihrer Gestalt auf antike Toranlagen zurückgreifen, sind sie in ihrer charakteristischen Ausformung eine Besonderheit. Diese wurde dann vorbildlich für Torbauten in anderen Städten des Rheinlandes, bevorzugt an Straßen, die nach Köln führten. Bemerkenswert ist, dass zwei der Tore und das bescheidenere, später aufgegebene Kahlenhausener Tor keine direkte Straßenzufahrt hatten. Augenscheinlich bestand ihr Zweck darin, die Zahl der Tore in der landseitigen Mauer auf zwölf zu erhöhen. Damit war offensichtlich ein Anknüpfen an das Himmlische Jerusalem beabsichtigt, das die Geheime Offenbarung beschreibt als eine Stadt, die von einer edelsteinbesetzten Mauer mit zwölf Toren umschlossen ist.

KOSTBARKEITEN IN KIRCHEN UND SCHATZHÄUSERN

So anspruchsvoll wie die Architektur der Kirchen, so kostbar war seit ottonischer Zeit ihre Ausstattung. Das bedeutendste Werk der Bildhauerkunst jener Epoche ist das Gerokreuz in der Kreuzkapelle des Domes, die älteste nachantike Großplastik des Abendlandes. Nach bisheriger Auffassung um 970 geschaffen, wurde es als das Kruzifix gedeutet, das Erzbischof Gero (969–76) für den Kreuzaltar inmitten des Alten Domes nahe seiner Grabstätte gestiftet hat. Nach jüngeren Erkenntnissen stammt es erst aus der Zeit um 1000. Überlebensgroß zeigt es den toten Christus mit gesenktem Haupt, seinen leicht ausschwingenden Körper unterfängt eine Konsole, auf der seine Füße einzeln angenagelt sind.

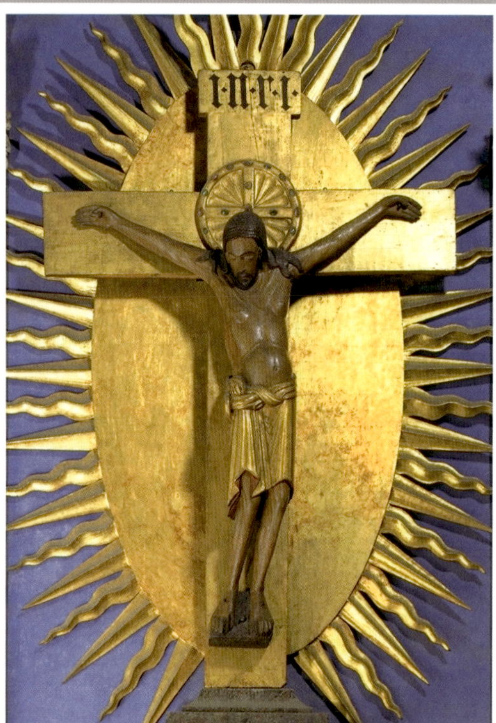

Dom, Gerokreuz, *um 1000*

In Abhängigkeit vom Gerokreuz entstand etwa gleichzeitig das im Westwerk von St. Pantaleon aufbewahrte Christushaupt, das zu der monumentalen Figurengruppe gehört, die einstmals die Westfront der Kirche beherrschte. Dieser Kopf ist Teil einer thronenden oder stehenden Christusgestalt, begleitet von den Kirchenpatronen Pantaleon und Albinus. Seitlich darunter befanden sich zwei Engel. In der Nachfolge des Gerokreuzes steht um 1067 auch das Kruzifix aus St. Georg (dort eine ergänzte Kopie, der Originaltorso im Museum Schnütgen). Bei ihm steigert die ornamentale Stilisierung von Haartracht und Bart die Plastizität des Antlitzes und verleiht dem toten Leib expressive Ausstrahlung.

Ein Schnitzkunstwerk hohen Ranges sind die beiden knapp fünf Meter hohen und halb so breiten Türflügel in St. Maria im Kapitol, die seit 1049 die der Nordkonche vorgelagerte Halle abschlossen. In 26 nahezu vollplastischen Relieftafeln schildern sie Begebenheiten aus dem Leben Jesu. Auffallend ist ihr Bezug zu den biblischen Geschehnissen in Bethlehem, die aus der baukünstlerischen Verflechtung dieser Marienkirche mit der Geburtskirche in Bethlehem verständlich werden. Die, wie Farbreste belegen, ursprünglich gefassten Türblätter stehen in der Tradition spätantiker-frühchristlicher Vorbilder in Italien. Ihr erzählerischer Charakter rückt sie in die Nähe zeitgenössischer Elfenbeinschnitzerei und Buchmalerei, ist aber in der Wiedergabe der Gestalten den Großfiguren wie dem Gerokreuz oder dem Christuskopf in St. Pantaleon verwandt.

Hiervon beeinflusst erscheint ein Jahrhundert später das Tympanon über dem Nordportal von St. Cäcilien, ein Hauptwerk der romanischen Steinplastik in Köln (Ori-

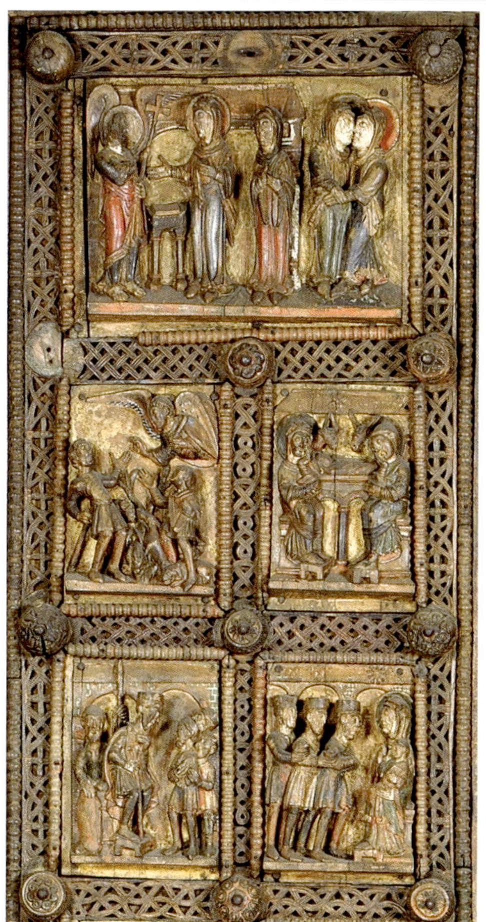

St. Maria im Kapitol, Türflügel, *Mitte 11. Jh., Ausschnitt*

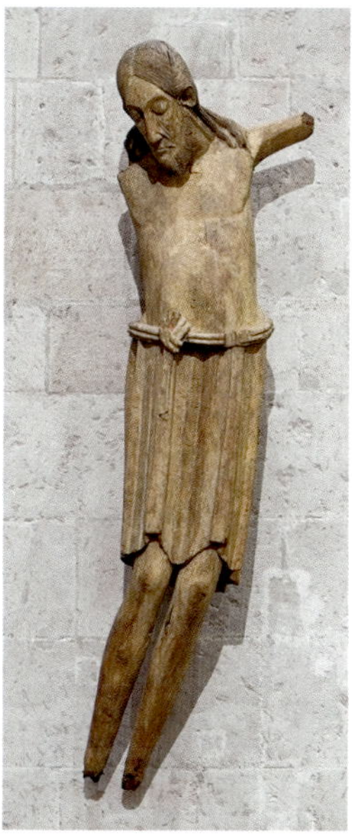

St. Georg, Kruzifix, *um 1067, Original im Museum Schnütgen*

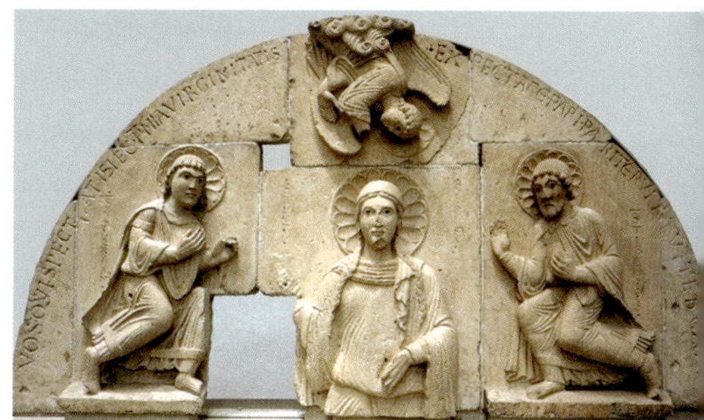

St. Cäcilien, Tympanon des Nordportals, *1160/70, Original im Museum Schnütgen*

ginal im Museum Schnütgen). In diesem um 1160/70 gefertigten Relief erscheint die hl. Cäcilie zwischen ihrem Verlobten, dem hl. Valerian, und seinem bekehrten Bruder Tiburtius. Als Lohn für die bewahrte Jungfräulichkeit bringt ein Engel der Kirchenpatronin einen (heute verlorenen) Lorbeerkranz. Der parallele Faltenwurf bei den Figuren und die Form des Muschelnimbus kehren betonter wieder bei der Grabplatte der Plectrudis, um 1180/90, in St. Maria im Kapitol, deren zugehöriges Kloster sie einst gegründet hatte.

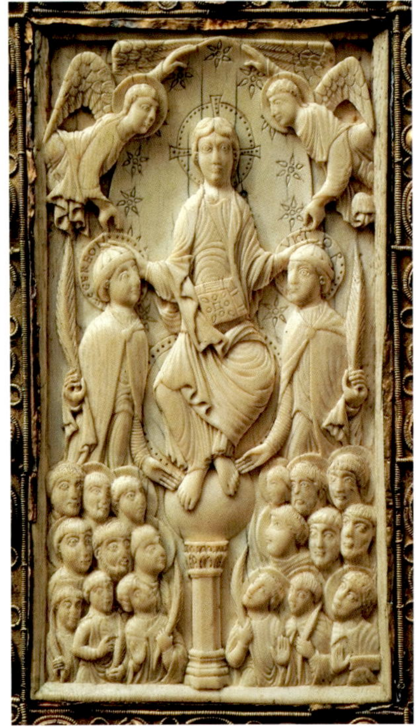

St. Gereon, Thebäertafel, *Elfenbein, um 1000, Museum Schnütgen*

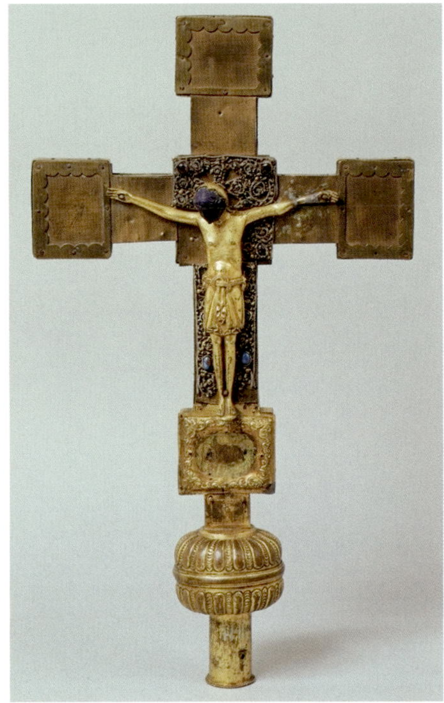

Herimannkreuz, *Korpus um 1045, Museum Kolumba*

Die großformatigen skulpturalen Werke erfuhren ihre Widerspiegelung in der Kleinkunst. Vor allem das Museum Schnütgen und das Erzbischöfliche Museum Kolumba sind die bevorzugten Schatzhäuser, die davon beeindruckende Zeugnisse besitzen. Bemerkenswerte Arbeiten des Elfenbeinschnitzens sind einer seit etwa 1000 in Köln tätigen Werkstatt zu verdanken. Ihr entstammt die Thebäertafel aus St. Gereon, jetzt im Museum Schnütgen. Als Mittelteil eines Buchdeckels ist sie ein Glanzstück der Elfenbeinschnitzkunst der Ottonenzeit. Sie zeigt die Aufnahme der Thebäischen Legion in den Himmel. Wie bei einem byzantinischen Krönungsritus legt der auf einem Globus thronende Christus den hll. Gereon und Viktor zu seiner Seite die Hände aufs Haupt. Unterhalb von ihnen hält eine Schar der Thebäischen Legion Palmzweige als Zeichen ihres Sieges. In diesem Bildrelief verschmelzen antikes Formengut und seine frühchristliche Adaption zu einer neuen Interpretation. Einen einzigartigen Antikenbezug birgt das etwa ein halbes Jahrhundert jüngere Herimannkreuz im Erzbischöflichen Museum Kolumba, ein Vortragekreuz, das Erzbischof Hermann II. und seine Schwester Ida der von ihr erbauten Kirche St. Maria im Kapitol gestiftet hatten. Der Korpus, ein vergoldeter Bronzeguss, hat einen eingesetzten Kopf aus Lapislazuli, der die Gesichtszüge der römischen Kaiserin Livia (58–29), dritte Ehefrau des Kaisers Augustus, trägt.

Köln war im 10. und 11. Jahrhundert auch ein wichtiges Zentrum für die Buchmalerei. Von ihrer herausragenden Qualität zeugen Prachtcodices, deren Illustrationen ebenfalls ihre Wurzeln in der Spätantike haben. Die erzbischöfliche Diözesan- und Dombibliothek hütet davon etliche wertvolle Exemplare, die in Text und Bild nicht nur Kunstwerke, sondern auch wichtige Quellen sind, wie das Widmungsbild des Hillinus-Codex, 1010/20, vorführt, das in seiner Kopfleiste eine Ansicht vom Alten Dom wiedergibt.

In künstlerischer Verwandtschaft zur Buchmalerei stehen die an Wänden und Gewölben der Sakralbauten aufgetragenen Malereien. Sie reichen überwiegend ins 13. Jahrhundert zurück. Zu den frühen Beispielen gehört ein aus dem Dekagon von St. Gereon stammendes Fragment aus dem Anfang des 12. Jahrhunderts, das einen Propheten mit einem Apostel auf seinen Schultern erkennen lässt. Die rudimentären Malereien aus der zweiten Hälfte des Jahrhunderts in der Apsis der Kirche zeigen in der Kalotte Christus in der Mandorla, Maria und Johannes zusammen mit Evangelistensymbolen. In den oberen und unteren Nischen des Chores erkennt man Soldatenheilige und Bischöfe über besiegten Gestalten.

Das umfänglichste Ausmalungsprogramm besitzt St. Maria Lyskirchen. Zunächst erscheint die Patronin der Kirche im inneren Tympanon des Westportals als thronende Himmelskönigin, auf ihrem Schoß den Jesusknaben als Weltenherrscher, ihnen zugewandt die Hll. Drei Könige und zwei Propheten. Diese Figuren zeigen in ihren weicheren Gewändern den sogenannten Kölner Muschelstil der Zeit um 1230, der noch byzantinische Einflüsse verrät. Raumbestimmend in dieser Kirche sind die zwei Jahrzehnte jüngeren Malereien in den Gewölben über dem Mittelschiff. In ihren Kappen trennen gemalte Säulen und Ornamentbänder einzelne Bildfelder. In der Nordhälfte entsprechen zwölf Themen aus dem Alten Testament typologisch zwölf Szenen des Neuen Testamentes auf der Südseite. Diese Darstellungen, die mit ihrem Schema byzantinischen Kuppelausmalungen folgen, sind das größte Malereiprogramm, das vom sogenannten Zackenstil erhalten ist.

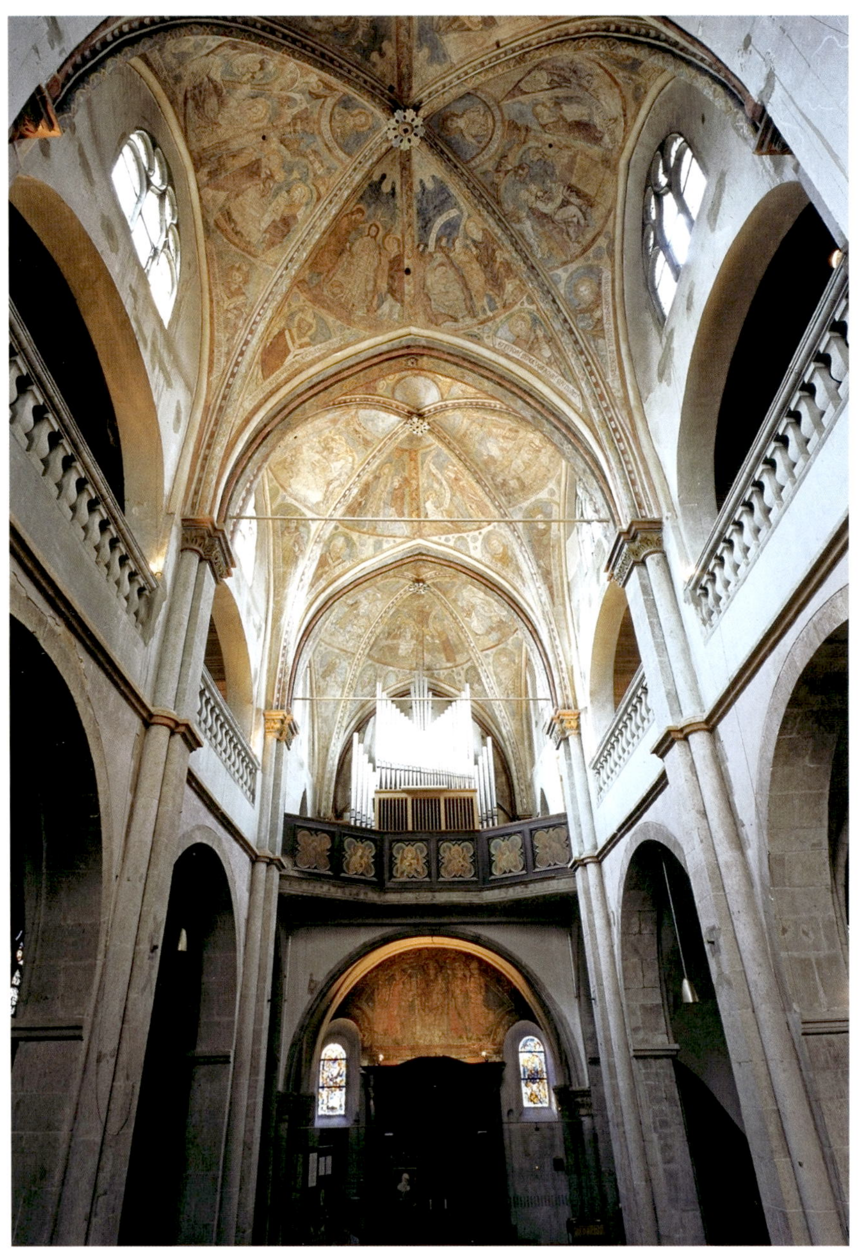

St. Maria Lyskirchen, *Inneres nach Westen,*
Gewölbemalereien, *um 1250*

Eine andere Gattung der Malerei ist die auf Glas, von der nur wenige Scheiben aus romanischer Zeit in situ erhalten sind. Der umfänglichste Glasfensterzyklus ist im Chor und östlichen Querhaus von St. Kunibert zu sehen. Um 1220/30 geschaffen, stehen die Fenster in stilistischer Nähe zur Tympanonmalerei in St. Maria Lyskirchen. Im Scheitelfenster des Obergeschosses im Chor schildert das Wurzel-Jesse-Fenster in fünf Szenen das Leben Jesu. Seitlich davon widmen sich die Fenster in jeweils fünf Vielpässen den Kirchenpatronen Kunibert rechts und Clemens links. In der Zone darunter bilden die Glasgemälde die Heiligen ab, deren Reliquien die Kirche besaß.

Besonderen Stellenwert in der romanischen Kunst Kölns nehmen die mit Edelmetallen und Edelsteinen verkleideten Reliquienschreine ein. Einer der frühesten und innerhalb der rheinisch-maasländischen Goldschmiedekunst bedeutenden ist der Heribertschrein, im dritten Viertel des 12. Jahrhunderts angefertigt für die Abteikirche St. Heribert in Deutz, heute hoch aufgestellt hinter dem Hochaltar der unweiten Kirche Neu St. Heribert. Das hölzerne Reliquienbehältnis mit Satteldach bedecken vergoldete und versilberte Kupferbleche. In der vorderen Giebelfläche ist der hl. Heribert zwischen allegorischen Figuren der Tugenden Liebe und Demut zu sehen, darüber Christus als Weltenherrscher. Rückseitig thront Maria mit Kind umgeben von Engeln. Die sitzenden Apostel an den Längsseiten werden gerahmt von Propheten in feinsten Emailbildern. In gleicher Technik und Qualität schildern auf dem Dach zwölf Rundscheiben mit Inschriften das Leben Heriberts. An Kanten und Bögen wechseln ornamentale Emails mit Edelsteinbelägen. Bergkristalle schmücken First und Giebelschrägen.

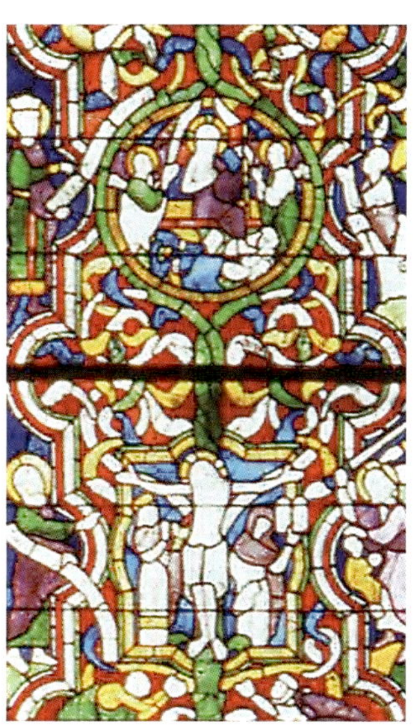

St. Kunibert, Wurzel-Jesse-Fenster, *um 1220/30, Ausschnitt*

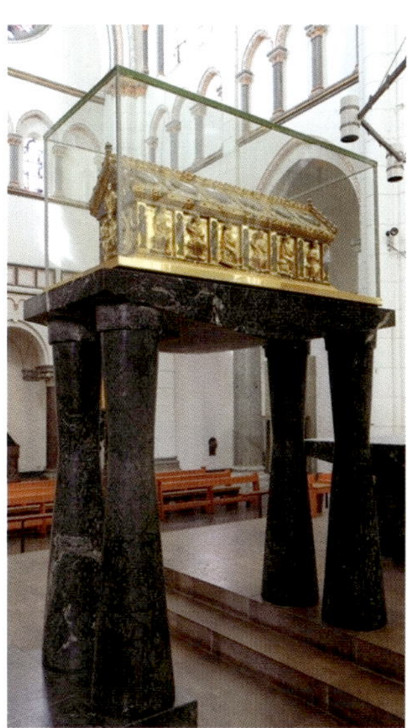

Neu St. Heribert, Heribertschrein, *3. Viertel 12. Jh.*

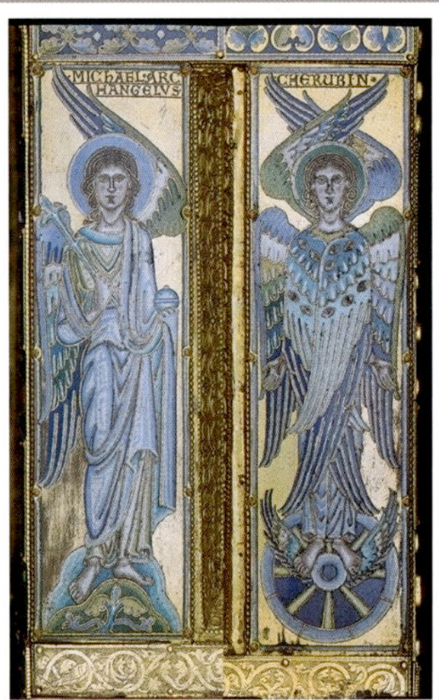

St. Pantaleon, Maurinusschrein, *um 1170, Emaillen mit Erzengel Michael und Cherubin*

Diese architektonische Struktur hat etwa gleichzeitig übernommen der Schrein des hl. Maurinus in St. Pantaleon, an dem die Seitenwände als Arkaden auf Pilastern ausgebildet sind. Auf den Dachschrägen sind jeweils in fünf Vierpassrahmen in silbergetriebenen und vergoldeten Reliefbildern Martyrien dargestellt. Diesem Schema folgt hier um 1186 der Albinusschrein. Seine Arkaden an den Seiten sind noch detaillierter mit emaillierten Säulchen unter Dreipässen, darin ursprünglich die vornehmsten Kölner Kirchenpatrone. Die acht Reliefbilder auf dem Dach zeigen rechts einen Christuszyklus aus dem Umkreis der Werkstatt des Nikolaus von Verdun. Abweichend von diesen Schreinen mit Satteldach hat der Ätheriusschrein, um 1170, in St. Ursula ein Tonnendach mit niedriger Quertonne, darauf im Kassettenmuster eine üppige Verkleidung aus vergoldetem und emailliertem Silberblech. Den figürlichen Schmuck ersetzten im 19. Jahrhundert Holztafeln mit Bibelzitaten.

Das herausragendste Denkmal romanischer Goldschmiedekunst ist der Dreikönigenschrein im Dom, der größte Goldsarkophag des Abendlandes überhaupt. Er ist aus drei Schreinen zusammengefügt, der obere lagert auf den Firsten der beiden unteren, sodass sich der Aufbau einer Basilika ergibt. Oben ruhen die Gebeine der Märtyrer Felix und Nabor sowie des hl. Gregor von Spoleto. Darunter sollen die sterblichen Überreste der mutmaßlichen Weisen aus dem Morgenland liegen, die Kaiser Barbarossa 1164 nach der Eroberung Mailands als Kriegsbeute Erzbischof Rainald von Dassel schenkte und seitdem als die Reliquien der Hll. Drei Könige verehrt werden. Nikolaus von Verdun, der Großmeister Kölner Goldschmiedekunst, begann in den 1180er-Jahren mit dem Gesamtplan für den Schrein. Von ihm stammen die silbergetriebenen, feuervergoldeten Propheten in den Arkaden der unteren Langseiten. Sie fallen auf durch ihre individualisierende Darstellung und die Gewandung, in der Bezüge zur Antike aufschimmern. Die oberen Apostelfiguren entstanden wohl ebenso in seiner Werkstatt. Die vordere Giebelseite, für die auch König Otto IV. gestiftet hatte, besteht aus purem Gold. Dreifach wird in ihr Christus dargestellt: als Kind in Anbetung durch die drei Könige (mit Otto IV. als viertem König), als Täufling vor den Juden

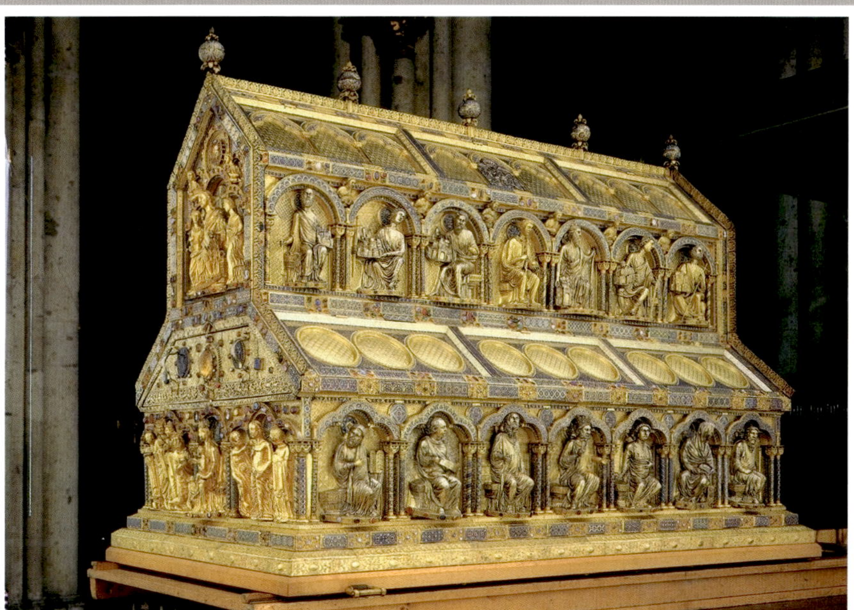

Dom, Dreikönigenschrein, *Ende 12. Jh. bis 1220/30, hauptsächlich von N. von Verdun*

und als Richter des Jüngsten Gerichtes. Die das Werk um 1220/30 vollendende Rückseite mit der Büste des Rainald von Dassel zeigt die Passion Christi und die Aufnahme von Felix und Nabor in den Himmel. Während in den Reliefs und Emailbildern anderer Schreine überwiegend das Leben der in ihnen geborgenen Heiligen vor Augen geführt wird, ziert den Dreikönigenschrein ein christologisches Programm. Wie bei den Schreinen in St. Severin und Neu St. Heribert erlaubt seine erhöhte Aufstellung hinter dem Altar, unter ihm einherzugehen. Diese im Mittelalter übliche Annäherung an die Reliquien sollte den Gläubigen die Möglichkeit bieten, der Kraft der Heiligen unmittelbarer teilhaftig zu werden.

Mit den Gebeinen der als die drei heiligen Könige verehrten Magier, wie sie das Matthäus-Evangelium erwähnt, war Köln in den Besitz eines höchst bedeutenden Reliquienschatzes gelangt, da die drei Weisen Jesus persönlich begegnet waren. Ihren sterblichen Überresten kam überdies eine hohe politische Bedeutung zu für die Legitimation der deutschen Könige, die nach ihrer Krönung in Aachen nach Köln zogen, um den Hll. Drei Königen zu huldigen. Zugleich machten diese außergewöhnlichen Reliquien die Stadt zum begehrten Ziel internationaler Wallfahrten und zu einem Hauptort der Christenheit, eine Gunst, die sich auch wirtschaftlich auszahlte.

ZUR VORHERRSCHAFT DES BÜRGERTUMS: DIE ZEIT DER GOTIK

Das vornehmlich diesem Reliquienbesitz geschuldete überragende Ereignis, mit dem durch die Grundsteinlegung 1248 das Idealbild einer gotischen Kathedrale erschaffen werden sollte, darf nicht darüber hinwegtäuschen, dass der Boden für diese neue Bauweise in Köln bereits vorbereitet war. Das belegen im ersten Viertel des 13. Jahrhunderts die sechsteiligen Rippengewölbe mit spitzen Schildbögen in St. Aposteln und St. Kunibert sowie diejenigen in St. Maria im Kapitol um 1240, von denen die Konsolen noch vorhanden sind. Auch das 1219–27 aufgeführte Dekagon von St. Gereon mit seinem zehnteiligen Rippengewölbe und den eng an den Außenbau angelehnten Strebepfeilern verrät die Abkehr vom konventionellen Bauen, selbst wenn sein viergeschossiger Aufriss die straffe und dynamische Tektonik gotischer Bauweise nicht erreicht. Mit seinem oberen Abschluss mit Plattenfries und Zwerchgalerie kann dieser fortschrittlich anmutende Bau nicht leugnen, immer noch in der rheinischen Hochromanik verhaftet zu sein.

Träger jener modernen Bauideen, die mit ihrem Gliederskelettbau den Mauermassenbau der romanischen Architektur ablösten, waren vor allem die Reform- und Bettelorden. Anfang des 13. Jahrhunderts ließen sich die Dominikaner in Köln nieder;

Bettelorden

Die Bettelorden verdanken ihr Entstehen wesentlich dem sozialen und ökonomischen Wandel, der sich an der Wende vom 12. zum 13. Jahrhundert vollzogen hatte. Die Intensivierung der Geldwirtschaft und die Steigerung handwerklicher Produktion führten zu einem Bevölkerungsanstieg und wirtschaftlichen Wachstum der Städte. Gewissermaßen als Gegenreaktion kam zugleich die Sehnsucht auf nach einem einfacheren, vornehmlich am Evangelium orientierten Leben in der Nachfolge Jesu und seiner Apostel. Franziskus von Assisi und der Spanier Dominikus begründeten Bruderschaften, die 1233 als Franziskanerorden, anfangs als Minoriten oder Minderbrüde bezeichnet, approbiert beziehungsweise zuvor 1215 als Predigerorden der Dominikaner bestätigt worden waren.

ihnen folgten die Franziskaner, die wohl schon 1246 mit dem Bau ihrer Kirche St. Maria Empfängnis, der ehemaligen Minoritenkirche, begonnen haben. Deren 1260 geweihtem Polygonchor schloss sich abschnittsweise bis zur Mitte des 14. Jahrhunderts die Fertigstellung von Langhaus und Westfassade an. Ist der siebenseitige Chorschluss eher ungewöhnlich für eine Franziskanerkirche, so versteht sich die von Osten nach Westen in den Baudetails zunehmende Strenge des Innenraumes eher als gebaute Ordensregel. Während die schlichten zweibahnigen Maßwerkfenster des Chores Bezüge zur frühen nordfranzösischen Kathedralgotik zeigen, knüpfen Chorform und Disposition des Grundrisses an die Marburger Elisabethkirche (1235–83) an, nach deren Vorbild die Minoritenkirche ursprünglich als dreischiffige Halle geplant war. Mit seinen Strebepfeilern und -bögen sowie dem großen achtbahnigen Maßwerkfenster im Westen rückt der vergleichsweise wandbetonte Bau in baukünstlerische Nähe zur benachbarten Kathedrale.

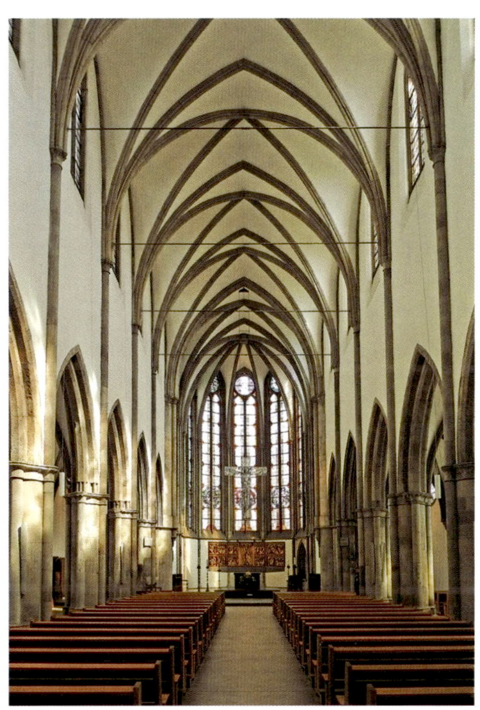

Minoritenkirche St. Maria Empfängnis, *Inneres nach Osten, Mitte 13. Jh. bis Mitte 14. Jh.*

DIE VISION VON EINER GOTISCHEN KATHEDRALE

Der Wunsch nach einer neuen Bischofskirche hatte sich schon im frühen 13. Jahrhundert geregt. Erzbischof Engelbert I. (1216–25) drängte das Domkapitel zu einem Neubau, den seine Ermordung 1225 verhinderte. Ein Vierteljahrhundert später, am

13. April 1248, beschloss das Kapitel die Finanzierung für einen Neubau, für den Erzbischof Konrad von Hochstaden (1238–61) am 15. August 1248 den Grundstein legte. Mit diesem Bauwerk sollten die technischen Errungenschaften gotischer Kathedralen, wie sie in Frankreich vorgebildet waren, zur Vollendung gebracht werden. Ein ganzheitlicher Plan, den vermutlich der erste Baumeister Gerhard (1248–61) entwarf, bildete die Grundlage für ein grandioses Gebäude aus einem Guss: eine kreuzförmige Basilika mit fünfschiffigem Langhaus und in dessen Weiterführung im Osten ein Langchor mit Umgang und einem Kranz aus sieben Kapellen, einem dreischiffigen Querhaus und einer Doppelturmfassade im Westen. Der für die Westfassade verbindliche sogenannte Riss F stammt höchstwahrscheinlich aus der Zeit um 1280. Er gehört „durch seine Ausmaße und künstlerische Kraft der Darstellung [...] zu den bedeutendsten Architekturzeichnungen des Mittelalters" (Herbert Rode). Er gab vor, die Türme erstmals über vier Seitenschiffquadraten zu errichten bei einer klaren Geschosseinteilung, die nur von den Wimpergen über den Fenstern überspielt wird. Auf zwei quadratische Geschosse folgen zwei achtseitige, von denen sich das obere aus dem Turmblock löst. Die ebenfalls in zwei Geschossen durchbrochenen Turmhelme sind ohne unmittelbares Vorbild.

Nach der Fundamentlegung schritt der Bau zügig voran. Um 1265 war der Chorumgang mit seinen Radialkapellen fertig, wo zuvor Konrad von Hochstaden 1261 bestattet worden war. Der bis 1299 nachfolgende Baumeister Arnold führte den Chor so weit fort, dass er zum Gottesdienst genutzt werden konnte. 1277 errichtete er an der Nordflanke des Umgangs die alte Sakristei, jetzt Sakramentskapelle. Nach Fertigstellung des ebenso filigranen wie reichen Strebesystems am Äußeren wurde der Hochchor mit den beiden inneren Jochen der östlichen Querhauswand nach Westen, wo der verbliebene Teil des Alten Domes noch in Funktion war, mit einer Trennwand verschlossen und 1322 seinem liturgischen Zweck übergeben. Anschließend entstanden die südlichen Seitenschiffe bis knapp über die Kapitellzone. Um die Mitte des 14. Jahrhunderts begann man mit dem Südturm, zunächst mit geringerer Breite, da ursprünglich eine Westfront mit fünf Portalen geplant war. Über seinem endgültigen Grundriss reichte er bald nach 1400 bis ins dritte Geschoss. Vor Einstellung der Arbeiten 1560 gelangten noch die Sockelzone des Nordturmes und die nördlichen Seitenschiffe bis oberhalb der Fenster zur Ausführung, was eine Überdachung aller Raumteile ermöglichte.

Dom, Westfassade, *Riss F, um 1280*

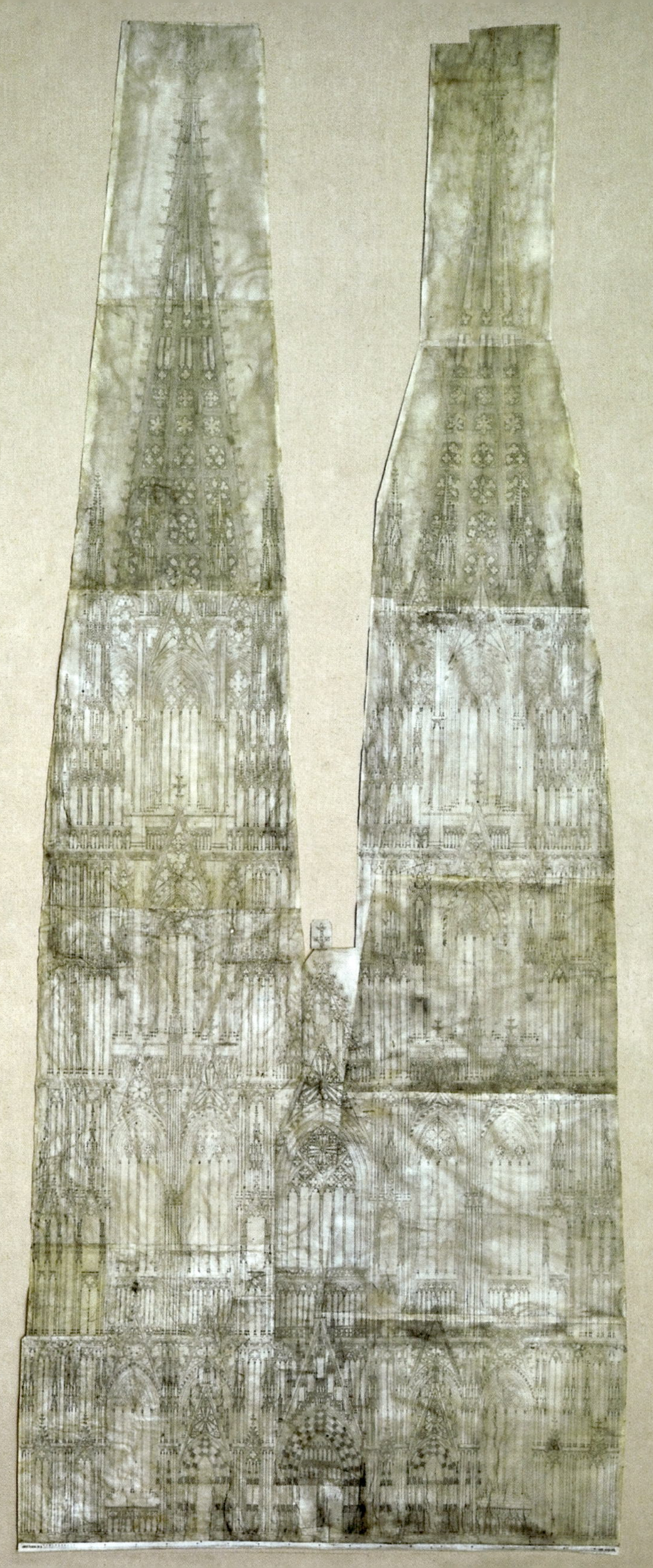

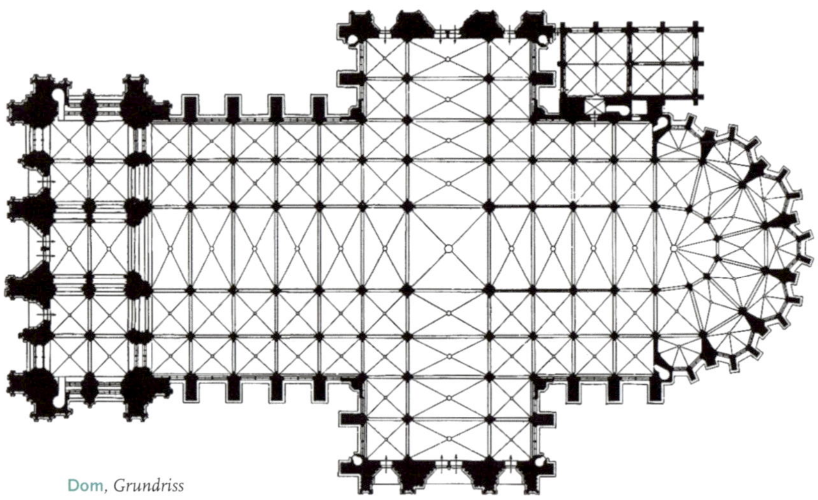

Dom, *Grundriss*

Das Maß der queroblongen Joche im Mittelschiff sowie in Querhaus und Hochchor erzeugt bei halber Breite in Seitenschiffjochen und Chorumgang mit seiner regelmäßigen Taktfolge die Ausgewogenheit des Grundrisses. Dieser verweist auf nordfranzösische Kathedralbauten und versichert sich in der Chorgestalt des Vorbildes in Amiens. Im Gegensatz hierzu besticht der Kölner Bau durch die Gleichmäßigkeit aller seiner zum Umgang hin voll geöffneten Kapellen. Mit seiner Fünfschiffigkeit, die schon der Alte Dom besaß, steht er dagegen in der Nachfolge der Kathedralen in Paris, Bourges und Troyes.

Den ungemeinen steilen Aufriss, den der Bau mit der Kathedrale in Beauvais teilt, bestimmt der dreigeschossige Aufbau aus Arkadengeschoss und gleich hohem Obergaden, in dessen Maßwerk das Triforium eingebunden ist. Ihre Wurzeln hat diese dreizonige Gliederung in der königlichen Grabeskirche von Saint-Denis bei Paris. Die vollständige Auflösung der Wand ist dem statischen Gerüst zu verdanken, das von den auf hohen Sockeln emporstrebenden mächtigen Bündelpfeilern verbindlich vorgegeben wird. Die Dienste, die in unterschiedlicher Stärke den runden Pfeilerkern umstehen, geben die Hierarchie des gesamten Konstruktionssystems vor aus Arkaden, Gurt-, Scheid- und Schildbögen sowie Gewölberippen im Inneren, unterstützt von doppelten Strebebögen am Außenbau. Der Raum erfährt dadurch eine nahezu schwebende Leichtigkeit. Seine gleichermaßen monumental-feierliche wie ele-

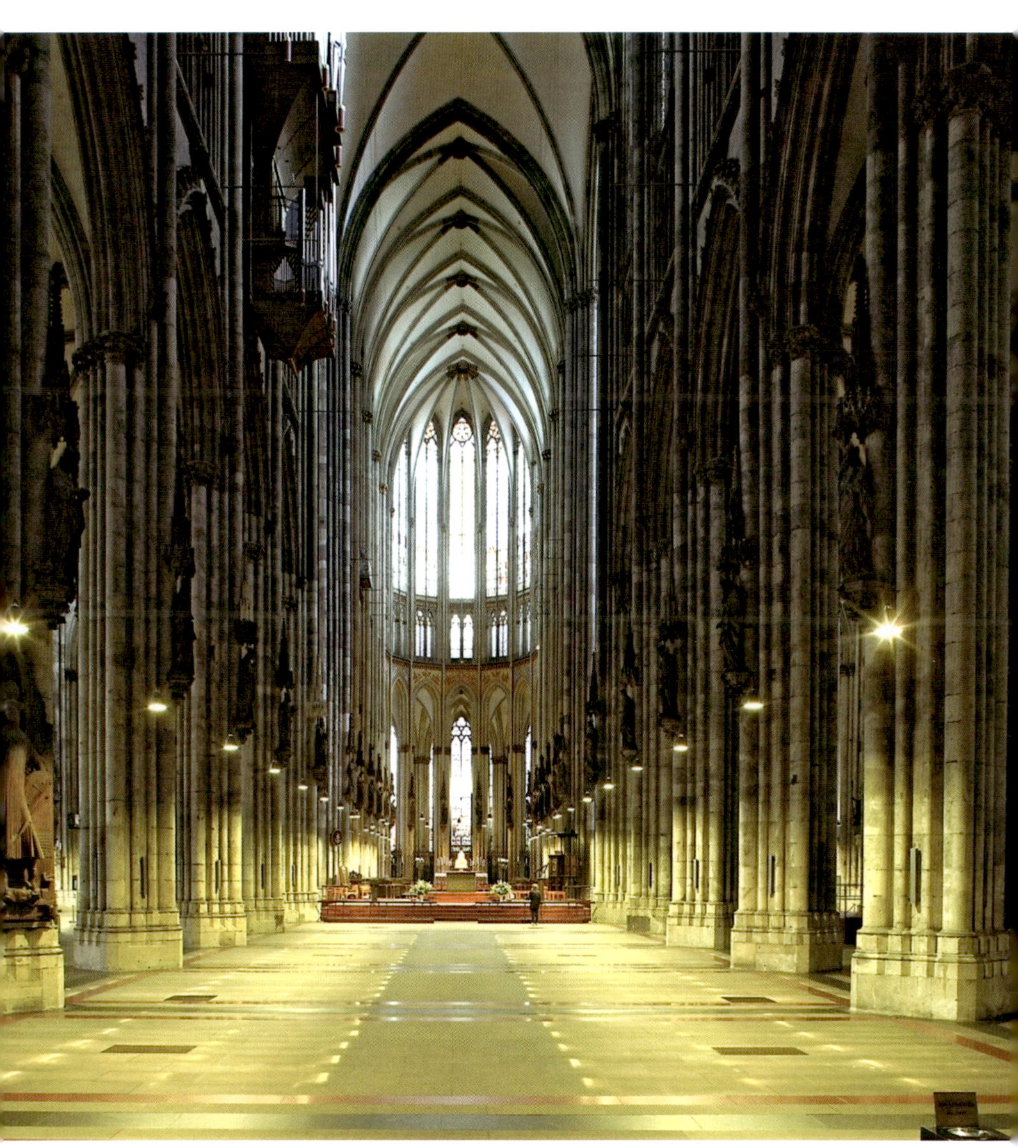

Dom, *Inneres nach Osten*

gante Anmutung ist das Resultat eines subtil durchdachten Werkmaßes, das auf dem 25-fachen und davon abgeleitet Mehrfachen des römischen Fußes (29,50 cm) und dem Grundraster eines Quadrates beruht. Die dank dieser Proportionsregel dem Bauwerk innewohnende Harmonie ist Ausdruck eines veränderten religiösen Empfindens. Das Licht, das die Fenster hinter dem Dunkel von Chorumgang und Seitenschiffen und die des Obergadens unmittelbar durchdringt, erzeugt eine transzendentale Stimmung, die nach mittelalterlichem Verständnis auf ein Entrücken aus dem Diesseits abzielt. Gewollt war eine übersinnliche Empfindung, die über die irdische Materialität hinausweist. Die Verklärung der gotischen Kathedrale als eine himmlische Stadt wollte den Menschen eine Vorstellung vom Himmlischen Jerusalem vermitteln. Und die auf festen Zahlenverhältnissen gründenden Proportionen strebten danach, Sinnbild der Harmonie der himmlischen Ordnung zu sein.

Dom, Chor mit Altarmensa, *um 1320*, **Dreikönigenschrein**, *Ende 12. Jh. bis 1220/30, und* **Chorpfeilerfiguren**, *Ende 13. Jh.*

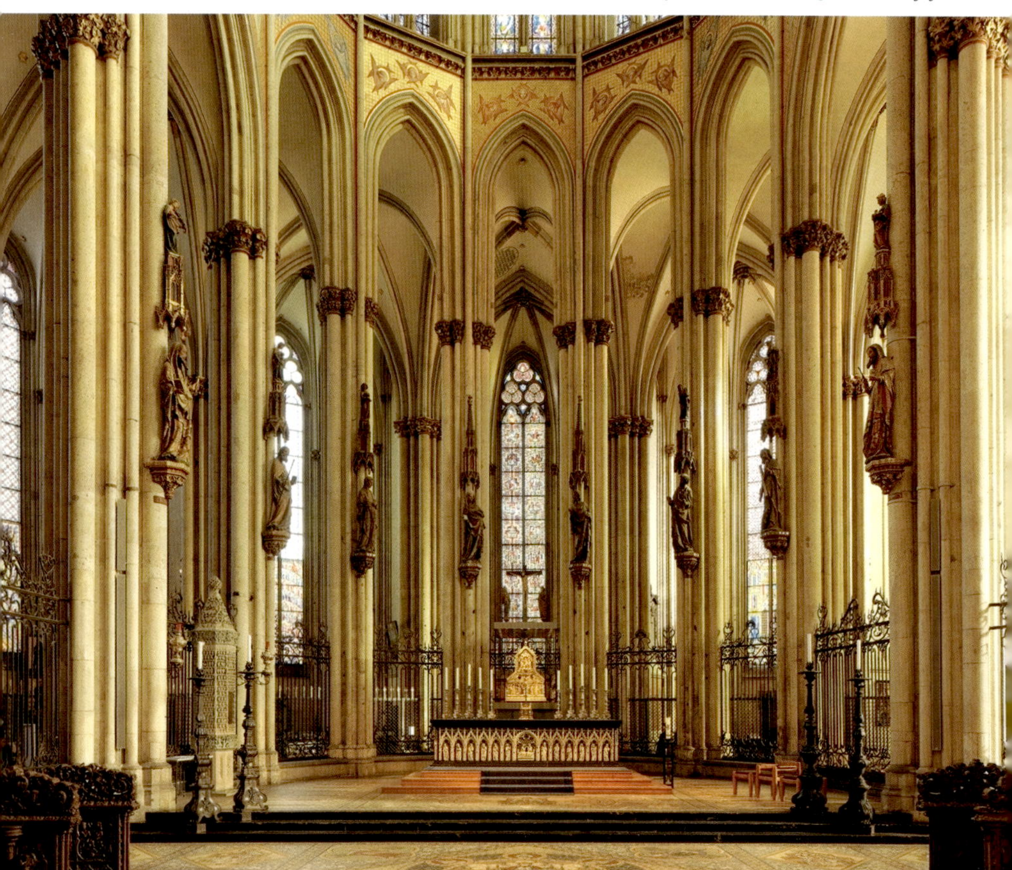

Mit seinem baukünstlerischen Ehrgeiz, die „vollkommene Kathedrale" (Arnold Wolff) verkörpern zu wollen, ist der Bau in Köln nicht lediglich die übersteigerte Summe aus Frankreich importierter Vorgaben und Einflüsse. Vielmehr ist die grundrissliche Komposition aus der Gesamtheit von Chor, Querhaus und Langhaus eine eigenständige Leistung. Das trifft ebenso zu für die durchbrochenen Turmhelme, die sich offensichtlich an Werke der Goldschmiedekunst wie Reliquiare oder Ziborien anlehnen. Mit diesem Bezug macht die Architektur zugleich deutlich, wie sehr sie ein ins Monumentale gesteigerter Reliquienschrein sein will, dessen vornehmste Aufgabe darin besteht, das goldene Gehäuse der Hll. Drei Könige in seinem Inneren bis an die Grenze des technisch Möglichen weithin sichtbar zu überhöhen.

Der faszinierende Zusammenklang von Ordnung und Harmonie sollte gesteigert werden durch die Ausstattung des Chores, die glücklicherweise weitgehend in ihrem ursprünglichen Zusammenhang erhalten ist. Sie ist zugleich das vollständigste Ensemble aus Architektur und Kunstwerken in einer gotischen Kathedrale überhaupt. Zu den ältesten Bestandteilen gehören die 18 zweibahnigen Glasfenster der Chorkapellen mit den Pflanzenmustern in Grisailletechnik aus der Zeit um 1260/65. Nur im Scheitel der Achskapelle ist das zeitgleiche Bibelfenster farbig gestaltet. Nach 1322 wurde damit begonnen, die vier Felder unterhalb der Grisaillen ebenfalls mit farbigen Glasmalereien zu versehen. Diese mittelalterlichen und zum Teil auch jüngeren Scheiben fassen den Kranz der Kapellen wie mit einem bunten Band zusammen. Die Königefenster im Obergaden, um 1300, sind der umfänglichste erhaltene Zyklus von Glasmalereien des 14. Jahrhunderts in Europa. In ihrem unteren Drittel sind alternierend vor rotem und blauem Hintergrund 48 Könige abgebildet auf Konsolen mit Stifterwappen und überfangen von Architekturbaldachinen. Mit Bärten werden sie gedeutet als die 24 Ältesten der Apokalypse und bartlos als die Könige von Juda. Im Mittelfenster erscheinen die Hll. Drei Könige. Ornamentale Teppichmuster füllen die oberen Abschnitte der Fenster.

Die Pfeiler des Binnenchores sind ausgezeichnet durch einen Figurenzyklus, der zu Seiten der Gestalten von Christus und Maria die zwölf Apostel mit ihren Attributen aufreiht. Knapp überlebensgroß stehen sie auf unterschiedlich geformten Blattkonsolen. Über ihnen ragen Baldachine auf, die mit Ausnahme der von Christus und Maria nachträglich aufgestockt wurden mit feinteiligen Kleinarchitekturen, die Ähnlichkeiten

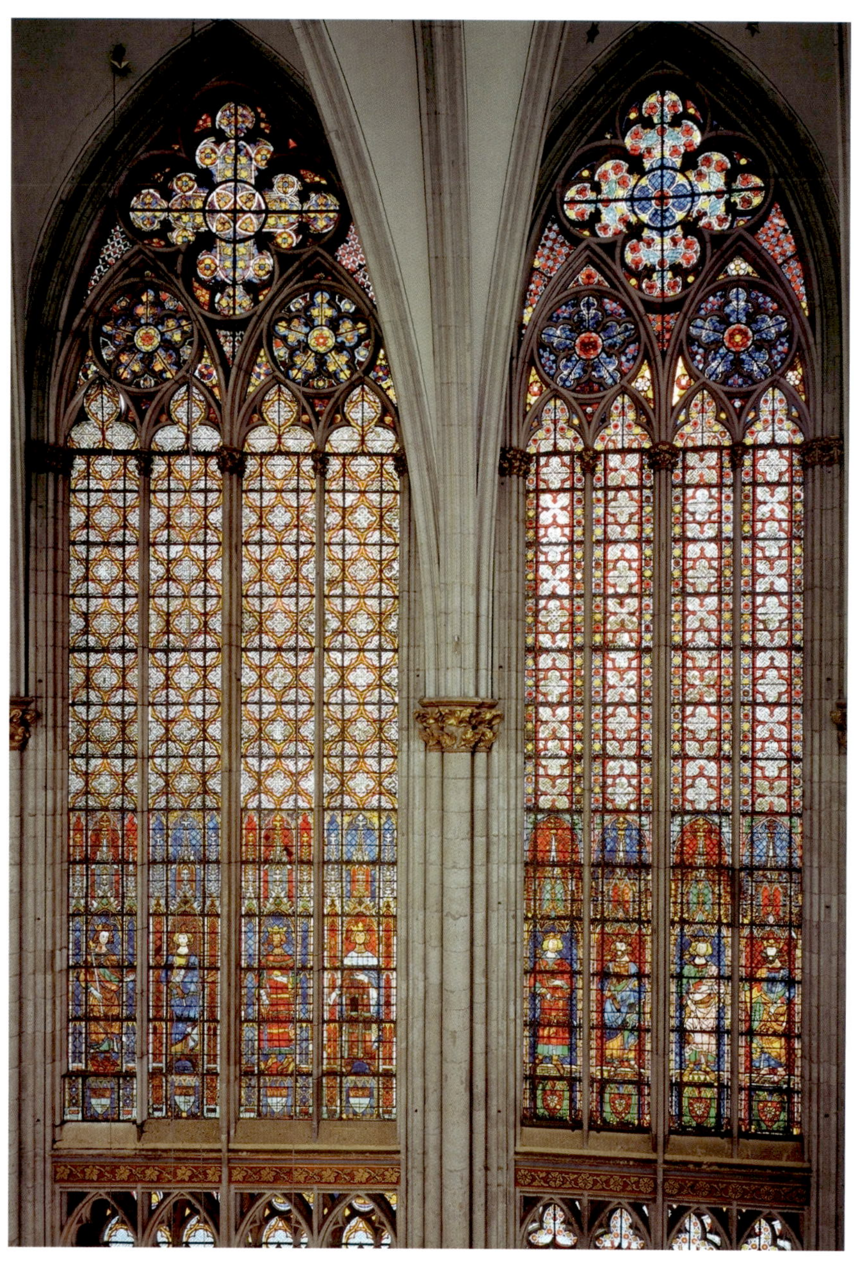

Dom, Königefenster *im Chorobergaden, um 1300*

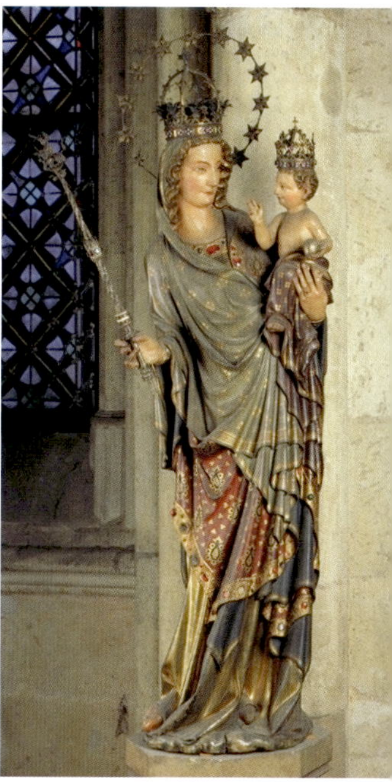

Dom, Mailändermadonna, *um 1260/90*

zu Goldschmiedearbeiten zeigen und musizierende Engel tragen. Wie Konsolen und Baldachine waren auch die Figuren von Anfang an farbig gefasst. Die unterschiedlichen Muster ihrer Gewandung orientieren sich an realen Stoffen des Mittelalters. Durch Haltung und Gestik stehen die Apostel ebenso wie Christus und Maria untereinander in Beziehung. In ihrer Zwiesprache scheinen sie allem Irdischen enthoben. Als Werke der Bildhauerkunst vor 1300 zeugen sie vom außerordentlichen künstlerischen Rang der Kölner Dombauhütte. Ihrem Meister Arnold wird auch gerne die sogenannte Mailänder Madonna an einem Dienst vor der Außenwand der Marienkapelle zu Seiten des südlichen Chorumgangs zugeschrieben, eine nicht ganz lebensgroße Plastik aus Nussbaum mit jüngerer Bemalung und Bekrönung von 1855. Einst stand sie dort über dem Altar und ersetzte eine ältere Marienstatue, die Rainald von Dassel 1164 zusammen mit den Gebeinen der Hll. Drei Könige von Mailand nach Köln gebracht hatte, worauf ihre Bezeichnung zurückgeht. Ihre höfische Eleganz, mit der sie den ihr zugewandten Jesusknaben auf dem Arm trägt und das Zepter hält und die im Schwung ihrer S-förmigen Körperhaltung kulminiert, weist auf Vorbilder in Frankreich.

Gleichfalls nach französischen Vorbildern in Saint-Denis und in Reims wurde bald nach seinem Tod 1261 das Hochgrab von Erzbischof Konrad von Hochstaden geschaffen. Seiner Bedeutung gemäß befand es sich zunächst in der Scheitelkapelle und musste später dem Dreikönigenschrein von dort in die Johanneskapelle links daneben weichen. Auf einer schwarzen Kalksteinplatte ruht umrahmt von einer Maßwerkarkade die liegende Figur des jugendlich dargestellten Erzbischofs, ausgezeichnet mit den Insignien seiner kirchlichen Würde und einem Hund als Treuesymbol zu seinen Füßen. Der von der Dombauhütte gefertigte Bronzeguss ist der bedeutendste seiner Zeit.

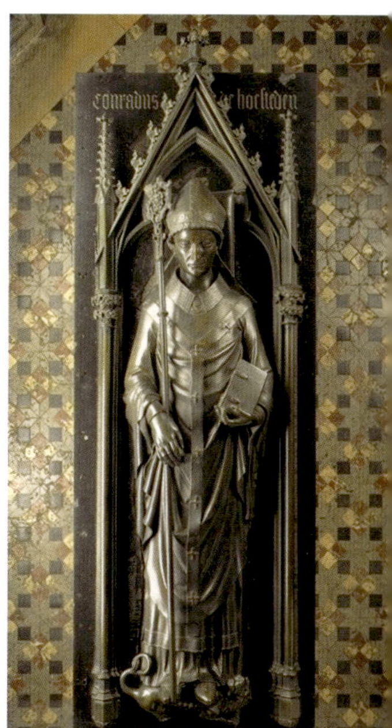

Dom, Grabmal Erzbischofs Konrad von Hochstaden, *Bronze, 3. Viertel 13. Jh.*

Der zur Chorweihe am 27. September 1322 fertiggestellte Hochaltar mit seiner fast zehn Quadratmeter umfassenden monolithen Altarplatte aus schwarzem Marmor gehört zu den größten christlichen Altären. Vor der dunklen Ummantelung des Unterbaus aus gleichem Steinmaterial stechen die Maßwerkarkaden, Wimperge und Figuren aus weißem Carrara-Marmor hervor. In den Arkaden der Altarfront reihen sich beidseitig der Marienkrönung in der Mitte jeweils sechs Apostel. Die Arkaden der übrigen Seiten wurden um 1900 ergänzt und figürlich mit Kopien aus dem Museum Schnütgen bestückt: im Süden die Verkündigung, nach Osten die Anbetung der Hll. Drei Könige und auf der Nordseite die Darstellung Jesu im Tempel, gerahmt von Heiligen und Propheten. Im Vergleich zu denen an den Chorpfeilern erscheinen diese Mensafiguren gedrungener und weniger grazil und belegen einen Stilwandel.

Das Chorgestühl von 1308–11 aus Eichenholz mit 104 Sitzen in je zwei Reihen auf beiden Seiten ist das größte seiner Art in Deutschland. An den Zugangsenden jeweils eingefasst von skulptierten Wangen werden die einzelnen Sitze geschieden von Laubwerk, Tier- und Menschengestalten. Die Miserikordien unter den hochklappbaren Sitzen bieten einen Kosmos aus Tieren, Fabelwesen und Menschen bei unterschiedlicher Beschäftigung, Ereignissen aus dem Alten und Neuen Testament, aus Antike und Volksglauben. Die oberen Sitzreihen waren dem Domkapitel sowie im Osten auf der Nordseite dem Papst und gegenüberliegend dem Kaiser vorbehalten –

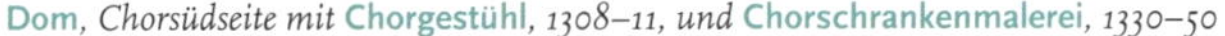

Dom, *Chorsüdseite mit* **Chorgestühl**, *1308–11, und* **Chorschrankenmalerei**, *1330–50*

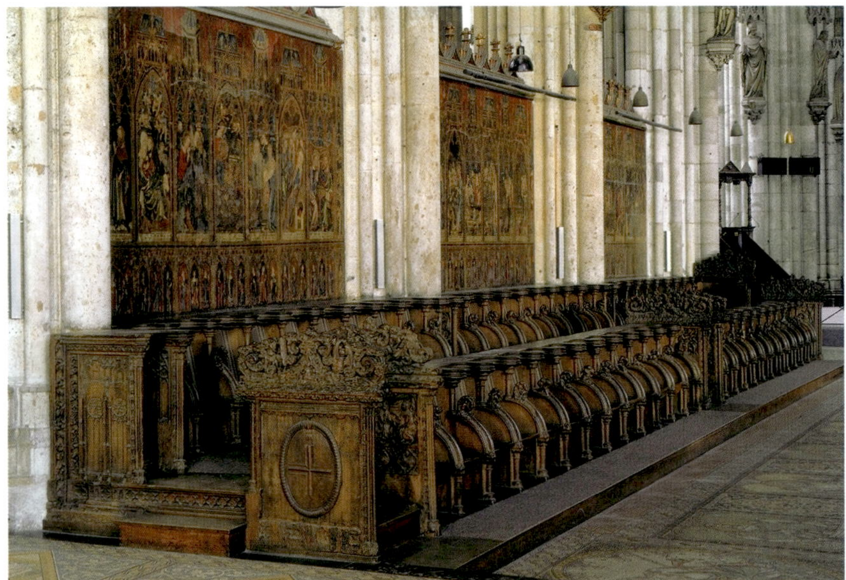

ein sprechender Beleg für das Selbstwertgefühl des Kapitels. Die untere Sitzreihe stand der übrigen Geistlichkeit zur Verfügung. Auffallend ist, dass die Zahl derer, denen die erhöhten Sitzgelegenheiten zustanden, jener der Könige in den Obergadenfenstern des Chores entspricht. Beim figürlichen Schmuck ist eine Verwandtschaft zum Hochaltar zu beobachten, was auf dieselbe Werkstatt deutet.

Domkapitel

Das Kölner Domkapitel ist ein Kollegium von Geistlichen, das unter Führung des Dompropstes den Erzbischof bei der Leitung des Bistums unterstützt und als eigenständige juristische Person mit dessen Verwaltung betraut ist. Als festes Gremium hat es bereits vor 816 bestanden und seitdem eine wechselvolle Geschichte durchlebt. Es setzte sich im Mittelalter zusammen aus 24 Vollmitgliedern, von denen acht gelehrte Kleriker waren und 16 dem hohen Adel angehören mussten. Diese hatten mit der sogenannten Ahnenprobe die Abfolge von 16 adeligen Vorfahren nachzuweisen.

Hinter dem Chorgestühl wird der Binnenchor zwischen den Pfeilern zum Chorumgang durch Mauern abgeschrankt. Deren Außenflächen ist Maßwerk aufgelegt, nach innen sind sie innerhalb gemalter Scheinarchitekturen mit Bildern bedeckt. Etwa 1330–50 entstanden und von Osten nach Westen zu lesen, nehmen sie in ihrer Aufteilung Bezug auf die Sitze des Gestühls. In der niedrigeren unteren Zone werden auf der Südseite ausgehend vom Sitz des Kaisers beginnend mit Caesar alle römischen und deutschen Kaiser aufgeführt; auf der Nordseite beginnt über dem Sitz des Papstes mit Maternus als erstem Kölner Bischof die Reihe seiner Nachfolger. Darüber schildert in größerem Maßstab die Südseite das Marienleben, die Geschichte der Hll. Drei Könige, das Leben der hll. Felix, Nabor und Gregor von Spoleto. Die Nordseite erzählt die Viten von Petrus und Paulus, die von Papst Sylvester, die Bekehrung Kaiser Konstantins und seiner Mutter Helena. Die in ihrer Feinheit bestechende Malerei ist „entwicklungsgeschichtlich das wichtigste und dazu künstlerisch hochstehendste Werk der deutschen Monumentalmalerei aus der 1. Hälfte des 14. Jahrhunderts“ (Paul Clemen). Sie markiert den Beginn der Kölner Malerschule, in der Einflüsse aus Frankreich, England und Italien zu einem eigenständigen Stil verschmelzen.

Im Chor kulminiert die der Kathedrale innewohnende, zur Schwerelosigkeit drängende Kraft, die durch Entmaterialisierung Jenseitiges erlebbar machen will. Dieses vollzieht sich in mehreren Ebenen, die nach oben hin zunehmend den Aufbau des Chores geistig durchdringen. Ganz unten ist der Bereich der lebenden und toten Menschen, die in der irdischen Welt des Chorgestühls verhaftet oder in Grabmalen vergegenwärtigt sind. In den Malereien der Chorschranken öffnet sich der Kosmos der Heiligen, der an den Chorpfeilern überhöht wird durch die Apostelgestalten, die die Stützen der ecclesia immaterialis, der Kirche als ideelle Gemeinschaft der Heiligen und Gläubigen, symbolisieren. Über ihnen leiten die musizierenden Engel über zu den Königen, die in den Fenstern den Thron Gottes umstehen.

GOTIK ALS MODE UND PROGRAMM

Während der Dom zur baukünstlerischen Dominante innerhalb des Kölner Stadtleibes emporwuchs, wollten auch andere kirchliche Einrichtungen an den Errungenschaften gotischer Architektur teilhaben. Mehr als drei Jahrzehnte vor der Weihe des Domchores konnten die Stiftsdamen von St. Ursula ihren neuen, drei Joch tiefen Chor weihen lassen. Vermutlich 1287 vollendet, lösen auch seine Maßwerkfenster oberhalb der Sockelzone die Flächen zwischen den Strebepfeilern vollständig auf. Man mag die Zahl der Fenster deuten als Hinweis auf die elftausend jungfräulichen Begleiterinnen Ursulas. Deshalb ist auch dieses Chorgehäuse als ein Architekturschrein zu verstehen. Als Capella vitrea steht er in der Tradition der Sainte-Chapelle in Paris, die Ludwig IX. für den Schrein mit der Dornenkrone Christi 1246–48 hatte errichten lassen. Etliche vergitterte Nischen in der Sockelwand zur Aufbewahrung von Reliquien veranschaulichen wie die Chorpfeilerfiguren im Dom, dass die Heiligen die Stützen der ecclesia immaterialis verkörpern.

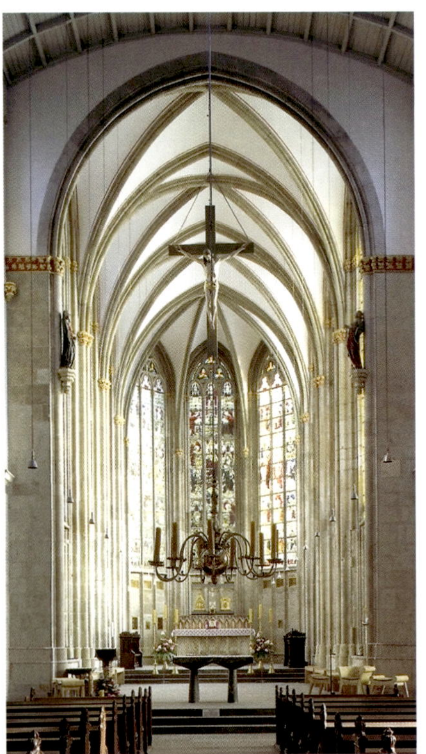

St. Ursula, *Chor, um 1280/90*

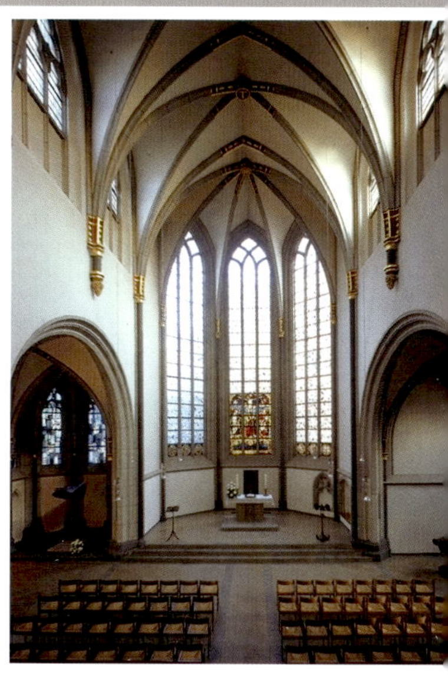

Antoniterkirche, *Inneres nach Osten, Mitte 14. Jh.*

Der 1095 in Südfrankreich als Laienbruderschaft gegründete Orden der Antoniter, der sich hauptsächlich der Krankenpflege widmete, errichtete um die Mitte des 14. Jahrhunderts inmitten der Bürgerhäuser an der Schildergasse ein Kloster. Seine dem Schutzpatron des Ordens geweihte Kirche ist wie die Minoritenkirche in ihrer Schlichtheit ein Abbild des Selbstverständnisses des Ordens: eine dreischiffige, vierjochige Gewölbebasilika ohne Querschiff und turmlos, Chor und nördliches Seitenschiff mit polygonalem Abschluss.

Etwas jünger ist die Kirche St. Barbara des Kartäuserklosters. Obwohl der Stifter des im späten 11. Jahrhundert entstandenen Kartäuserordens, der hl. Bruno, aus Köln stammte, hatte erst Erzbischof Walram von Jülich den Orden hier 1335 ansässig gemacht. Die Mönche, die gemäß ihres Einsiedlerlebens einzeln in getrennten Häusern entlang des Kreuzgangs lebten, legten ihr Kloster im wenig besiedelten Umfeld nahe der Ulrepforte an. Es war die letzte mittelalterliche Klostergründung in Köln. Seit 1365 ließen sie für ihre gemeinsame Liturgie durch Meister Konrad in fast 30-jähriger Bauzeit einen turmlosen Saalbau errichten, dessen sieben Kreuzrippengewölbe den kahlen Wänden auf Konsolen zwischen schlanken zweibahnigen Maßwerkfenstern eingehängt sind. Zwischen drittem und viertem Joch teilte ein Lettner den Raum. Auf ihm befanden sich zwei Altarbilder des sogenannten Bartholomäusmeisters von 1498/99, das Thomas- und das Kreuzretabel, jetzt im Wallraf-Richartz-Museum.

Den Laienbrüdern vorbehalten war die mit der Westfassade bündige Engelkapelle von 1525. Sie umfasste zwei quadratische Joche und war nur von außen zugänglich. Der Abschnitt zwischen ihr und der Sakristei wurde bei gleicher Breite ein Jahr

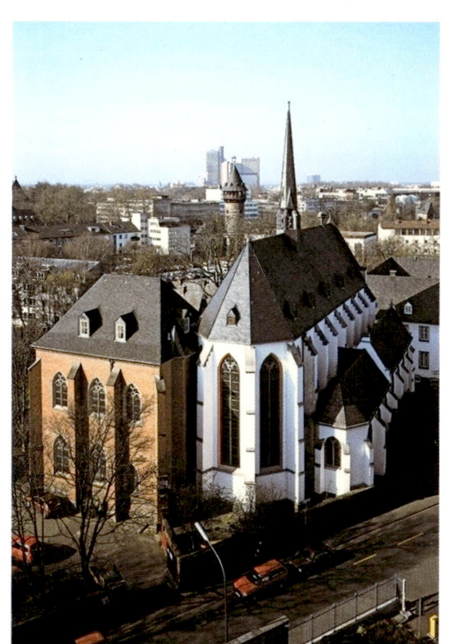

Kartäuserkirche St. Barbara, *2. Hälfte 14. Jh. bis 1. Viertel 16. Jh., und* **Kapitelhaus**, *1451*

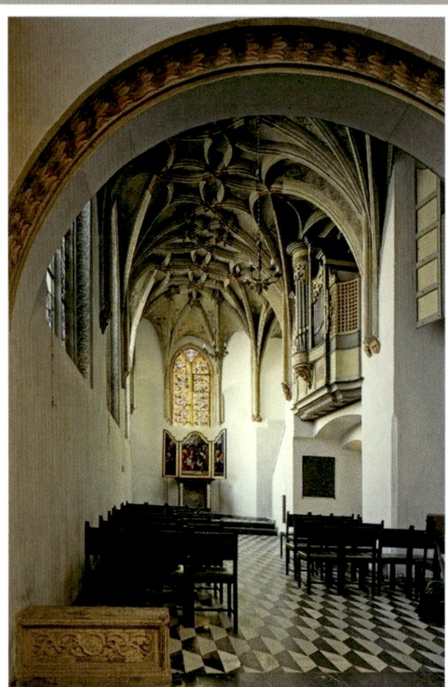

Kartäuserkirche St. Barbara,
Engel- und Marienkapelle, *1. Viertel 16. Jh.*

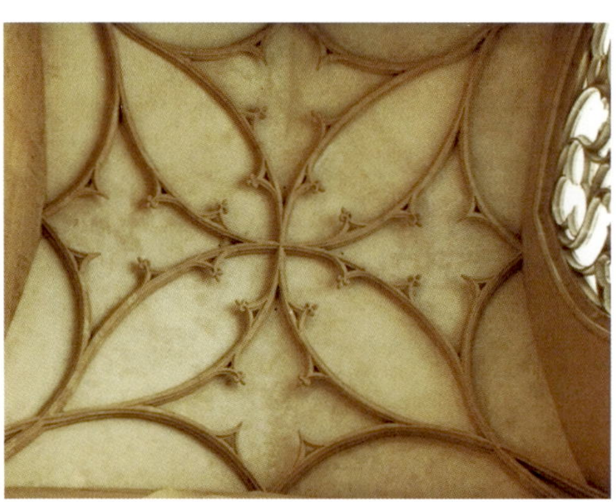

St. Maria im Kapitol,
Gewölbe der Hirtzkapelle, 1493

später durch die mit dem Kirchenraum verbundene Marienkapelle geschlossen. 1510/11 kam es zu einem Umbau der Sakristei mit dreiseitigem Chorabschluss. Einmalig in Köln sind die hier dem Tonnengewölbe unterlegten Schlingrippen, die einen süddeutschen Baumeister verraten. Gestiftet hatten diesen Umbau die Kölner Patrizier Nikasius Hackeney und Johann Hardenrath.

Dessen Familie, die verschiedentlich die Bürgermeister der Stadt stellte, verdankte 1466 St. Maria im Kapitol in ihrem südlichen Konchenwinkel die Salvatorkapelle. Sie diente den Stiftern mit eingebauter Musikantenempore als Privatoratorium. Der schöne mit Maßwerk durchfensterte Altarerker und das feinteilige Netzgewölbe sind letztes Zeugnis der einst reichen spätgotischen Ausstattung dieses intimen Raumes. Auf dieses baukünstlerische Kleinod antwortet auf der Nordseite die 1493 von Bürgermeister Johann von Hirtz gestiftete Kapelle, ebenfalls mit einem Altarerker und einem Netzgewölbe, dessen mehr geschwungene Linienführung noch stärker auf mittelrheinische Einflüsse zurückgeht.

Jene beachtlichen Stiftungen sind Beleg für eine im Mittelalter vielfach geübte Praxis. Wohlhabende Bürger bedachten Klöster, Stifte und andere religiöse Institutionen mit Kunstwerken, um dort regelmäßig für ihr Seelenheil beten zu lassen.

Diese mäzenatische Gepflogenheit hat erheblich dazu beigetragen, die Kunstproduktion und ihre erlesene Qualität zu fördern.

Wie bei St. Ursula wurde ab 1414 an St. Andreas auf Kosten des salischen Langchores und der darunter liegenden Krypta ein neuer Chor gefügt mit einem Abschluss auf hufeisenförmigem Grundriss, wie er in Köln anfänglich am Chor der Dominikanerkirche vorkam. Er knüpft damit an die im gleichen Jahr geweihte Chorhalle des Aachener Münsters an, die ihrerseits in bedeutungsvoller Nachfolge zur Pariser Sainte-Chapelle steht. Bündelpfeiler, die an den Längsseiten über dem Chorgestühl von musizierenden Engeln und Propheten als Konsolen abgefangen werden, lassen zwischen sich lediglich Platz für die Fenster, die wie in Aachen, in Köln erstmals, auf halber Höhe Maßwerkbrücken haben. Die Schreinarchitektur mit zentralisierendem Chorhaupt erweist sich in seiner dem Chor von St. Ursula gleichrangigen Qualität als Schöpfung einer zugereisten Werkstatt, die sich abhebt von jenen heimischen Bauleuten, die im späten 15. Jahrhundert den Um- und Neubau der Nord- und Südkonche an St. Andreas ausgeführt haben. Doch ist der Chor im Vergleich zu dem von St. Ursula gedrungener. Darin und auch in den Dreischneußen als oberer Abschluss der Maßwerkfenster sowie im Besatz der Strebepfeiler am Außenbau mit Wimpergen und Fialen kommt ein inzwischen verändertes Raum- und Stilempfinden zur Geltung.

Als einziger Sakralbau neben dem Dom setzte St. Severin 1393–1411 ein

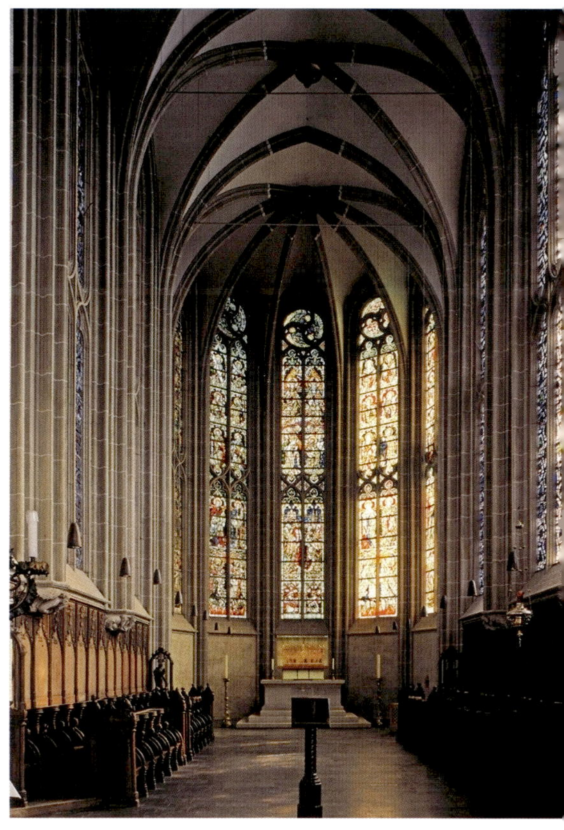

St. Andreas, *Chor, 1414–20*

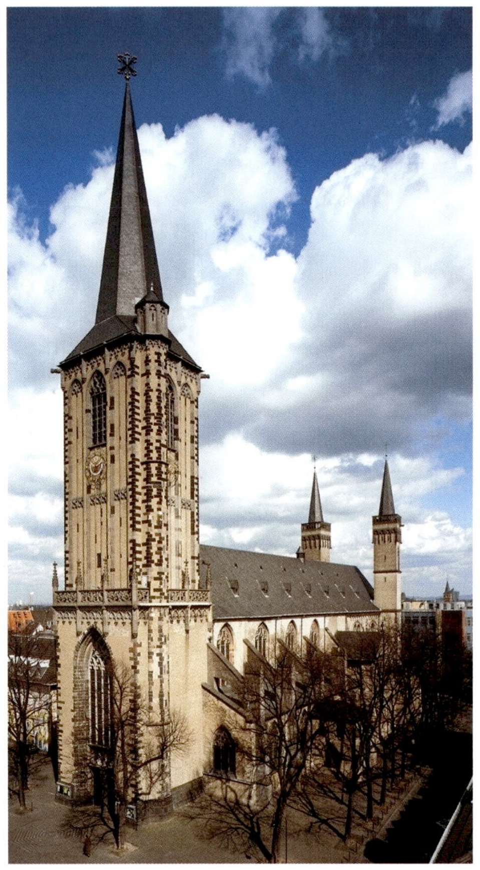

St. Severin *von Südwesten, Turm, 1393–1411*

städtebauliches Zeichen mit der Errichtung des mächtigen Westturmes. Dreiseitig freistehend vor dem Langhaus ragt sein Untergeschoss bis zur Traufhöhe des Mittelschiffes. Hinter einer Maßwerkbrüstung mit Fialen springen die beiden Obergeschosse zurück, oben von einer Traufbrüstung abgeschlossen, über der der Knickhelm steil aufsteigt. Während das ansonsten geschlossene Untergeschoss in seiner Westfront in voller Höhe von einem gestuften Spitzbogen mit Eingangsportal und großem Maßwerkfenster darüber eingenommen wird, gliedern drei von einer Maßwerkbrücke hälftig unterbrochene Blenden den oberen Teil des Turmschaftes. Seine betonte Mitte öffnet sich oben in Schallarkaden. Mit dieser vertikalen Gliederung bekennt sich der Turm zu einer Gruppe von Türmen am Niederrhein, die vorgebildet war vom Turm des Domes in Utrecht, 1321–82, und der Salvatorkirche in Duisburg, vor 1369. Der Turm von St. Severin beweist damit, wie sehr sich das Bauschaffen der Gotik in Köln inzwischen dem durch den Dom vermittelten Einfluss aus Frankreich entzogen hat. Zunehmend waren gestaltgebende Kräfte von Ober-, Mittel- und Niederrhein wirksam geworden, oft umgesetzt von einheimischen Werkmeistern.

Die in Köln ansässigen Männer- und Frauenklöster wie – neben den schon genannten – vor allem die der Augustinereremiten, Kapuziner, Karmeliter, Klarissen und Kreuzherren bereicherten das Stadtbild durch meist als kleinere Saalkirchen konzipierte Bauwerke gotischen Stils. Ganz bewusst bezogen die Bettelorden dabei eine programmatische Gegenposition zur Kathedralbaukunst. Die großen Stifts- und Pfarrkirchen hingegen begnügten sich mit Um- und Anbauten in der Formensprache der Gotik. Immerhin gelang bei der St. Maria ad Gradus östlich vom Domchor, wo der romanische Ostteil 1394–1488 durch einen Langchor mit doppelten Querarmen ersetzt wurde, mit der so erzeugten Zentralraumwirkung eine der großartigsten Raumschöpfungen der Gotik in Köln.

Eine späte Ausnahme bildet die unmittelbar neben der Damenstiftskirche St. Cäcilien gelegene Pfarrkirche St. Peter. Unter Beibehaltung des Westturmes und Teilen des romanischen Vorgängerbaus 1513–35 als dreischiffige Basilika mit Netzgewölben angelegt, setzt sie mit ihren dreiseitig umlaufenden, von Maßwerkbrüstungen begrenzten Emporen die in St. Ursula begonnene Tradition dieses Kirchentyps in Köln fort. Das Innehalten der seitlichen Emporen vor dem östlichen Joch bewirkt vor dem flachen Chorpolygon ohne Vorjoch den Eindruck eines Querhauses, das Weiträumigkeit suggeriert. Diese Kirche ist die letzte einheitliche baukünstlerische Leistung der ausgehenden Gotik in Köln. Ihr Raumgefühl wurde nach dem Krieg geschmälert durch den Verzicht auf Wiederherstellung des Mittelschiffgewölbes zugunsten einer hölzernen Flachdecke. St. Peter ist in Köln das einzig erhaltene Beispiel dafür, dass im Mittelalter die Pfarrkirchen zumeist unmittelbar neben den Kloster- oder Stiftskirchen errichtet worden sind, soweit diese nicht auch für die Pfarrseelsorge verantwortlich waren.

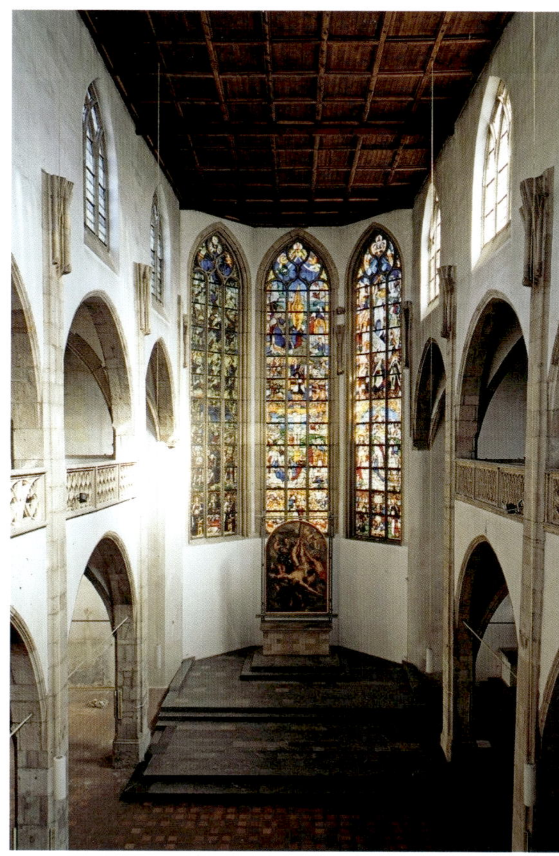

St. Peter, *Inneres nach Osten, 1513–35*

Die aus dem 12. Jahrhundert stammenden dreischiffigen Basiliken St. Kolumba und St. Johann Baptist erfuhren von der Mitte des 15. Jahrhunderts bis in das nachfolgende an ihren Nord- und Südseiten Erweiterungen durch jeweils doppelte Hallenschiffe. Spätgotische Maßwerkformen in Fenstern und Emporenbrüstungen können nicht darüber hinwegtäuschen, dass diese Umbauten weniger dem Wunsch nach baukünstlerischer Innovation als vielmehr einem gestiegenen Raumbedarf geschuldet waren. Die Netz- und Sterngewölbe in St. Kolumba trugen kaum zu einer Vereinheitlichung des in unterschiedlichen Bauphasen zusammengewachsenen Raumgefüges bei, wie das nach 1480 in St. Severin geschah. Auch führen sie nicht zu einer Dynamisierung der Architektur, wie es nach 1470 in gotischen Kirchenräumen häufig vorkam.

Von den mehr als 80 Kirchenneu- und Umbauten aus jener Epoche ist die Mehrzahl im Laufe der Zeit untergegangen. Nur weniges blieb erhalten, was den Blick dafür verstellt, dass Köln im Mittelalter eine erheblich von gotischer Baukunst geprägte Stadt war. Die gegenwärtige Präsenz der romanischen Kirchen hat ebenso dazu beigetragen, die baukünstlerischen Leistungen der Gotik im öffentlichen Bewusstsein verblassen zu lassen, sieht man einmal von dem Großereignis Kölner Dom ab.

GROSSBÜRGERLICHE PROFANARCHITEKTUR

In den Klang gotischer Sakralarchitektur hatte sich eine Vielzahl profaner Bauten gemischt, von denen nur weniges noch besteht. Zu den prominentesten Beispielen zählt der Hansasaal im Rathaus, das um 1330 auf den Fundamenten des romanischen Vorgängerbaus neu erbaut wurde. Der Ratssaal im Obergeschoss verdankt seinen Namen seit dem 19. Jahrhundert der hier 1367 geschlossenen Föderation der Hansestädte gegen den dänischen König. Der lang gestreckte Saal lässt die „anderer deutscher und niederländischer Städte an Raumstimmung, Pracht und Einheitlichkeit hinter sich“ (Hans Vogts). Im Rhythmus der Gliederung seiner hölzernen Spitztonne überspannen Maßwerkblenden die Seitenwände. Die nördliche Stirnwand ist ausgefüllt mit üppigem Maßwerk, bekrönt von einer Rosette, ein Motiv, das in der Sakralbaukunst Kölns nicht vorkam. Die unteren Binnenflächen waren seit 1370 mit Bildern von Propheten, Kurfürsten und Kaiser Karl IV. bemalt (Reste im Wallraf-Richartz-Museum).

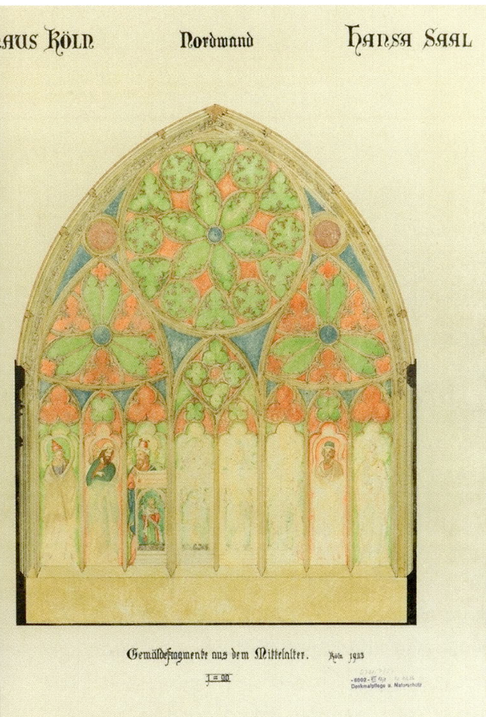

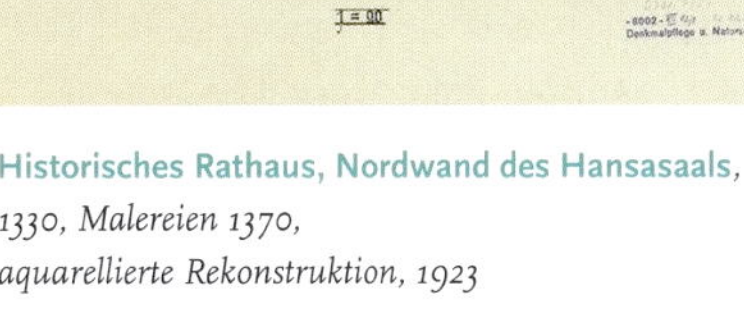

Historisches Rathaus, Nordwand des Hansasaals,
1330, Malereien 1370,
aquarellierte Rekonstruktion, 1923

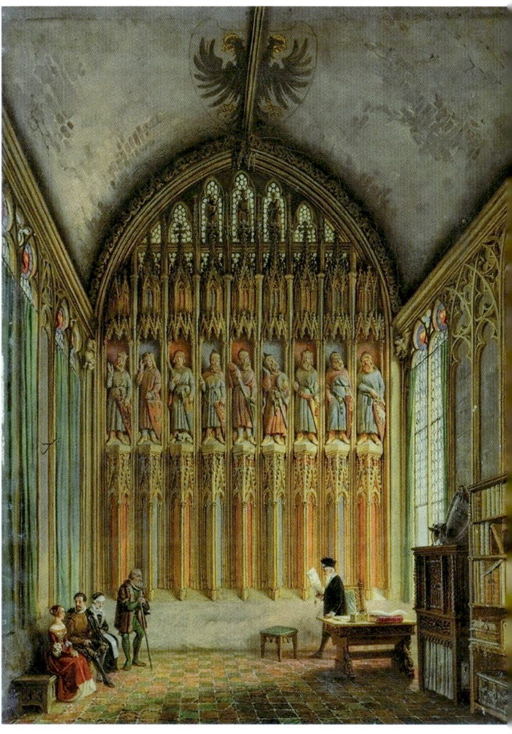

Historisches Rathaus, Südwand des Hansasaals
mit den Neun Guten Helden, um 1330,
Gemälde von G. Osterwald, 1846

Höhepunkt des Saals ist auf der Seite gegenüber ein Figurenprogramm aus Stein, mit Baubeginn konzipiert vermutlich nach Vorlage des 1312/13 verfassten Versromans ‚Les Vouex du Paon' des lothringischen Dichters Jacques de Longuyon. Wie in einem raumhohen Retabel aus filigranen Tabernakeln stehen aufgereiht die Neun Guten Helden, Protagonisten der irdischen Gerechtigkeit in den drei Zeitaltern von Heidentum, Judentum und Christentum. Oben in der Zwickelfläche erscheint Kaiser Ludwig der Bayer, dem Köln wichtige Privilegien verdankte. Ihm zur Seite sieht man Personifizierungen von Stapel- und Befestigungsrecht. Vielleicht wollten sich die vor dieser einst farbig gefassten Prunkkulisse tagenden Ratsherren und Schöffen durch die tugendreiche Ahnengalerie bei ihren Entscheidungen legitimieren. Die Qualität von Figuren und Maßwerk lässt vermuten, Steinmetze aus der Dombauhütte könnten sie ausgeführt haben.

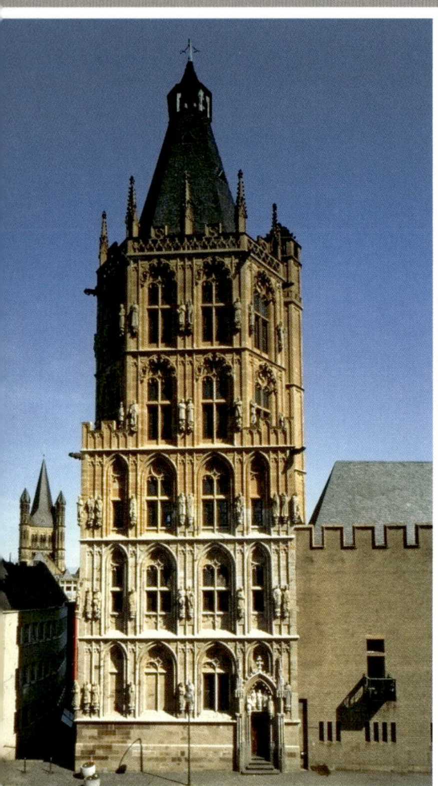

Rathausturm *von Westen, 1407–14, Entwurf J. vom Aldenmart, Figurenprogramm modern*

Zunächst freistehend vom Rathaus errichteten die Bürger Kölns 1407–14 den fünfgeschossigen Rathausturm. Mit ihm setzten sie ein Zeichen ihrer 1396 errungenen Selbstverwaltung, die Kaufleute und Handwerker mit dem Verbundbrief als neue Stadtverfassung den Patriziern abtrotzten. Kräftige Gesimse scheiden die Geschosse, die ab dem vierten vom Quadrat ins Achteck überführt werden, abgeschlossen von einer mit Fialen besetzten Maßwerkbrüstung, die zum Turmhelm vermittelt. Maßwerkfenster, in den beiden oberen Geschossen mit Vorhangbögen, betonen die Vertikale. Sie werden gerahmt von einem Figurenzyklus mit Baldachinen und Konsolen, in der Mittelachse und an den Kanten zu Paaren zusammengefasst. Nach oben nehmen die Skulpturen in ihrer Größe kontinuierlich zu, um beim Betrachten von unten gleichmäßig zu erscheinen. Auf der Südseite erschließt ein Treppenturm mit Maßwerkkrone die einzelnen Ebenen, die unterschiedlichen Funktionen dienten: Weinlager, Stadtkasse, Sitzungssaal, Waffenkammer. Auch wenn beim Bau des Rathausturmes der unweite Südturm des Domes vor Augen stand, zeigt er doch mehr Bezüge zu flämischen Belfrieden.

Stapelrecht

Mit dem seit dem 12. Jahrhundert eingeführten Stapel wollten die Kölner Erzbischöfe eine neue Schicht aus Handwerkern und Kaufleuten gegen das etablierte Patriziat der Stadt fördern. Durch den Stapelzwang war die Schifffahrt gehalten, ihre Waren an Land zu lagern, drei Tage lang verbilligt zum Kauf anzubieten und eine Akzise an die Stadt zu entrichten. Begünstigt hatte diese Prozedur die Stromtopografie, die in Köln ein Umladen der Fracht von den niederrheinischen Schiffstypen auf die oberrheinischen erforderlich machte und umgekehrt. Konrad von Hochstaden bestätigte 1259 das Stapelrecht in der Hoffnung, seine Vorherrschaft gegen die Geschlechterfamilien der Stadt besser durchsetzen zu können. 1349 erneuerte Kaiser Karl IV. dieses Privileg. 1831 führte die Rheinschifffahrtsakte zur Aufhebung des Stapelzwangs.

Das für die Stadt so vorteilhafte Stapelrecht erforderte Raum für Lagerung und Handel. Vornehmstes Zeugnis dieser Bauaufgabe ist der in seinen Außenfassaden weitgehend originale Gürzenich. Mit seinen der Wehrarchitektur entlehnten Eckwarten und Zinnen zeugt der Baukubus von Stolz und Unbezwingbarkeit der Bürgerschaft, die wesentlich auf dem Recht zur Befestigung gründen. Erbaut hat ihn 1441–47 im Auftrag des Stadtrats Johann von Bueren. Im höheren, weitgehend ungegliederten Erdgeschoss und im Speicher lagerten die Güter. Das Obergeschoss mit mächtigen Kaminen und großen Kreuzstockfenstern, außen mit Blick auf die Fernwirkung mit einem Netz von Maßwerkrahmungen aus dunklem Trachyt überzogen, diente als Verkaufshalle und Festsaal. Ursprünglich zweischiffig, übertraf er mit seinen Ausmaßen alle vergleichbaren Beispiele im mittelalterlichen Deutschland. Als Vorbild für den Gürzenich kommen sowohl der adelige Palas als auch niederländische Kaufhallen in Betracht.

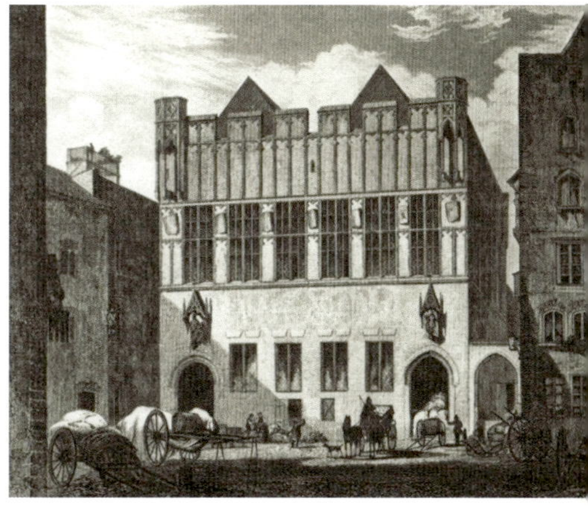

Gürzenich *von Osten, 1441–47, von J. van Bueren, Stahlstich 1844 von J. Poppel nach L. Lange*

Die symbolbehaftete Bestückung mit Eckwarten und Zinnenkranz geriet in der Zeit der Spätgotik zum bevorzugten Dekor an Bauten des gehobenen Bürgertums. Dies belegt neben anderen das in seinen Fassaden wiederhergestellte Haus Saaleck, das sich 1461 ein Kaufmann an der Ecke Unter Taschenmacher/Am Hof erbaut hatte. Den aufwendigsten und spätesten, leider untergegangenen, Vertreter dieses Bautypus, zusätzlich versehen mit Erkern, leistete sich am Neumarkt das Ehepaar Nicasius Hackeney und Christine Hardenrath, deren Familien als Stifter in der Kartäuserkirche und in St. Maria im Kapitol hervorgetreten waren.

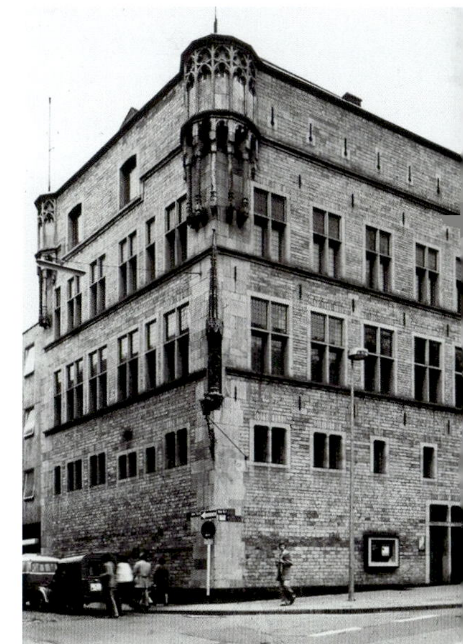

Haus Saaleck,
Unter Taschenmacher 15-17, 1461

KÜNSTLER UND MÄZENE

Es waren vorrangig kirchliche Auftraggeber und kirchlichen Einrichtungen verpflichtete Gönner, die auch zur Zeit der Gotik das Kunstschaffen in Köln nachhaltig bestimmten. Sie trugen dazu bei, bevorzugt sakrale Bauwerke als erlesene Schatzhäuser zu fördern. So entstanden umfangreiche Ausstattungen, die bisweilen einheitliche Ensembles bildeten. Im Zeitalter der Gotik treten zudem die Handwerksmeister und Künstler immer mehr aus ihrer Anonymität heraus, sie werden mit ihren Namen und oft auch Lebensdaten und Wirkungsorten bekannt.

Die gotische Bildhauerkunst wird überragt von den in Ausführung und Ausstrahlung einzigartigen Chorpfeilerfiguren im Dom. Neben dem Apostelzyklus im Hochaltar dort gibt es einen weiteren in St. Aposteln aus dem zweiten Viertel des 14. Jahrhunderts. Die Figuren aus Eichenholz gehörten zu einem Altaraufsatz und sind seit 1988 in einem von Paul Nagel gefertigten Retabel aufgestellt. Die etwa 50 Zentimeter hohen Statuetten erscheinen wie kleinformatige Nachfahren der Domfiguren, doch fehlen ihnen neben der harmonischen Eleganz deren Individualisierung; Gleichförmigkeit von Ponderation und Linienführung lassen an eine serielle Produktion nach einheitlichem Schema denken.

Prägend war das Wirken der Parler, jener Baumeisterfamilie, die im 14. Jahrhundert enorme Bedeutung für die spätgotische Baukunst und Bildhauerei in Köln und weit darüber hinaus erlangte. Als exzellentes Werk haben sie 1370/80 den Figurenschmuck des Petersportals im Südturm des Domes geschaffen. Von den überlebensgroßen Figuren in den Gewänden stammen von ihnen auf der Nordseite Petrus,

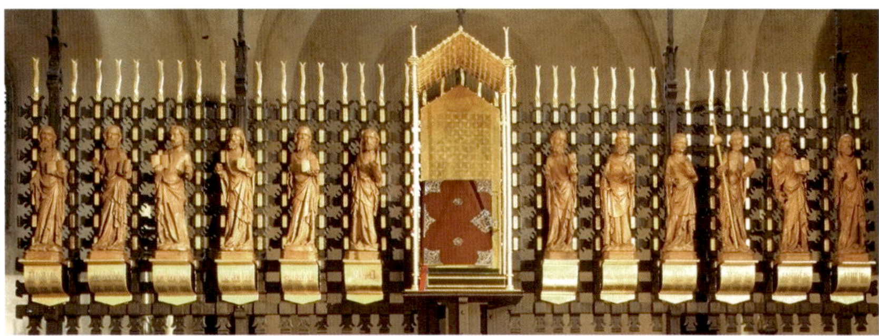

St. Aposteln, Apostelzyklus, *2. Viertel 14. Jh.*

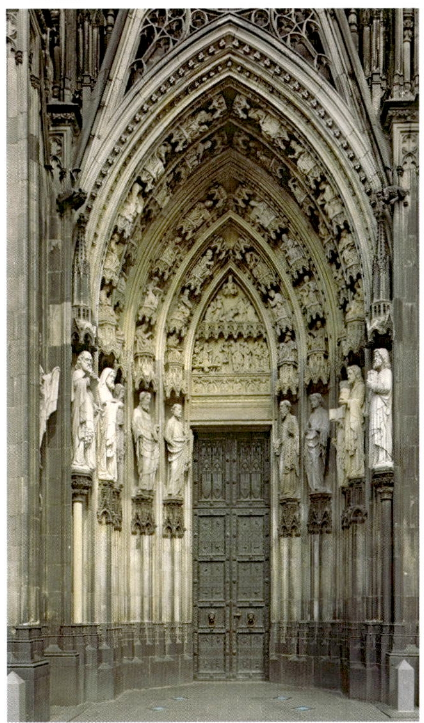

Dom, Petersportal,
Figurenprogramm unter Beteiligung der Parler, 1370/80

Andreas und Jakobus d. Ä. und diesen gegenüber Paulus und Johannes (durch Kopien ersetzt). In ihren Gewändern alternieren scharfe Saumkanten mit weicherem Faltenwurf. Darin und in der schwingenden Haltung ist die Nähe zum Weichen Stil erkennbar. Das Tympanonrelief und die in den Archivolten über den Figurenbaldachinen thronenden Heiligen und Engel bannen durch ihre subtile und lebendige Darstellung. Zusammen mit der engen Steilheit des Portals will dieses Figurenprogramm nicht als flächige Schauwand, sondern beim Durchschreiten als plastisch gestalteter Raum wahrgenommen werden.

Das wohl schönste Werk, das die Parler Köln hinterlassen haben, befindet sich im Museum Schnütgen: die Konsolbüste einer jungen Frau aus der Zeit um 1390. Ihr edles Antlitz rahmt langes, regelmäßig gewelltes goldenes Haar. Darauf sitzt, den eigentlichen Konsolkörper umspielend, ein Geflecht aus Beifuß, der im Mittelalter als marianische Pflanze galt. Ikonografisch verschmelzen Menschliches und Vegetabiles, Maria und Eva zu einer neuen Realität. In dieser idealisierenden Frauenbüste wird besonders deutlich, welchen Einfluss die Parler auf die Entwicklung des Weichen Stils hatten.

Der Weiche Stil war die 1400–30 vorherrschende Stilvariante, bei der an die Stelle scharfer Grate weichere Formen traten, ohne dabei Schönläufigkeit und rhythmische Bewegtheit aufzugeben. Hiervon zeugen trotz ihrer kleinen Dimensionen die schön und mit anmutiger Eleganz modellierten Formen der sitzenden Statuetten am Hochgrab Erzbischofs Friedrich von Saarwerden (1370–1414) in

Parlerbüste,
Museum Schnütgen, um 1390

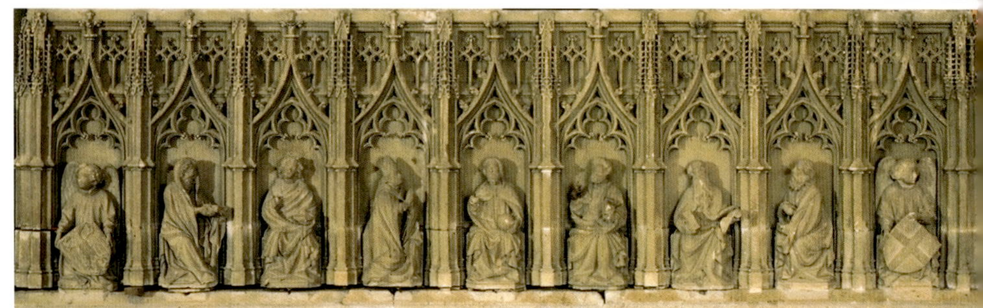

Dom, Hochgrab Erzbischofs Friedrich von Saarwerden, *Figurenzyklus, 2. Viertel 15. Jh.*

der Marienkapelle im Dom seitlich des Chorumgangs. Mit porträthaften Gesichtszügen ruht der tote Erzbischof obenauf als Bronzeguss des Eligius von Lüttich. Auch die Sandsteinfiguren in den Architekturrahmungen der Seitenwände der Tumba scheinen von südniederländischen Meistern beeinflusst.

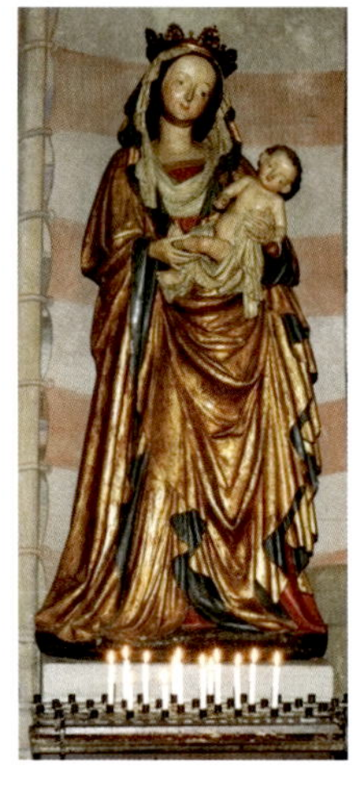

St. Maria Lyskirchen, Schiffermadonna, *um 1420*

Besonders anschaulich wird das Eigentümliche des Weichen Stils bei den ‚Schönen Madonnen', in denen sich die Abkehr von der frontal und mitunter starr dargebotenen Majestät Mariens zu einer von liebenswürdiger Menschlichkeit erfüllten Gottesmutter vollzieht, die sich freudig dem Jesusknaben auf ihrem Arm zuwendet. Ansprechende Beispiele sind die Schiffermadonna, um 1420, in St. Maria Lyskirchen und die etwas jüngere in St. Gereon.

Deren Gesicht ähnelt dem von Maria in der Verkündigungsgruppe auf Konsolen an den westlichen Pfeilern des Chorgevierts in St. Kunibert. Dort lassen die beiden überlebensgroßen Sandsteinfiguren den ergreifenden Augenblick der Verkündigung mit spürbarer Anmut durch den Raum schwingen, die dem Geschehen trotz des Abstandes beider Figuren innige Nähe verleiht. In der Inschrift unter der Engelkonsole hat sich Hermanus von Arcka mit der Jahreszahl 1439 als Stifter dieser Figuren verewigt, die dem Kölner Dombaumeister Konrad Kuyn zugeschrieben werden.

Cruzifixi dolorosi

Die Crucifixi dolorosi, die zur Zeit der Gotik in ganz Europa verbreitet waren, sind Ausdruck einer mystischen Gottesverehrung, die mit emotionaler Hinwendung Trost sucht bei dem im Augenblick des Todes dargestellten Christus. Sein von Folter gemarterter Körper mit grausam aufgerissenen Nagel- und Geißelwunden hängt ausgezehrt an einem Kreuzstamm aus einer Astgabelung. Daran weisen Knospen auf das neue Leben jenseits des Todes. Oft waren dem Korpus Christi Reliquien einverleibt. In der expressiven Darbietung des Gekreuzigten vollzog sich in der Gotik der Wandel vom noch im Tode triumphierenden Christus, wie ihn die Romanik zeigte, zum erbärmlichen leidenden Gottessohn.

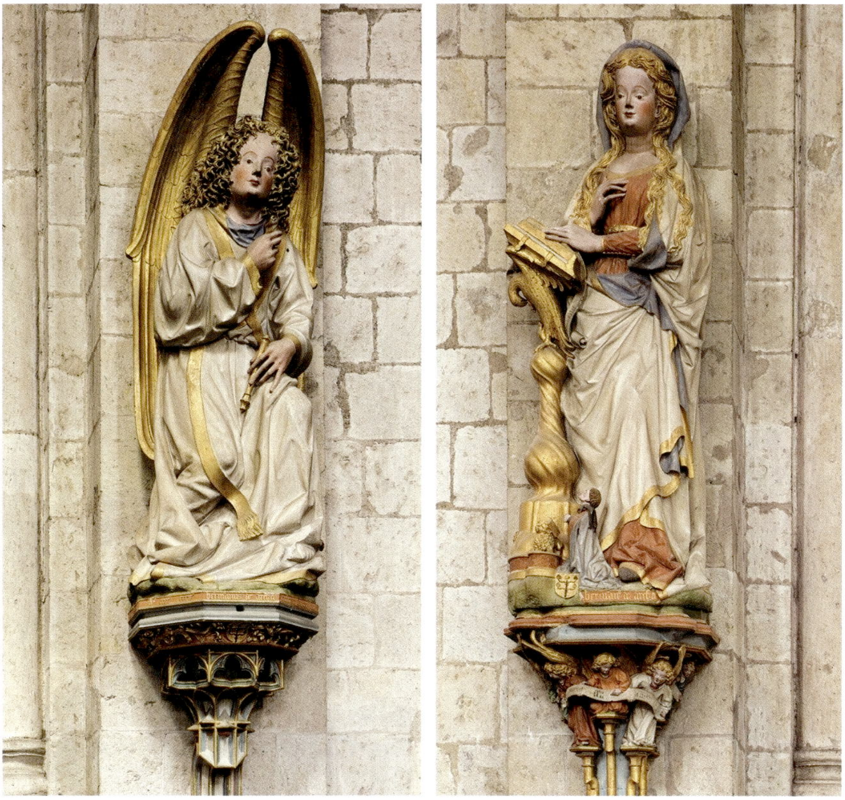

St. Kunibert, Verkündigungsgruppe, *1439, vermutlich Dombaumeister Konrad Kuyn*

Eine andere künstlerische, religiös motivierte Haltung als sie die Kunstwerke des Weichen Stils und der Schönen Madonnen zeigen, verkörpern die aus Holz geschnitzten Leidenskruzifixe, die Crucifixi dolorosi. Am Anfang dieses Kreuztyps steht als künstlerisches Meisterstück das Gabelkreuz in St. Maria im Kapitol aus der Zeit um 1300. Ihm am nächsten kommt das in St. Severin, dessen weniger drastische Erscheinung und weicheren Falten des Lendentuches eine Datierung in die Mitte des 14. Jahrhunderts rechtfertigen. Auch das Gabelkreuz in St. Georg und das in St. Maria vom Frieden aus dem Allerheiligenspital am Eigelsteintor sowie das im Museum Schnütgen lassen sich mit ihren abgemilderten Details bereits der zweiten Hälfte dieses Jahrhunderts zuordnen.

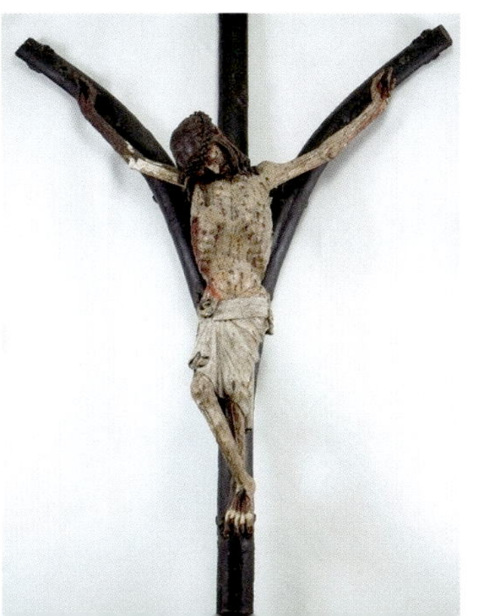

St. Maria im Kapitol, Gabelkreuz, *um 1300*

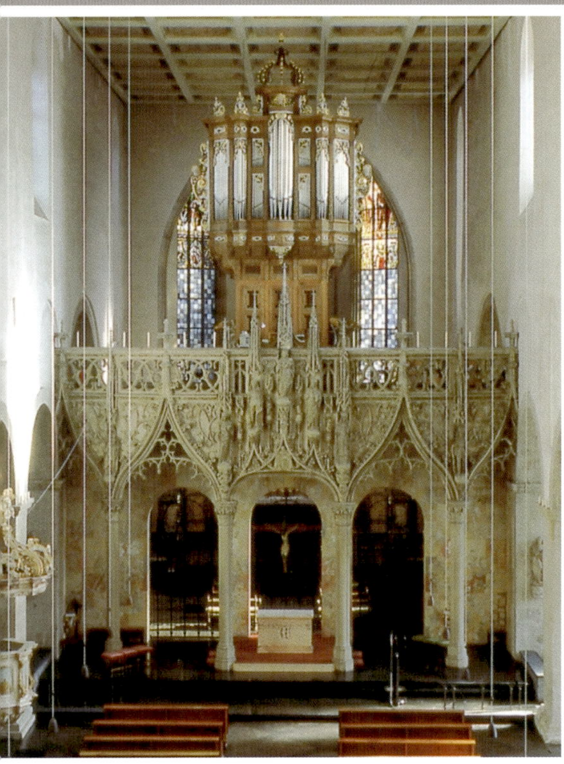

St. Pantaleon, Lettner, *Anfang 16. Jh.*

Ein vorzügliches Werk spätgotischer Bildhauerkunst anderer Art ist der Hallenlettner in St. Pantaleon, dessen hinteres Joch Opfer der zeitweisen Nutzung als Orgelempore im Westen der Kirche wurde. Um ein Joch nach Osten versetzt nimmt er wieder seine Position vor dem Chor ein. Die seitlich beschnittene, gekrümmte Schaufront beherrschen über Bündelpfeilern aufragende Kielbögen, die mit ihren Kreuzblumen die Brüstung durchbrechen. In der Mitte baut sich über einem Korbbogen mit Konsolen und Baldachinen eine dreiteilige Figurengruppe auf aus Maria zwischen Albinus und Pantaleon. Oberhalb der Pfeiler stehen beziehungsreich zu Stifter, Orden und Kirchenheiligen Skulpturen der hll. Johannes Evangelist, Benedikt, Maurinus und Quirin. Das Wappen zu Füßen der Gottesmutter weist Abt Johannes Lünnick als Stifter aus. Südniederländischen Lettnern verwandt, ist er um 1503 entstanden. Der figürliche Schmuck wird Tilmann van der Burch, die feingliedrige Architektur einer Werkstatt um Tilmann Riemenschneider zugeschrieben.

Eine Bereicherung der Bildhauerkunst vollzieht sich in den Altarretabeln der Gotik, in denen skulpturale und gemalte Bildwerke vereint sind. Ein einzigartiger Altaraufsatz befindet sich im nördlichen Seitenschiff des Domes: der Clarenaltar, so genannt, weil um 1360 für die Franziskanerinnen-Klosterkirche St. Clara geschaffen, von wo er 1811 in den Dom gelangte. Er ist ein aufklappbares Retabel mit geschnitztem Schrein und gemalten Flügeln, den ältesten erhaltenen Malereien auf Leinwand in Köln. Zugleich ist er das älteste Beispiel eines Sakramentsaltares mit fest eingebautem Tabernakel. In geschlossenem Zustand zeigt er auf den Außenflügeln zwölf franziskanische Heilige. Die erste Öffnung schildert 24 Begebenheiten aus dem Leben

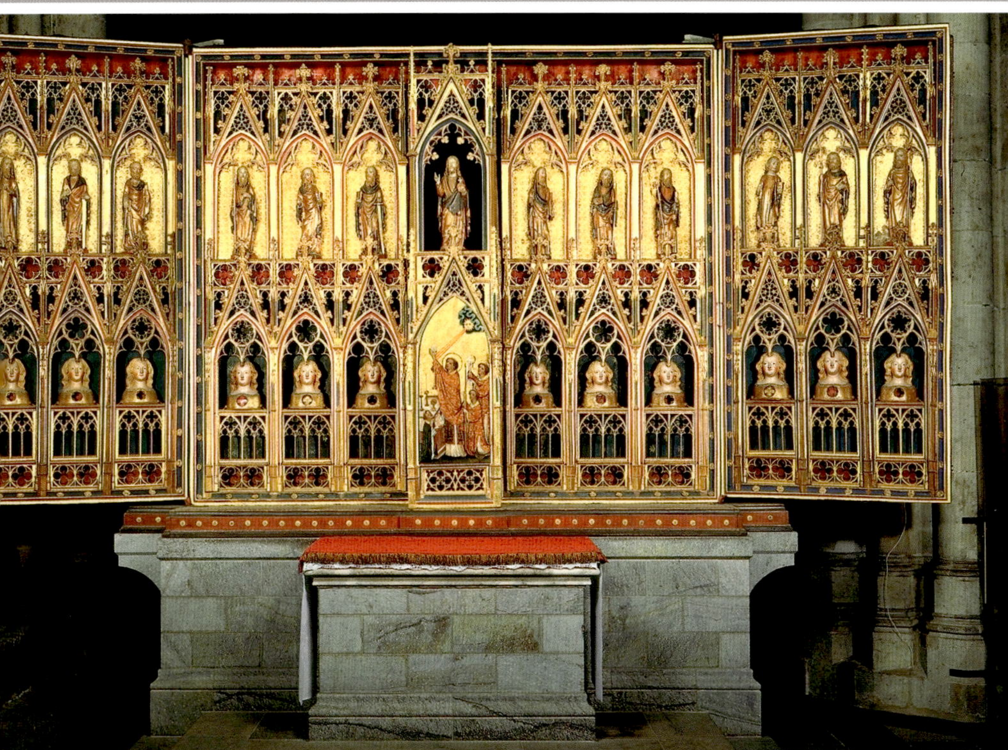

Dom, Clarenaltar, *um 1360 und um 1400*

Jesu, unten seine Kindheit, darüber seine Passion; auf der Tabernakeltür sieht man die Martinsmesse. Jene Leinwandbilder wurden unter Wahrung ihrer Thematik um 1400 detailverliebter übermalt. Die Freilegung der Erstfassung 1909 auf den Seitenflügeln erlaubt, beide Stilphasen kölnischer Malerei der Gotik nebeneinander zu betrachten.

Bei vollständiger Öffnung des Altares an hohen Feiertagen waren die Gläubigen im Mittelalter beeindruckt von einer Ahnung vom himmlischen Dasein, denn nun erschien ihnen vor goldenem Hintergrund Christus mit seinen Aposteln. In den Maßwerkgehäusen darunter sind Frauenbüsten mit Reliquien der Begleiterinnen der hl. Ursula aufgereiht. Mit ihnen fühlten sich die Menschen aufgenommen in die Schar derer, die Gott nahestanden, mussten sie doch meist ihr Leben fristen zwischen Hölle und Himmel in der Hoffnung auf Erlösung statt ewiger Verdammnis. Die Bilder weisen Parallelen zur Chorschrankenmalerei im Dom auf, dessen Chorpfeilerfiguren wiederum die Apostelgestalten im Altar beeinflussten.

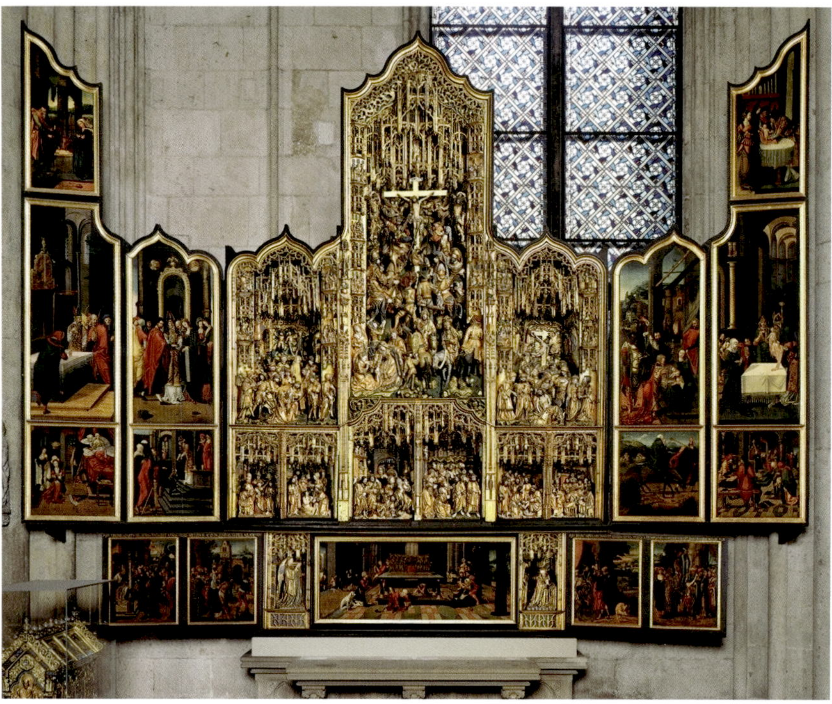

Dom, Agilolphusaltar, *1521*

An der Schwelle zur Renaissance steht der Agilolphusaltar im Südquerhaus des Domes. Der von architektonisch aufgefassten Maßwerkschleiern gerahmte Mittelschrein gibt in seinen lebhaft geschnitzten Bildern Leben und Passion Christi wieder. Die gemalten Flügel zeigen Szenen aus dem Leben der hll. Erzbischöfe Anno und Agilolphus. Bei geschlossenem Zustand waren ursprünglich die Verkündigung und Bischöfe zu sehen. 1521 in Antwerpen entstanden, gehört er zu den spätgotischen flämischen Flügelaltären, die als begehrte Importartikel arbeitsteilig von Schnitzern, Fass- und Tafelmalern gefertigt wurden. Die Herstellung der plastischen Teile in einzelnen Blöcken erleichterte den Transport.

Der Wandel der Malerei während der Gotik lässt sich ebenso verfolgen an Wandgemälden des mittleren 13. Jahrhunderts. Anschauliches Beispiel ist die 1242–45 der Südseite des Dekagons von St. Gereon angebaute Taufkapelle. Der von unterschiedlichen Architekturelementen der Spätromanik geprägte Zentralraum besitzt neben den Farbfassungen seiner Bauglieder in den flachen Wandnischen eine Ausmalung mit Heiligengestalten, Evangelistensymbolen und Halbfiguren von Engeln. Diese

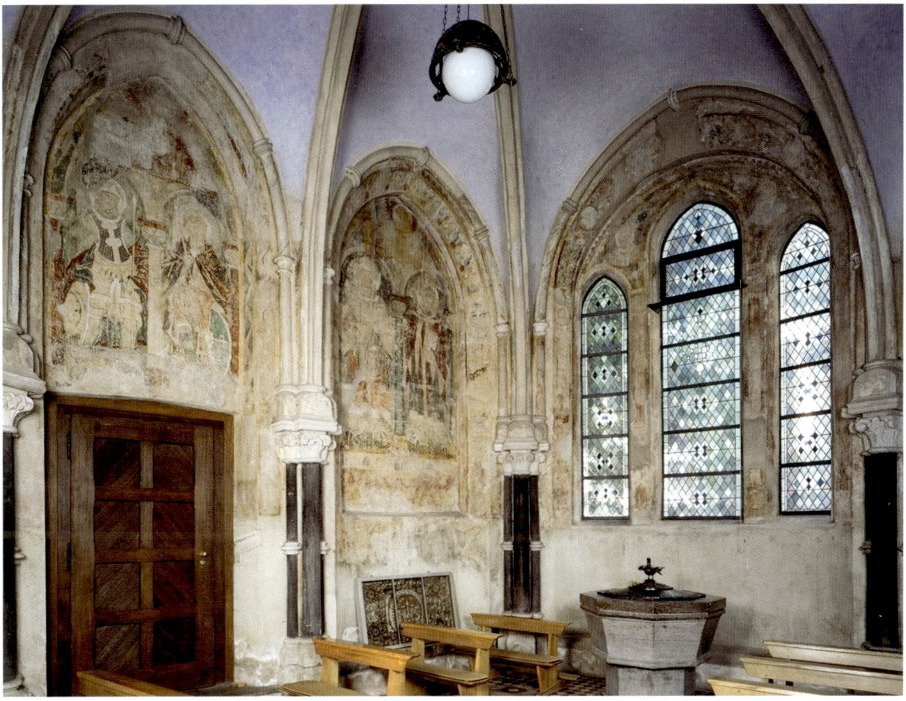

St. Gereon, *Taufkapelle,* Wandmalerei, *Mitte 13. Jh.*

unmittelbar nach Abschluss der Bauarbeiten aufgebrachte Malerei ist nicht nur eine Steigerung des schon in St. Maria Lyskirchen beobachteten Zackenstils, sondern sie verrät in der Aufteilung der plastisch unterteilten Bereiche durch gemalte Scheinarchitekturen den Wunsch, Flächen stärker zu gliedern, wie es gotischem Empfinden mehr entsprach. Damit einher geht die Zunahme des Formenrepertoirs.

Das Nebeneinander unterschiedlicher Stilformen wie in der Taufkapelle von St. Gereon zeichnet auch die Architektur von St. Kunibert aus, wo die dem südlichen Ostquerarm eingebaute Taufkapelle 1260/70 mit einer Kreuzigungsgruppe ausgemalt wurde, die gewissermaßen verspätet die expressive Endphase des Zackenstils zeigt. Ungefähr gleichzeitig sind die Malereien mit Kreuzigungen in den beiden seitlichen Nischen des Vorchorjoches, deren gemalte und plastische Rahmungen rein gotische Maßwerke mit Dreipässen haben.

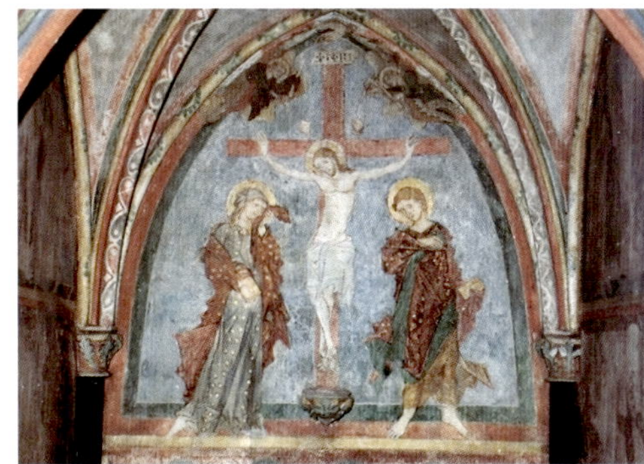

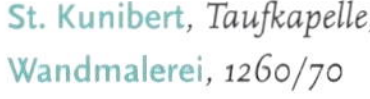

St. Kunibert, *Taufkapelle,* Wandmalerei, *1260/70*

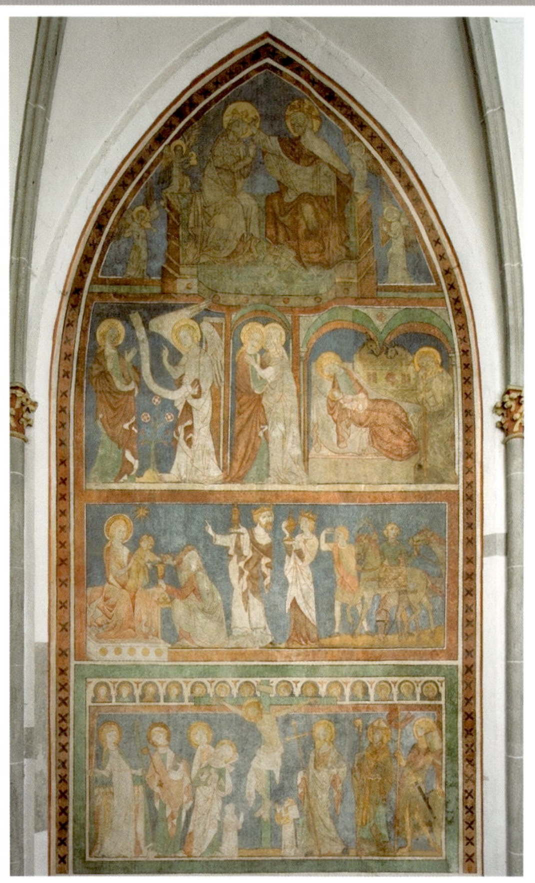

St. Andreas, Wandmalerei mit Marienleben, *um 1340*

Um wie viel gelöster und fast höfisch elegant ein knappes Jahrhundert danach Heiligengestalten in Szene gesetzt werden, lehrt das Wandgemälde mit dem Marienleben in der westlichen Seitenkapelle auf der Nordseite von St. Andreas. In vier Zonen aufgebaut, zeigt es im Bogenfeld oben die Krönung Mariens, darunter Verkündigung, Heimsuchung und Christi Geburt. Das folgende Feld beinhaltet das Kölner Pflichtprogramm, die Anbetung der Hll. Drei Könige. Der untere Bereich, der direkt über dem einstmals zugehörigen Altar wie eine Predella wirkte, ist der Kreuzigung vorbehalten. Am Fuße des Kreuzes sind als kleine Figuren die Stifter abgebildet. Im linken Bildteil stützt Johannes die trauernde Maria, hinter ihnen Petrus und die hl. Ursula, einer Schutzmantelmadonna gleich. Auf der anderen Seite sind der Kirchenpatron St. Andreas, der hl. Lambert und als Rittergestalt St. Gereon (oder St. Georg?) angeordnet. Nach oben wird diese Malerei abgeschlossen von kleinen Nischen mit Reliquienbüsten.

Mehr wie ein Tafelgemälde der Kölner Schule wirkt dagegen das fast ein Jahrhundert jüngere Wandbild mit der Kreuzigung an der Ostwand der Margarethenkapelle und jetzigen Sakristei von St. Severin. Es war das Retabel der Kapelle im Untergeschoss des Anbaus, der 1411 zwischen Querarm und Flankenturm an die Südseite des Langchores eingefügt wurde. Vor dunkelrotem Hintergrund mit Sternenbesatz und unter Engeln, die den Gekreuzigten umschweben, stehen nebeneinander sechs Heilige mit goldenen Nimben: Maria und Johannes, Petrus und Paulus, Margaretha und der hl. Severin mit einem Modell der Kirche mit dem 1411 geweihten Turm.

Martyrium der hl. Ursula, *Leinwandgemälde vom Meister der kleinen Passion, um 1411, älteste Darstellung Kölns, Wallraf-Richartz-Museum*

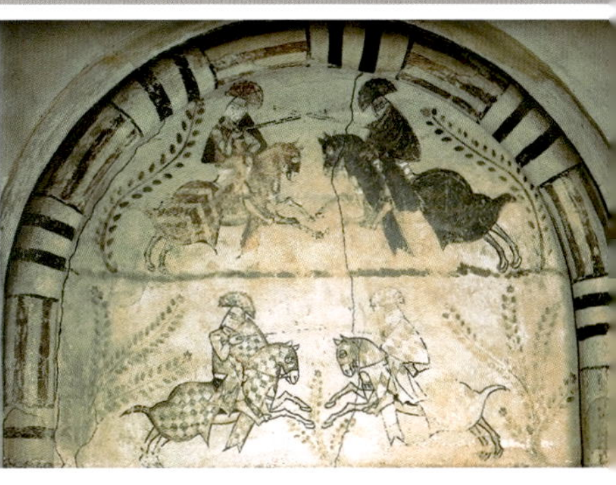

Overstolzenhaus, Wandmalerei mit Turnierszene, *um 1364*

Dass Wandgemälde im profanen Bereich ebenfalls zur festen Ausstattung gehörten, beweist nicht nur der Hansasaal des Rathauses. Als einer der spärlich erhaltenen Reste vermittelt die Turnierszene, um 1364, in einer Nische im Erdgeschoss des Overstolzenhauses eine Vorstellung davon, wie anspruchsvoll man sich Ausmalungen in gehobenen Wohnhäusern zur Zeit der Gotik vorzustellen hat.

Weitaus zahlreicher erhalten sind dagegen Tafel- und Leinwandgemälde des 14. und 15. Jahrhunderts mit ihren überwiegend religiösen Darstellungen, die in Köln vornehmlich im Wallraf-Richartz-Museum zu finden sind. Ein in mehrfacher Hinsicht aufschlussreiches Leinwandgemälde ist dort das Bild des Martyriums der hl. Ursula vor der Stadt Köln, das um 1411 vom sogenannten Meister der kleinen Passion gemalt wurde. Es schildert im rechten Bildteil die Pilgerschar um Ursula, wie sie bei ihrer Ankunft in Köln von den Hunnen niedergemetzelt wird. Der linke Bildabschnitt gewährt den Blick auf das mauerumwehrte Köln. Es handelt sich dabei um die älteste topografisch ziemlich getreue Wiedergabe der Stadt, in der die großen Kirchenbauten und öffentlichen Gebäude zu identifizieren sind. Der mit goldenen Sternen ornamentierte dunkle Hintergrund steht in der Tradition älterer und gleichzeitiger Altarbilder und Heiligendarstellungen. Der Rhein im Vordergrund, auf dem Fischer mit Netzen reiche Beute machen, hat etwas Genrehaftes, das wie selbstverständlich mit dem erzählerischen Charakter der Bootsszene mit dem Bräutigam Ursulas und ihrer Begleitschar einhergeht. Wie auf einem Altarbild sind die Heiligen mit goldenen Heiligenscheinen versehen.

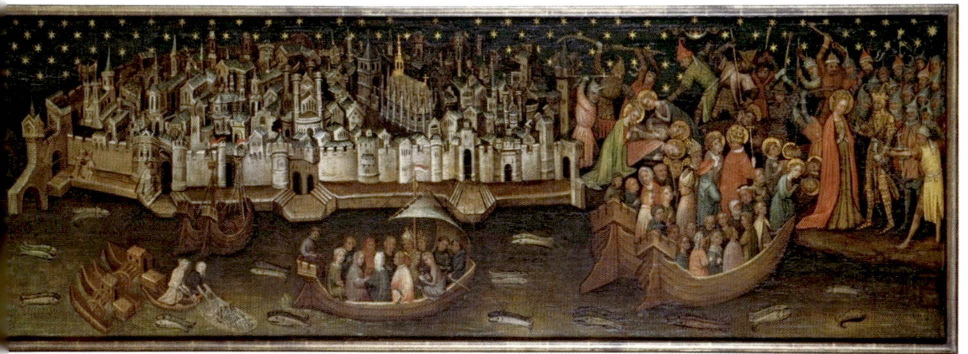

Anders geschieht die Vorstellung Kölns auf dem Altarbild der Stadtpatrone, das der Rat der Stadt um 1445 in Auftrag gegeben hat für seine Kapelle, die nach Vertreibung der Juden 1426 durch Umwidmung deren Synagoge entstanden war. Das dreiflügelige Retabel, das seit 1809 im Dom steht, wird gerne als wichtigstes Werk von Stefan Lochner angesehen. Dieser wurde nach Bildungsreisen durch die Niederlande in Köln sesshaft, gelangte hier als bedeutender Maler seiner Zeit zu Ruhm, war ein vermögender Bürger und Ratsmitglied. Die Thematik des Altares nimmt Bezug zum angesichts der Vorgeschichte der Ratskapelle absichtsvoll gewählten Patrozinium der St. Maria in Jerusalem. So zeigen seine Außenflügel die Verkündigung und das innere Mittelbild vor dem Diesseits entrücktem goldenen Hintergrund die thronende Gottesmutter mit dem Jesusknaben, der den älteren der Gaben darbringenden drei Könige segnet. Sie sind in Begleitung männlicher Gestalten, von denen einige Standarten halten. Die Seitentafeln sind den Stadtheiligen vorbehalten: links die hl. Ursula mit Ätherius, Bischöfen und etlichen Gefährtinnen, rechts der hl. Gereon mit Angehörigen der Thebäischen Legion. Die drei Tafeln werden neben der auf Maria ausgerichteten Komposition oberhalb des himmlischen, von Engeln durchschwebten goldenen Hintergrundes zusammengebunden vom vergoldeten doppelreihigen Maßwerk und im Vordergrund durch die von Blumen, Kräutern und Früchten bewachsene Wiese. In der Darstellung der Pflanzen wird wie in der Wiedergabe von Gewändern und Preziosen eine Feinheit offenkundig, die die Wirklichkeit naturgetreu abbilden möchte. Das Individuelle der Gesichter hat die Vermutung genährt, sie seien bestimmten Kölner Bürgerinnen und Bürgern zuzuordnen. Der Fahnenschmuck an Lanzen und mitgeführte, teils erhobene Schwerter zeugen von der Entschlossenheit, die Reliquien der Hll. Drei

Dom, Altarbild der Kölner Stadtpatrone, *Mitte 15. Jh., vermutlich von Stefan Lochner*

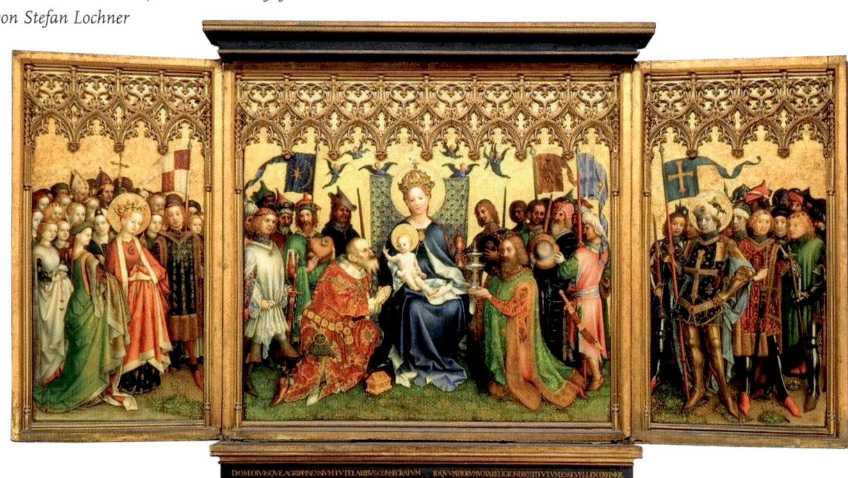

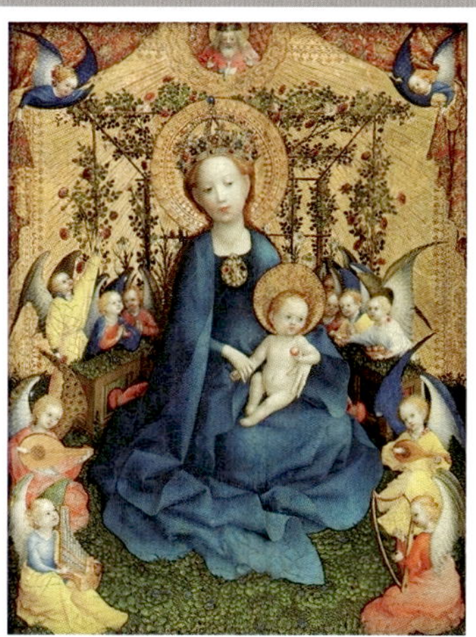

Stefan Lochner, Maria im Rosenhag*,*
Tafelgemälde, um 1450,
Wallraf-Richartz-Museum

Könige für alle Zeit in der Stadt zu behalten, nachdem eine päpstliche Bulle 1372 dem Erzbischof deren Abtransport aus der Stadt untersagt hatte. Vergleichbar den Majestasbildern in Rathäusern oberitalienischer Stadtrepubliken huldigt die Kölner Bürgerschaft dem göttlichen Herrscher, an dessen himmlischem Hof sie durch ihre Patrone vertreten wird.

Stefan Lochner, der in seinen Bildern bei äußerster Präzision niederländische und italienische Einflüsse vereint und innerhalb der Malerei nicht nur in Köln als prominenter Vertreter des Weichen Stils gilt, erreichte in seinen Gemälden, namentlich bei den Madonnen, eine außerordentliche Lieblichkeit. Sie resultiert vorwiegend aus der puppenhaften Wiedergabe der Gesichter, gesteigert in ihrer Wirkung durch die Stofflichkeit der großzügig fließenden Gewänder.

Lochners in Ausführung und ikonografischer Dichte wohl herausragendstes Werk ist das Tafelbild Maria im Rosenhag im Wallraf-Richartz-Museum. Es ist von klarer und zugleich subtiler, wenn nicht gar komplizierter Bildsprache, gespeist aus Bild- und Textquellen der Bibel und von Mystikern. Es folgt dem Typus der ‚Maria im Paradiesgarten' und zeigt die Gottesmutter mit dem Kind sitzend auf einer Grasbank vor einem Rankgitter mit Rosen, hinter dem zwei Engel einen Vorhang aus Goldbrokat zur Seite ziehen, um den Blick in die himmlische Sphäre zu gewähren. Der Nimbus Mariens, der mit ihrer Krone nahtlos in den Goldgrund übergeht, erklärt sie zur Himmelskönigin. Die Brosche, die ihr blaues Gewand vor der Brust zusammenhält, verweist mit dem Einhorn auf ihre Jungfräulichkeit, in der sie den Gottessohn durch den über ihr als weiße Taube herabschwebenden Heiligen Geist empfangen hat. Vier im Vordergrund links musizierende Engel stehen für göttliche Eigenschaften und versinnbildlichen zusammen mit den drei Engeln hinter ihnen als Verkörperung der Trinität den Bereich des Himmels. Die vier Engel gegenüber symbolisieren die vier Elemente als Zeichen des Irdischen. Der dem Jesusknaben von einem Engel gereichte Apfel sagt, dass auch Christus auf seinem irdischen Weg sterblich ist. Der tiefreichende Symbolgehalt dieses Gemäldes findet seine Widerspiegelung nicht zuletzt in der Vielfalt der realistisch abgebildeten Pflanzen zu Füßen Mariens.

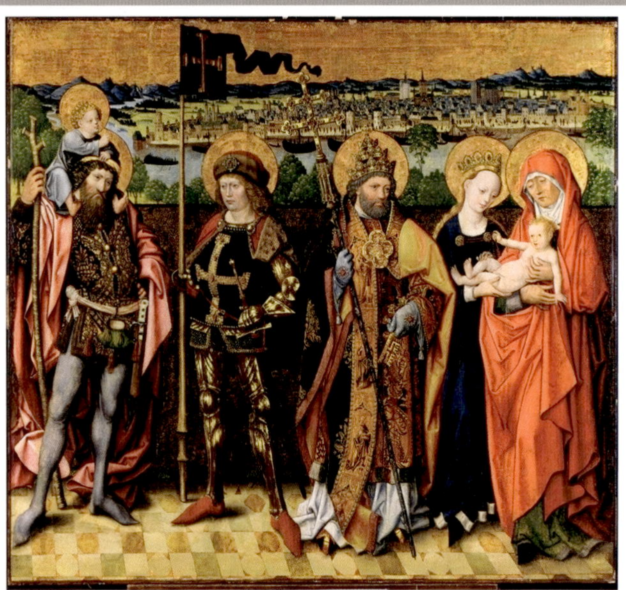

Meister der Verherrlichung Mariens, **Maria Selbdritt mit den hll. Christophorus, Gereon und Petrus**, *Tafelgemälde, um 1475, Wallraf-Richartz-Museum*

Wie sehr Stifter bemüht waren, möglichst namhafte Künstler zu gewinnen, kann exemplarisch der Flügelaltar belegen, den vermutlich der Kölner Patrizier Godder von dem Wasservass um 1455 für St. Kolumba fertigen ließ und der seit dem 19. Jahrhundert der Alten Pinakothek in München gehört. Er wurde von dem berühmten Großmeister der altniederländischen Malerei Rogier van der Weyden geschaffen. Auf seiner Fahrt nach Rom hatte er 1450 Stefan Lochners Altar der Stadtpatrone gesehen und sich davon für seinen eigenen Dreikönigsaltar inspirieren lassen. Dieses Triptychon kennt keinen Goldgrund mehr, sondern zeigt Verkündigung, Anbetung der Könige und Darstellung Jesu im Tempel in natürlich wiedergegebenen Architektur- und Landschaftsräumen. Mit dieser Wirklichkeitsnähe und Liebe zum Detail hatte van der Weyden vor allem mit Jan van Eyck und Robert Campin eine neue Ära in der Malerei des Mittelalters eingeläutet.

Ein ähnliches Gefallen an der Realität hat am Ende des 15. Jahrhunderts ein Altarretabel im Wallraf-Richartz-Museum, auf dem ebenfalls ein Panorama der Stadt Köln zu sehen ist. Dieses Tafelbild des sogenannten Meisters der Verherrlichung Mariens stellt auf einem Fliesenboden großformatig die hll. Christophorus, Gereon, Petrus und Anna Selbdritt in der seit dem 14. Jahrhundert in der Kölner Malerei beliebten Reihenkomposition nebeneinander auf. Ihre Bekleidung als Gewand oder Rüstung ist von einer Detailgenauigkeit, die einen fast haptischen Eindruck erzeugt. Hinter den Heiligen erscheint jenseits des Rheins das Kölner Stadtbild, das in die weite Flusslandschaft einer hügeligen Topografie mit der Stadt Siegburg, dem Siebengebirge und der Voreifel überleitet. Im Vergleich zu jener Stadtansicht der Zeit

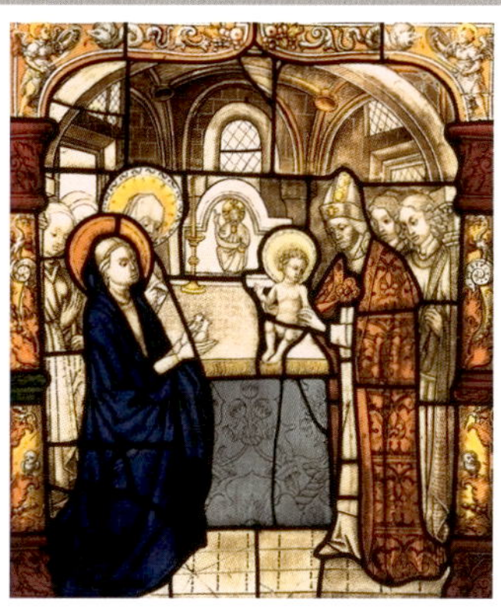
Dom, *Sakramentskapelle*, Glasmalerei, *1466–70, ursprünglich im Kreuzgang von St. Cäcilien*

um 1411 werden die Kirchen und zahlreichen Gebäude differenzierter und weniger als Summe von Monumenten dargeboten. Menschen, die vor der Stadtmauer ihren Beschäftigungen nachgehen, scheinen belegen zu wollen, dass Köln seinerzeit die bevölkerungsreichste Stadt Deutschlands war. Oberhalb von Stadt und Landschaft erstreckt sich ein Goldgrund in der Tradition älterer gotischer Malerei in Köln. Vergleichbar dem Altarretabel der Stadtpatrone dürfen die Heiligen hier gedeutet werden als Hüter der Stadt, vor der sie sich beschützend aufgestellt haben.

In welchem Maße der Stil Stefan Lochners Einfluss auch auf die Glasmalerei ausgeübt hat, bezeugen in der Sakramentskapelle des Domes Glasgemälde von 1466–70 aus dem Kreuzgang von St. Cäcilien, die einst 120 Szenen umfassten. Sie geben Begebenheiten aus dem Leben Jesu wieder. Im architektonischen Rahmenwerk der einzelnen Bilder tauchen bereits für die Renaissance typische Details auf. Die ersten gotischen Glasgemälde, in denen die Besonderheiten der Kölner Malerschule im Jahrhundert vor Lochner spürbar wurden, sind die um 1280 von Albertus Magnus und Erzbischof Siegfried von Westerburg gestifteten Fenster für die einstige Dominikanerkirche. Von den ursprünglich 14 Bildpaaren sind 22 Einzelscheiben im Jüngeren Bibelfenster der Stephanuskapelle am Chorumgang des Domes erhalten. Die Bildfolge entspricht der des Älteren Bibelfensters in der Achskapelle, bevorzugt in ihren Medaillons jedoch meist andere alttestamentliche Szenen.

Ein andersartiges und zugleich wichtiges Zeugnis der Malerei in Gestalt textiler Stickerei sind die sogenannten Borten, überwiegend als Stäbe auf liturgischen Gewändern. Werkstätten für solche aufwendigen Borten mit figürlichen, aber auch ornamentalen Darstellungen gab es vor allem in Köln, wo die Bortenwirkerei vom 14. bis 16. Jahrhundert ein wichtiger Kunst- und Handelszweig war. Als beliebter Exportartikel gelangte diese Paramentenzier hauptsächlich an den Niederrhein und nach Westfalen. Neben den Wirkern waren auch ‚Wappen'-Sticker beteiligt. Vorbilder für die figürlichen Motive lieferten hauptsächlich die Kölner Maler.

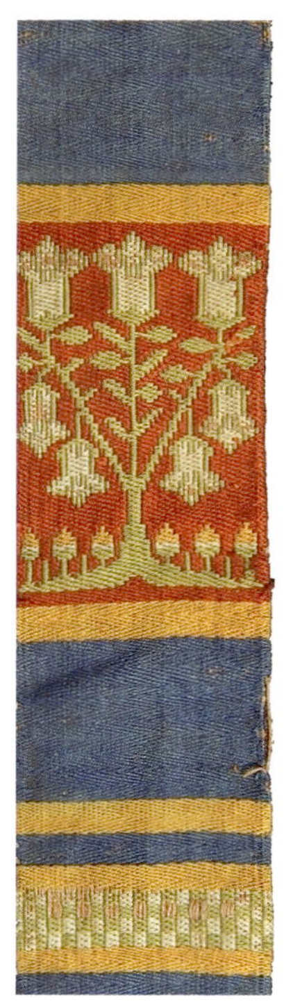
Kölner Borte, *farbige Seide und Leinen, Mitte 15. Jh.*

TRADITION IM FORTSCHRITT: DIE RENAISSANCE

Im Gegensatz zu anderen, vor allem südalpinen Regionen Europas war die Renaissance in Köln weniger eine Epoche der Wiedergeburt kultureller und wirtschaftlicher Prosperität vergangener Zeiten. Denn der für die Kunst förderliche Handel hatte sich seit dem 15. Jahrhundert zunehmend vom Binnenland entlang des Rheins an die Nordseeküste verlagert, wo namentlich mit Brügge und Antwerpen weltweit agierende Handelskapitalen emporwuchsen. Hinzu kamen die Ausweisung der Juden und der Widerstand gegen reformatorisches Gedankengut, was große Teile der protestantischen Bevölkerung bewog, die Stadt zu verlassen, die so einflussreiche Finanziers und innovative Unternehmer verlor. Obwohl sich die Kölner in dieser Situation häufig mit dem vorhandenen Kunst- und Kulturbesitz zufriedengaben oder damit begnügten, Bestehendes im neuen, ihre Traditionen brechenden Stil der Renaissance zu modernisieren, verdanken wir ihnen eine beachtliche künstlerische Hinterlassenschaft aus jener Zeit.

Das damals in Deutschland durch den Humanismus geweckte Geschichtsinteresse entfachte ein Nationalbewusstsein im Sinne einer Selbstvergewisserung jener vielfältigen eigenen Kulturleistungen, die das Mittelalter, allem voran die Zeit der Gotik, hervorgebracht hatte. Besonders diese Kräfte haben in Köln stärker nachgewirkt als die für Italien maßgeblichen Vorgaben, die sich wesentlich auf die von der Weltherrschaft römischer Kaiser bestimmte Antike rückbesannen.

Abgesehen von den untergegangenen Bauten, der Kirche der Franziskaner-Observanten St. Agnes, 1598–1607, und der Karmeliterkirche St. Joseph und Theresia, 1620–29, blieben der Sakralarchitektur Kölns während in der Renaissancezeit größere Bauaktivitäten versagt. Doch wurde ein im Umfang zwar bescheidener, aber für die bekannte konservative Grundhaltung des Kölner Kunstgeschehens bezeichnender Anbau realisiert, der Traditionelles und Neuzeitliches in sich vereinte: die 1536 dem Südportal von St. Georg angefügte, 1945 zerstörte, offene Vorhalle, in der romanische

Historisches Rathaus, Löwenhof, *1541, von L. von Kronenberg*

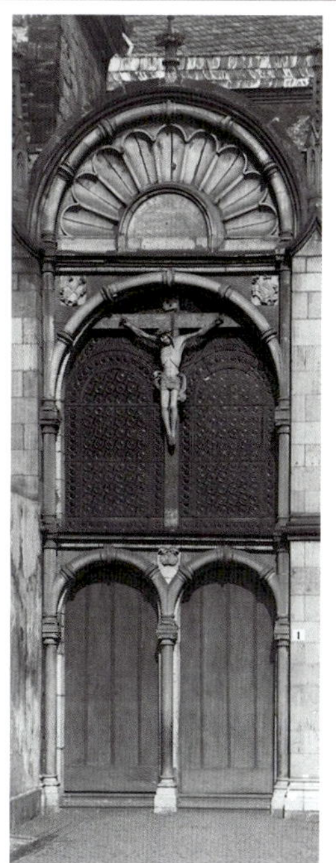

St. Georg, Südportal, *1536 (zerstört)*

und gotische Detailformen mit dem der Renaissance eigentümlichen Muschelmotiv zu einer Einheit verschmolzen wurden. Und in der Vorhalle auf der Nordseite als Rest des Verbindungstraktes zur einstmals benachbarten Pfarrkirche St. Jakob werden konventionelle Rippengewölbe von Gurten geschieden, deren Dekor mit pflanzlicher Ornamentik und Medaillons renaissancetypischen Mustern italienischer Provenienz folgt.

BILDUNG AM RATHAUS

Offensichtlicher italienisch beeinflusst, also antikebezogen, mutet der Löwenhof an, der den Rathausturm baulich und funktional mit den zum Alter Markt gelegenen Gebäuden des Rathauskomplexes verbinden und den Geländeversprung dort ausgleichen sollte. Dazu legte Laurenz von Kronenberg 1541 über hohen Nischen im Erdgeschoss einen dreiseitigen Arkadengang mit Rundbögen und kantigen Pfeilern an; die Brüstungsplatten dazwischen füllen Reliefbilder. Zentrales, dem Hof seinen Namen gebendes Motiv ist der sagenumwobene Kampf des Bürgermeisters Grin, den der Erzbischof einem Löwen zum Fraß überlassen hatte. Die Bezwingung des Raubtieres durch Grin stand für die Durchsetzung bürgerlicher und reichsstädtischer Rechte gegenüber kirchlicher Macht. Sechsfach erscheint in den Brüstungen des 1594 auf der vierten Seite durch Peter von Blatzheim komplettierten Umgangs das Kölner Stadtwappen als Zeichen städtischer Würde. Sein Typus als Schild mit drei Kronen und elf Tropfen, der von Greif und Löwen gehalten wird, geht auf einen Stich des Peter Quentel von 1529 zurück. Während Tondi mit Herrscherbüsten und Tritonenkämpfe antik-römische Wurzeln verraten, sind das Rippengewölbe über dem Umgang und die Wasserspeier zum Hof eine gotische Reminiszenz.

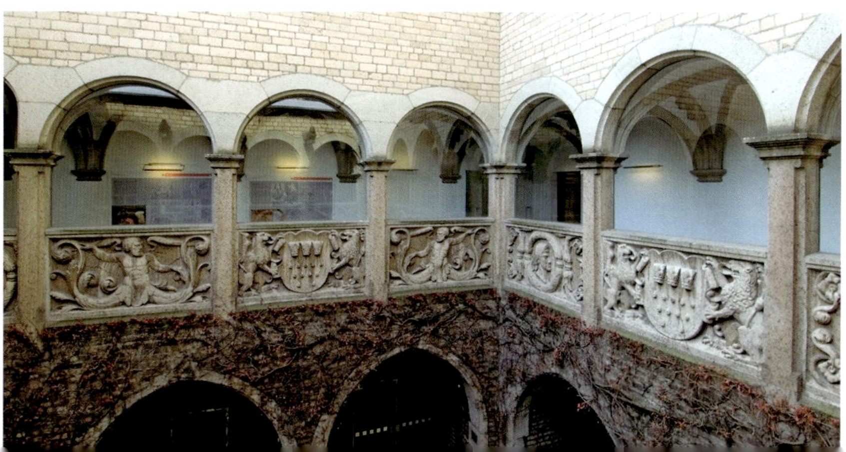

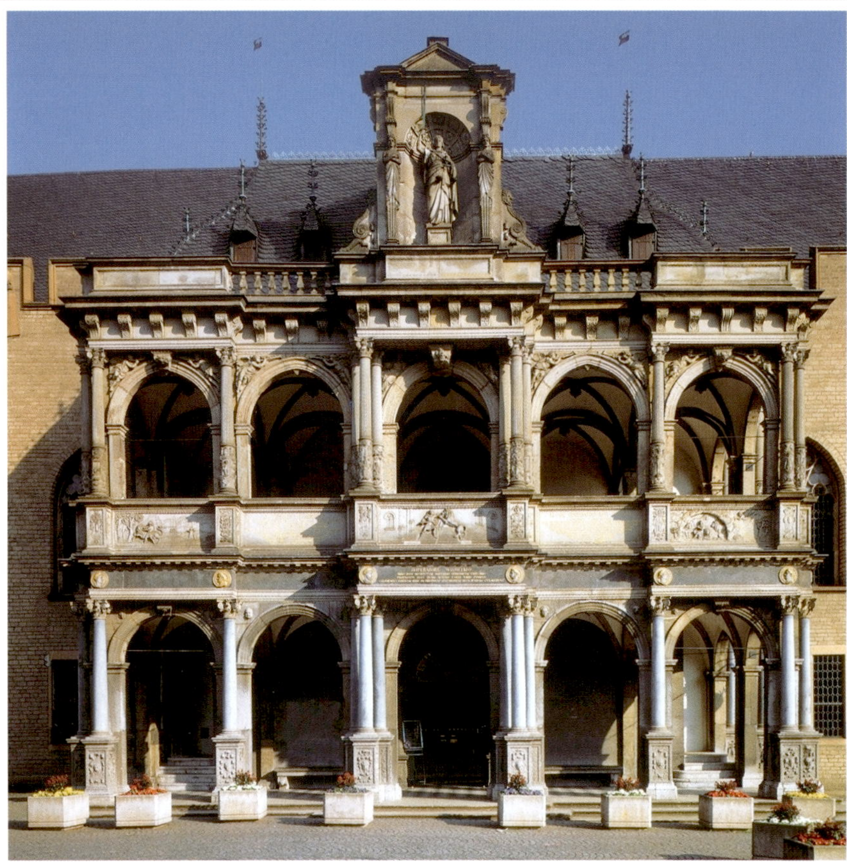

Rathauslaube, *1569–73, von W. Vernucken und C. Floris, Obergeschoss 1617/18*

Das bedeutendste profane Bauwerk der Renaissance in Köln ist die Rathauslaube, die einzigartig im westdeutschen Raum ist und eine niederländische Interpretation italienischer Renaissanceformen darstellt. Als Mitte des 16. Jahrhunderts die gotische Vorgängerin, eine offene Pfeilerhalle mit hölzernem Obergeschoss, baufällig geworden war, sollte ein Wettbewerb ein optimales Neubaukonzept hervorbringen. An ihm beteiligten sich namhafte niederländische Baumeister wie Lambert Sudermann, Hendrick van Hasselt und Cornelius Floris, deren Entwürfe jedoch keine Zustimmung fanden. Daraufhin beauftragte der Kölner Rat Wilhelm Vernucken aus Kalkar damit, eine gestalterisch überzeugende und finanzierbare Lösung aufzuzeigen. Sein Plan von 1557 griff in Säulenordnung und dekorativen Details Ideen von Sudermann auf, die

Großform übernahm er von Floris. Der 1569–73 errichtete doppelgeschossige Bau mit fünf Achsen bei zwei Jochen Tiefe hat im Erdgeschoss rundbogige Arkaden mit vorgestellten korinthischen Säulen auf Postamenten. Das darauf bezogene Obergeschoss mit Kompositsäulen erhielt 1617/18 spitzbogige Arkaden und anstelle der hölzernen Kassettendecke ein Kreuzrippengewölbe. Die leicht vorgerückte Mittelachse setzt sich über einem Traufgesims in einer Ädikula fort mit einem Standbild der Justitia, ursprünglich überragt vom doppelköpfigen Reichsadler, beim Umbau 1617/18 ersetzt vom ‚Kölner Bauer' als Symbol für die Reichstreue Kölns.

Der im 19. Jahrhundert erneuerte Reliefschmuck umfasst ein ikonografisches Programm, das an die glorreiche Geschichte der Stadt erinnert und ihr ungebrochenes Selbstbewusstsein preist: Im Gebälk des Untergeschosses beschwören Medaillons mit römischen Kaisern und lateinische Inschriften die ruhmvolle römische Vergangenheit. Im zentralen Brüstungsrelief darüber kämpft der Bürgermeister Grin mit dem Löwen. Diese symbolträchtige Darstellung wird an den äußeren Kanten ergänzt durch Szenen aus dem Alten Testament in Gestalt von Simson vor Gaza und Daniel in der Löwengrube. In dieser bildlich verdichteten Verherrlichung der Stadt offenbart sich eine vom Humanismus gespeiste, vor allem auf historischem Wissen gegründete Bildung.

Die Rathauslaube als herausragendes Bauwerk einer flämisch geprägten Renaissance hat den Charakter einer italienischen Loggia. Bereichert mit gotisierenden Elementen, wie sie in Köln vertraut waren, zitiert sie Architekturformen antiker Ehren- und Triumphbögen und erfüllt in gewisser Hinsicht zugleich wie in Kirchen die Funktion eines Lettners. Als Ort der sogenannten Morgenansprache, des Verkündens von Ratsentscheidungen, enthält die Laube eine Vielzahl kunstvoller Botschaften, deren Wahrnehmung durch ihre einstige städtebauliche Einbindung gesteigert wurde. Stattliche Portale in der engen axialen Portalsgasse und an den seitlichen Zugängen zum Rathausplatz erhöhten die Wirkung dieses vieldeutig in Szene gesetzten bürgerlichen ‚Stadtpalais'.

Spanische Liga

Katholisches Militärbündnis, das im Dreißigjährigen Krieg (1618–48) begründet wurde und zwischen 1623 und 1631 abwechselnd in Frankfurt/M. und Köln seine sogenannten Kompositionstage abhielt. 1623 tagte die Spanische Liga in der Stadt Köln, die ihr allerdings nicht beigetreten war. In Erinnerung an dieses Ereignis wird der neue Renaissancebau des Rathauses seit der Mitte des 19. Jahrhunderts ‚Spanischer Bau' genannt.

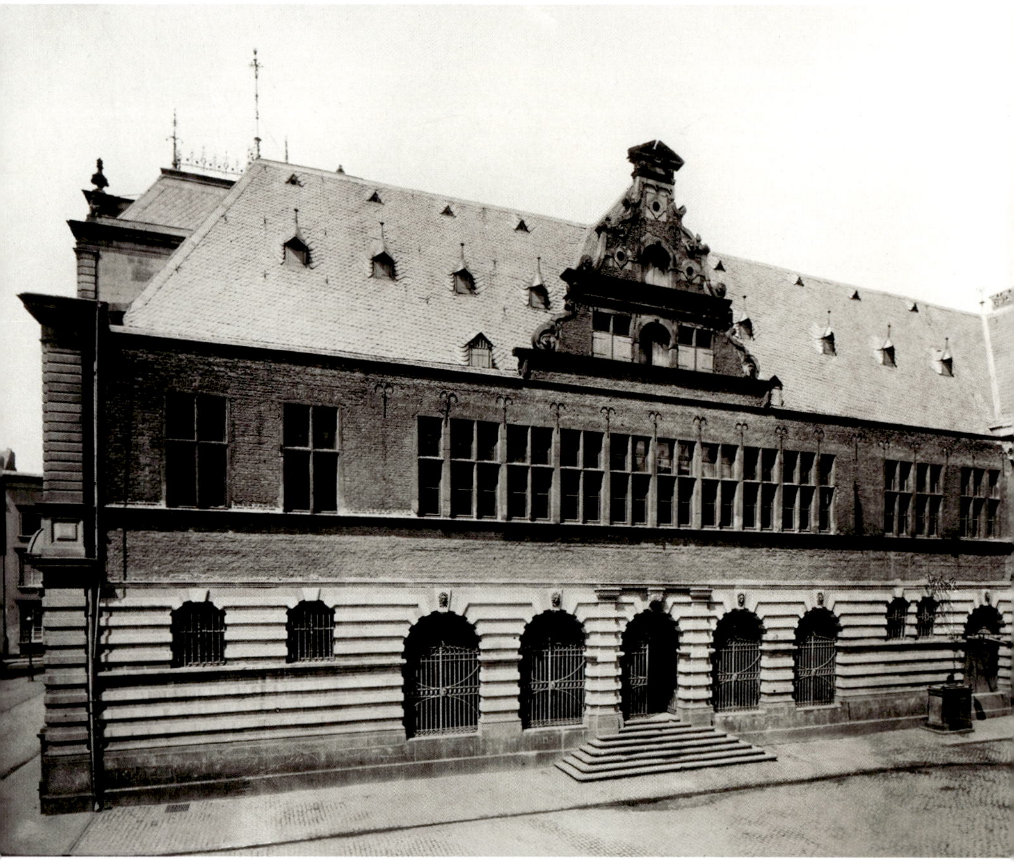

Rathaus, Spanischer Bau, *1608–15 von M. von Gleen (zerstört)*

Die Platzwand schräg gegenüber beherrschte der nach der Tagungsstätte der Spanischen Liga benannte Rathauskomplex, der nach Kriegszerstörungen 1953–55 durch einen Neubau von Theodor Teichen und Franz Löwenstein ersetzt wurde. Jene 1608–15 nach Entwürfen des Kölner Steinmetzmeisters Mathias von Gleen errichtete zweiflügelige Anlage war das letzte größere Bauwerk der Renaissance in Köln. Während eine straffe Rustizierung das Untergeschoss überzog, betonten Kreuzstockfenster das Obergeschoss aus Backstein. Die Mitte überragte ein zweizoniger Giebel, dessen Voluten das für die Renaissance typische Ornament des Beschlagwerks großmaßstäblich aufnahmen. Auch dieses Bauwerk orientierte sich an niederländischen Vorbildern, insbesondere an Rathäusern und Markthallen.

Zuvor, 1594–1606, war, mit seiner Rückseite die römische Stadtmauer überbauend, das Zeughaus, die Rüstkammer der Stadt (heute Stadtmuseum), ebenfalls nach Plänen von Gleen unter Mitarbeit des Peter von Blatzheim entstanden. Ein lang gestreckter, seiner Funktion entsprechend schmuckloser Zweckbau aus Backstein mit Stufengiebeln, im 19. Jahrhundert um ein drittes Geschoss aufgestockt. Der polygonale Treppenturm am Westgiebel reiht sich ein in die Zahl ähnlicher Türme, mit denen das Kölner Patriziat seit gotischer Zeit seinen Status bekundete. Allein hervorgehoben ist das Nordportal, dessen Aufsatz „zu den allervornehmsten Schöpfungen der dekorativen Renaissanceskulptur in ganz Westdeutschland" gehört (Paul Clemen). Das rundbogige Portal überspannen kräftige Rustikabänder, die die seitlichen Pilaster einbinden. Über diesen erheben sich oberhalb des Gesimses hohe Obelisken auf Postamenten. Sie rahmen die bekrönende Beschlagwerkgroteske, die eine Kartusche mit dem Kölner Stadtwappen unter üppiger Helmzier umschließt; Greif und Löwe flankieren aufsteigend den heraldischen Dekor wie er auch im Löwenhof des Rathauses zu sehen ist. Eine Inschrift weist Peter Cronenborch als Bildhauer aus, dem vermutlich niederländische Stiche als Vorlage dienten.

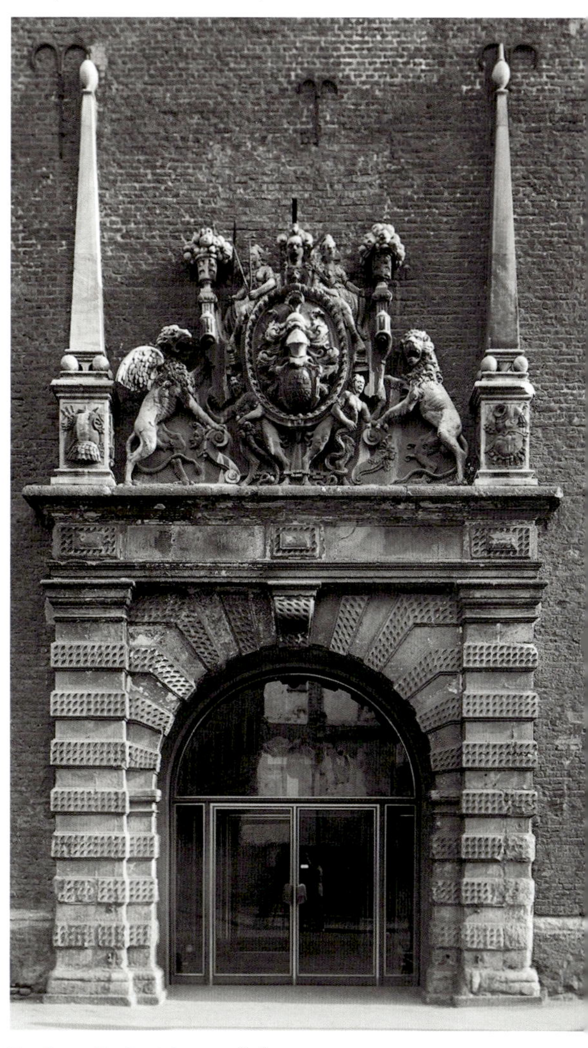

Zeughaus, Nordportal, *1594–1606, dekorativer Aufsatz von P. Cronenborch*

NOBLESSE AN BÜRGERBAUTEN

Im Gegensatz zur Sakralarchitektur war das 16. Jahrhundert in Köln geprägt von einer regen Neubautätigkeit des wohlhabenden Bürgertums und der Zünfte. Sie trug dazu bei, die bis dahin vorherrschende Fachwerkbauweise durch massive Steinbauten zu ersetzen, womit auch der Gefahr von Feuersbrünsten begegnet werden sollte. Mit Kreuzstockfenstern, Stufengiebeln und Zinnen wird dabei die Vorliebe zum vertrauten gotischen Formenschatz deutlich. Im Zusammenklang mit modernen Elementen wie Volutengiebeln und Korbbögen entstand ein für Köln charakteristischer Haustyp, dessen Aufriss für zwei Jahrhunderte maßgeblich blieb. Häufig dienten diese Bauten zugleich als Handels- und Wohnhaus. Den geschäftlichen Zwecken war das doppelt hohe Untergeschoss mit der Hängestube, eine Art Galeriezimmer, vorbehalten. Den Raum über den Wohnetagen und im Dach nutzte man als Warenlager. Gesimse untergliederten in der Regel die meist verputzten Fassaden und boten damit ein gestalterisches Gegengewicht zur vertikalen Steilheit dieser Bauwerke.

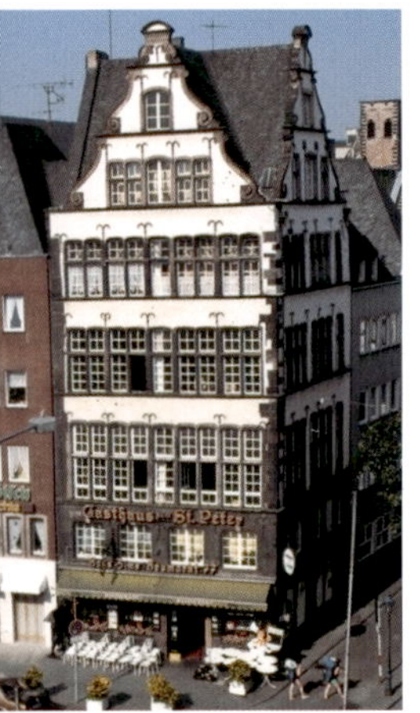

Haus ‚Zum Peter',
Heumarkt 77, um 1568

Es sind nur wenige Bauten aus dieser Zeit, zumal an originärem Standort, in der Altstadt überkommen. Mit dem Eckgebäude ‚Zum Peter' am Heumarkt, das sich um 1568 der Ratsherr Peter Therlaen van Lennep errichten ließ, ist ein besonders stattliches Zeugnis dieser für Köln eigentümlichen Architektur erhalten. Die vor allem zum Platz hin eng gereihten Kreuzstockfenster verleihen dem Baukörper vornehme Eleganz und die dreistöckigen Volutengiebel auf beiden Hausseiten unterstreichen seinen ehrgeizigen baukünstlerischen Anspruch. Die vollständige Durchfensterung der Fassade im höheren ersten Obergeschoss deutet auf einen dahinter liegenden repräsentativen Saal. Mit seinen unterschiedlichen Nutzungsebenen, die sich in der Hausfront widerspiegeln, steht dieses Bauwerk wie etliche andere jener Zeit auch in der Tradition des romanischen Overstolzenhauses.

Ein weiteres für diesen Kölner Bürgerhausstil der Renaissance typisches Beispiel ist das Gebäude ‚Zum Dorn' und ‚Zur Brezel' am Alter Markt, das der Steinmetz Benedikt von Schwelm 1580 erbaut

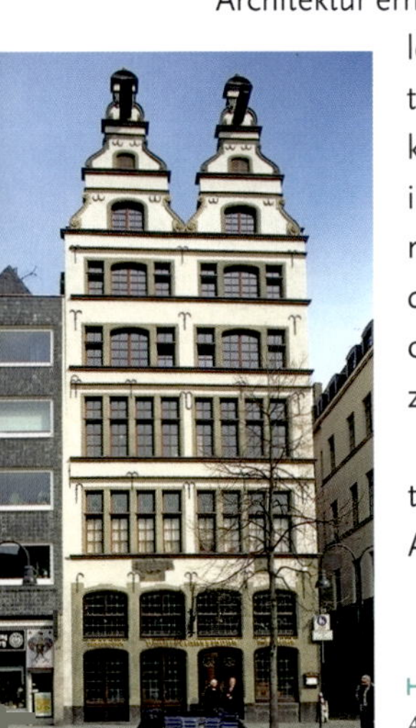

Haus ‚Zum Dorn' und ‚Zur Bretzel',
Alter Markt 20-22,
1580 von B. von Schwelm

hatte. Erst durch die beiden hohen Volutengiebel wird erkennbar, dass es sich um ein Doppelhaus handelt, da die Fassade mit ihren durchgehenden Stock- und Brüstungsgesimsen als geschlossene Einheit erscheint.

ERLESEN DIE AUSSTATTUNG

Mehr noch als im Bereich der Architektur hatte Köln im 16. Jahrhundert auf dem Gebiet der Bildhauerei und Malerei seine künstlerische Kraft eingebüßt. Diesen Mangel mussten importierte Kunstwerke und Künstler von außerhalb kompensieren. Einen solchen Kunsttransfer hatten seit der Jahrhundertmitte vor allem die wirtschaftlichen Beziehungen zu den Niederlanden nachhaltig gefördert. Ansehnlich, aber nur in geringem Umfang erhalten, sind die Ausstattungsstücke von Räumen aus der Renaissancezeit. In der Profanarchitektur sind es vorwiegend aufwendige Kamine aus Stein, hölzerne Treppen, Wand- und Deckenvertäfelungen. Bei den Sakralbauten gesellten sich zu steinernen Altären und Sakramentshäusern vor allem Epitaphien sowie Kanzeln und Gestühl aus Holz und Taufbecken aus Bronze.

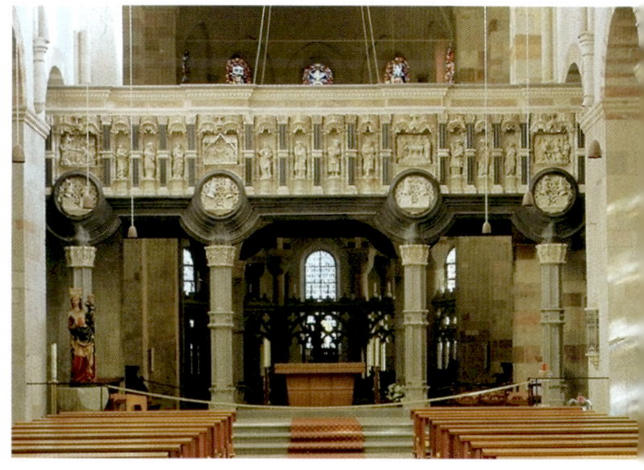

St. Maria im Kapitol, Lettner, *um 1520*

An der Spitze plastischer Kunstwerke steht der Lettner von St. Maria im Kapitol, eine Stiftung der bekannten Familien Hackeney und Hardenrath. Dieser um 1520 in Mechelen in Auftrag gegebene und fünf Jahre später aufgestellte Arkadenlettner gehört zu den frühesten einer Gruppe niederländischer Lettner, die gekennzeichnet ist durch den Wechsel von dunklerem Steinmaterial für die Architekturteile und hellerem für den plastischen Schmuck. Acht kreuzförmige Stützen tragen die Empore, die auf beiden Schauseiten Wappenmedaillons der Stifterfamilien zeigen, in den Tabernakeln darüber nach Westen Reliefs mit der Kindheit Jesu, nach Osten das Abendmahl; in der Nischengalerie zum Langhaus unter Baldachinen Propheten, zum Chor die Namenspatrone der Stifter. Die Formensprache dieses Lettners lebt von dem für die Niederlande damals typischen Stildualismus aus Antikischem und Gotischem.

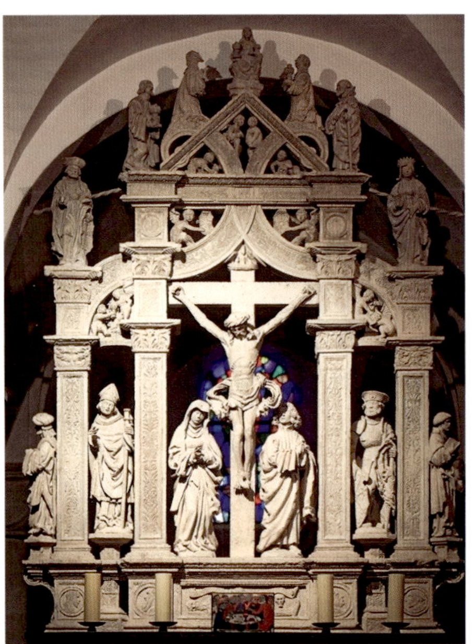

St. Gereon, Kreuzigungsaltar, *Tuff, um 1540*

Eine ähnliche Verbindung von mittelalterlichen Elementen und solchen der Renaissance weist um 1540 das Altarretabel aus Tuffstein in der Krypta von St. Gereon auf. In das Rahmenwerk seiner Pfeilerarchitektur mit Giebel und durchdringendem Kielbogen ist in der für das Mittelalter typischen Retabelkomposition eine Kreuzigung mit Johannes und Maria eingestellt, flankiert von Heiligenfiguren. Den Giebel krönt die Heilige Familie mit den Hll. Drei Königen. Die seitlich im Profil auf Konsolen dargebotenen Figuren und die auf Podesten oberhalb der äußeren Pfeiler stehenden Skulpturen von Gereon und Helena verraten in Position und Gestik eine neuzeitliche Auffassung. Sie ist auch erkennbar in den Medaillons und floralen Reliefs auf den architektonischen Elementen, für die italienische Ornamentstiche als Vorlagen gedient haben mögen. Dieser Altar, der zuvor in der Oberkirche stand, ist zudem von kirchenpolitischer Bedeutung: An ihm soll um 1540 der erste Jesuit in Köln, Peter de Hond, genannt Petrus Canisius (1521–97) seine erste Messe zelebriert haben; vor allem er war in den deutschsprachigen Gebieten die treibende Kraft der Jesuiten.

Aus der Zahl der Epitaphien ragen im Dom durch ihre prunkvolle Gestaltung die beiden für die Erzbischöfe Adolf (1547–56) und Anton von Schauenburg (1556–58) heraus, die ursprünglich im Binnenchor platziert waren. Sie wurden um 1560 von Floris geschaffen, als er mit Plänen für das Kölner Rathaus befasst war. In ihrem Aufbau folgen sie Vorbildern der italienischen Grabmalarchitektur aus repräsentativer Schauwand mit davor liegender vollplastischer Figur des Verstorbenen, wie sie Andrea Sansovino erstmals 1505 an seinem Monument für Kardinal Sforza in Sta. Maria del Popolo in Rom realisiert hatte. Der über einem Sockel dreigeschossige Aufbau und der bekrönende Giebel bestehen aus schwarzem, die figürlichen und dekorativen Elemente aus weißem Marmor. Dass Erzbischof Anton im Gegensatz zu

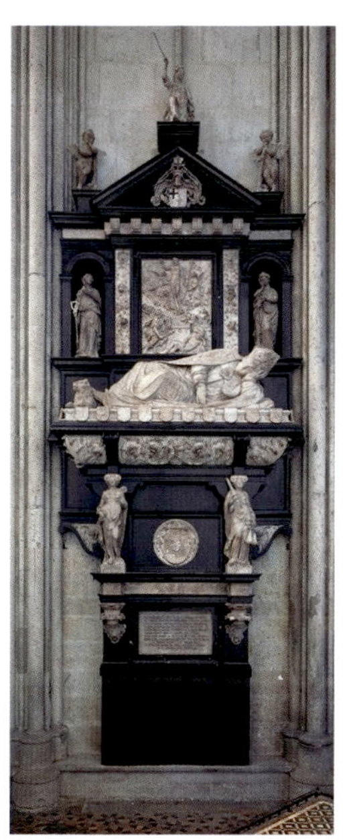
Dom, Epitaph Erzbischofs Adolf von Schauenburg, *um 1560*

seinem Bruder die Mitra nicht auf dem Kopf trägt, sondern diese neben ihm aufgestellt ist, weist auf seinen Tod noch vor der Weihe zum Bischof. Mit der Anbringung der Epitaphien ursprünglich im Chor sollten die Verdienste beider als Kirchenfürsten dargestellter Bischöfe um die Verteidigung des katholischen Glaubens gewürdigt werden. Mit diesen Epitaphien wurde der sogenannte Floris-Stil vorbildlich für weitere Grabdenkmäler in anderen Kölner Kirchen wie in St. Maria im Kapitol, St. Severin und in der Minoritenkirche.

Ein vergleichbarer, oberhalb eines Sockels dreizoniger Aufbau ist ebenso signifikant für steinerne Sakramentshäuser jener Zeit. Ihre architektonische Struktur nutzten sie zur Rahmung des figürlichen Schmucks oder für einen bühnenartigen Raum mit szenischen Reliefs wie 1550 am Sakramentshaus in St. Andreas und sechs Jahre später an dem in St. Georg. Das Sakramentshaus in St. Gereon mit seinen sich nach oben hin verjüngenden und von Gesimsen geschiedenen Etagen, oberem Reliefbild in rundem Rahmen und einer Kreuzigung als Abschluss nahm 1608 die Gliederung barocker Altarretabel vorweg.

Die Malerei in Köln wurde während der Renaissance überragt von Bartholomäus Bruyn d. Ä. (1493–1555), der nicht nur in Köln, sondern weit darüber hinaus zu Ruhm gelangte als Maler von Altarbildern, insbesondere aber als ausgezeichneter Porträtist. Ausgebildet bei Jan Joest am Niederrhein und ab 1512 nachweisbar in der Werkstatt des sogenannten Meisters von St. Severin, gelangte er in Köln zu hohem Ansehen und beträchtlichem Vermögen. Im Rat der Stadt vertrat er die Schildergaffel und unterhielt in Köln mit seinen Söhnen Arnt und Bartholomäus d. J. eine angesehene Werkstatt. Wichtige Persönlichkeiten der Stadt ließen sich bevorzugt von ihm porträtieren. Diese Bildnisse, oftmals mit geschweiftem oberem Abschluss, begeistern durch ein Höchstmaß an Naturtreue, mit der es gelang, die Dargestellten auch in ihrem Wesen zu erfassen.

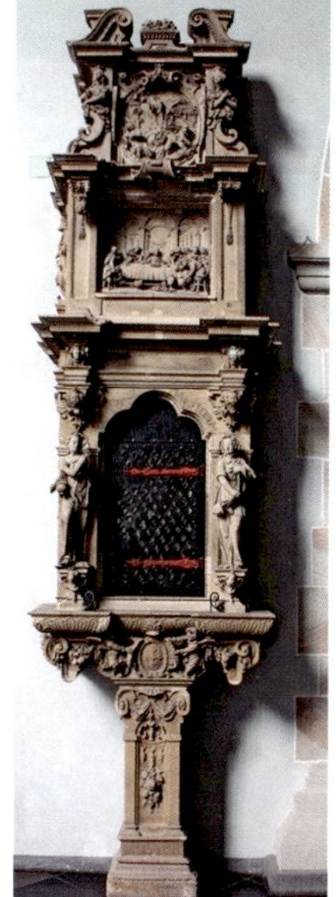
St. Gereon, Sakramentshaus, *1608 von W. Beyschlag*

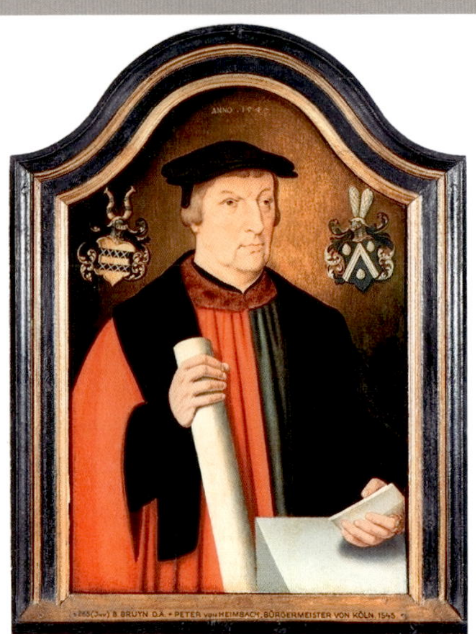

Bartholomäus Bruyn d. Ä., **Portrait Bürgermeister Peter von Heymbach**, *1545, Kölnisches Stadtmuseum*

Seine späten Jahre widmet Bruyn vornehmlich Altarretabeln in Kölner Kirchen. Von ihnen ist in der Michaelskapelle des Domes ein kleineres aus dem Jahr 1548 aufgestellt. Im Mittelteil erscheinen in bewegten Formen eine Kreuzigungsgruppe, auf den Außentafeln eine Verkündigungsszene und der Erzengel Michael. Zwei Jahre danach schuf er die Tafelbilder für den Hochaltar von St. Andreas. Auf dessen mittlerer Tafel verharrt der geistliche Stifter betend vor der Kreuzigung; die Flügel zeigen neben dem Martyrium des hl. Andreas die hll. Urban und Ulrich, die Außenseiten Kölner Stadtheilige. Mit dem Tod Bruyns endete die produktivste Phase Kölner Renaissancemalerei. Sie war geprägt von einem Festhalten an traditionellen Gattungen wie den Flügelaltären und dem Motiv in Reihen aufgestellter Heiliger.

Der Tafelmalerei nahezu ebenbürtig war die Glasmalerei. Für die prachtvollen Fenster, mit denen die im 15. Jahrhundert eingewölbten sechs westlichen Joche des nördlichen Seitenschiffes des Domes 1507–09 ausgestattet wurden, hatten Vertreter der Kölner Malerschule wie der Meister von St. Severin und der Meister der hl. Sippe

Dom, *Michaelskapelle*, **Kreuzigungsaltar**, *1548 von Bartholomäus Bruyn d. Ä.*

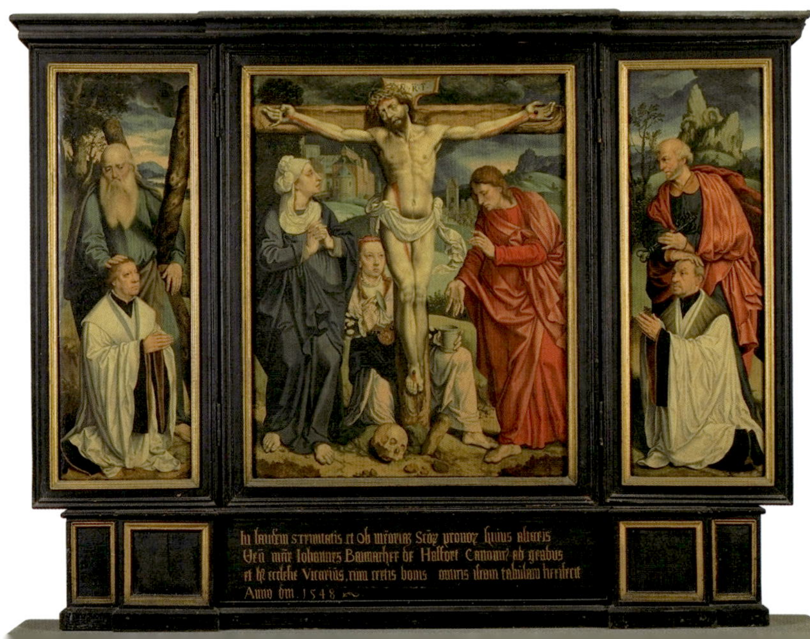

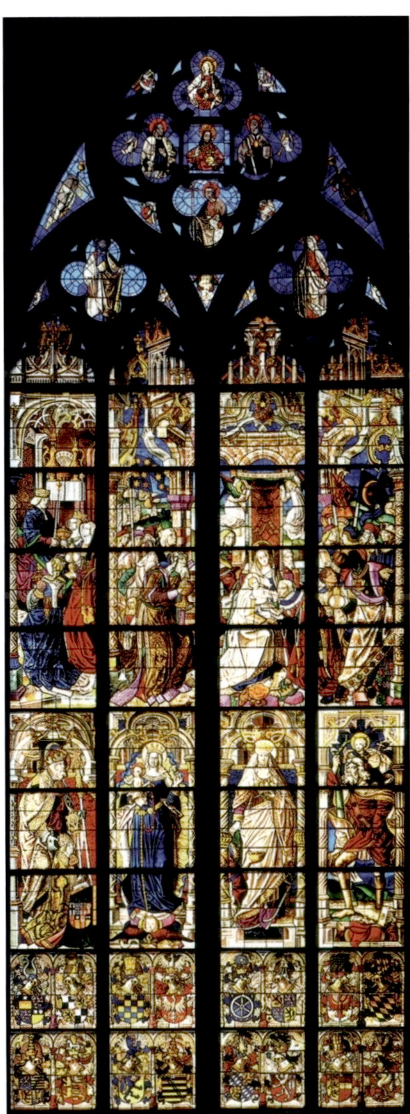

Dom, *nördliches Seitenschiff,* Glasmalerei, *1508, unten* Ahnenprobe *des Stifters Erzbischof Hermann von Hessen*

die Entwürfe geliefert; ausgeführt hat sie vermutlich die Kölner Werkstatt von Hermann Pentelynk. Als Domdechant hatte Philipp von Daun das westliche Halbfenster mit Laurentius und Maria und der Leidensgeschichte Christi gestiftet, dann als Erzbischof das benachbarte Vollfenster. Es zeigt links die Geschichte des hl. Petrus, rechts die Wurzel Jesse. Unten ist der Stifter vor Petrus und Gereon umgeben von 16 Wappen, der sogenannten Ahnenprobe. Das Mittelfenster, als erstes 1507 von der Stadt Köln gestiftet, trägt zwischen dem Stadtgründer Agrippa und dem Helden Marsilius das Stadtwappen, darüber als Ritter die Stadtpatrone Georg, Mauritius, Gregor, Gereon; oben ist die Anbetung der Hirten zu sehen. Das nächste Vollfenster benennt mit der Ahnenprobe Erzbischof Hermann von Hessen als Stifter, der mit Petrus, Elisabeth und Christophorus abgebildet ist; oben die Anbetung der Hll. Drei Könige und die Königin vor Salomo. Das östliche Halbfenster stiftete Philipp II. von Virneburg, der unten mit zwei Frauen erscheint, darüber Maria Magdalena und Georg, über ihnen die Krönung Mariens. Entsprechen Gewandung und Kopfschmuck der Figuren der zeitgenössischen Mode, so ist die sie räumlich rahmende Architektur dem gotischen Formenkanon entlehnt.

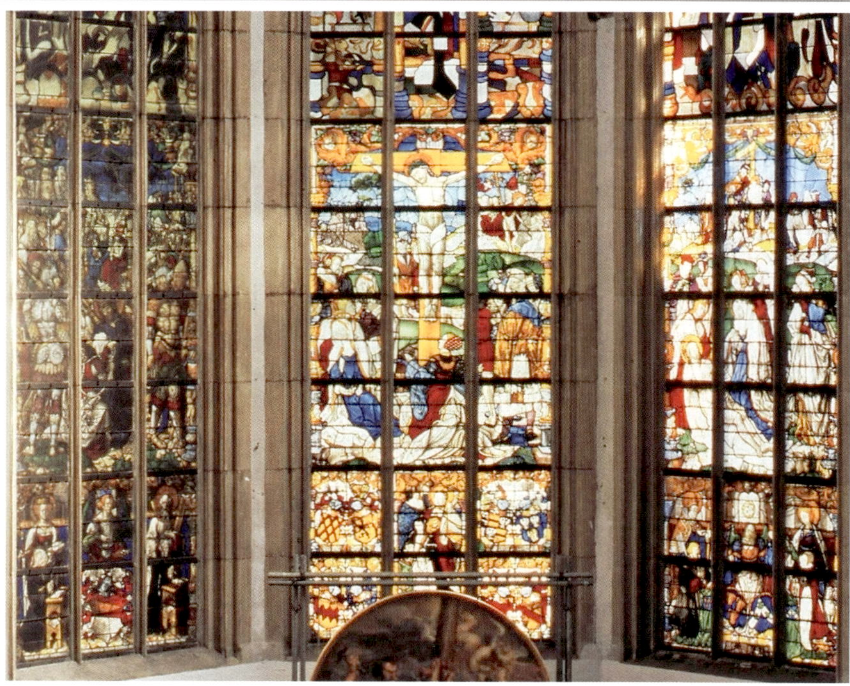

St. Peter, Chorfenster, *1528–30, bedeutende Glasmalerei der Renaissance*

Für St. Peter hatten Kölner Patrizier 1528–30 mehrere Glasfenster gestiftet, die mit ihrer starken Farbigkeit der Raumschale Festigkeit geben. Ähnlich wie bei den Domfenstern dient eine bühnenartige Architektur als Raum für die figürlichen Kompositionen. In den Fenstern im Chor vollzieht sich über den Stifterwappen die Passion Christi mit Kreuztragung, Kreuzigung und Beweinung. Im östlichen Joch der Seitenschiffe steht Christus mit Paulus dem Petrus und Johann Baptist gegenüber. Ihnen folgen auf der Südseite Szenen aus dem Marienleben, Paulus und Katharina, im Norden Evergislus, Michael und die Hll. Drei Könige.

Außer Bildhauern, Steinmetzen und Malern konnten auch die Schreiner, Schnitzer und Ebenisten mit bemerkenswerten Leistungen aufwarten. Der aus Mainz zugewanderte Melchior von Reidt hat vor allem mit seiner Intarsienkunst dazu beigetragen, Köln um die Wende zum 17. Jahrhundert zu einem bedeutenden Zentrum der Schreinerkunst zu machen. Noch vor 1600 erhielt er den Auftrag, den Ratssaal auszugestalten. Dafür schuf er 1601 das Prunkportal, das in drei sich nach oben hin verjüngenden Geschossen aufgebaut ist mit den klassischen horizontalen und vertikalen

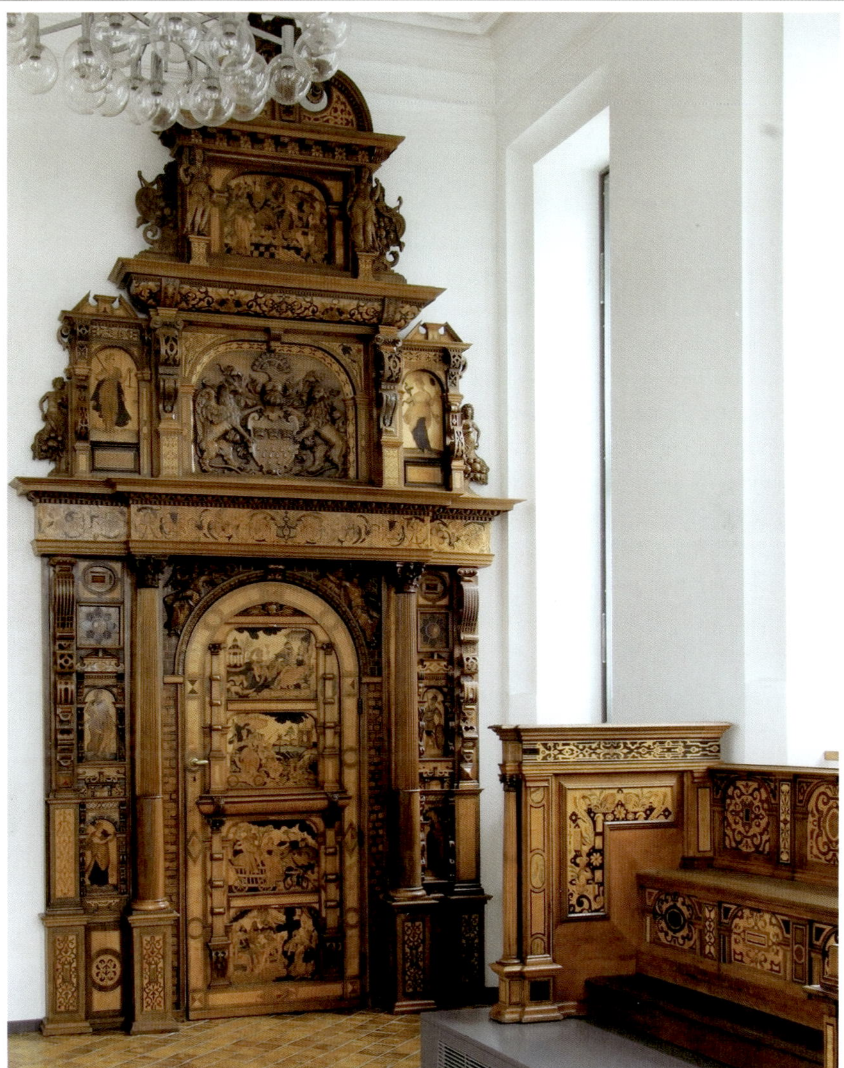

Rathausturm, *Senatssaal,* Prunkportal, *1601, und* Ratsgestühl, *1602/03 von M. von Reidt*

Gliederungen monumentaler Architektur. Es erinnert damit an antike Triumphtore und Ehrenbögen. Den Flächen sind farbige Intarsien aus Beschlag- und Rollwerk eingelegt. Die malerisch wirkenden Intarsienbilder des Türblattes zeigen als Triumphwagen-Allegorien die drei Stände, Klerus, Adel und gemeiner Stand. Sie vereinigen sich

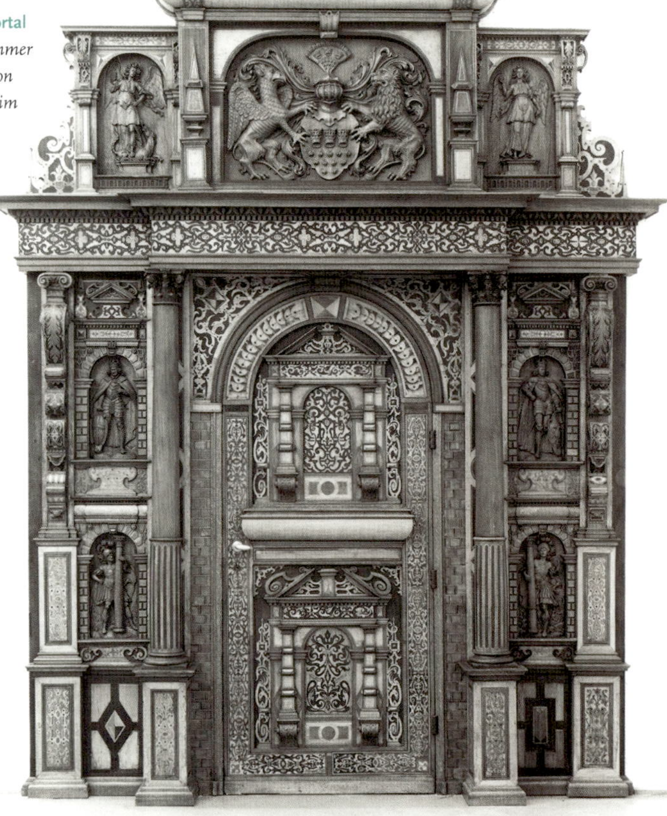

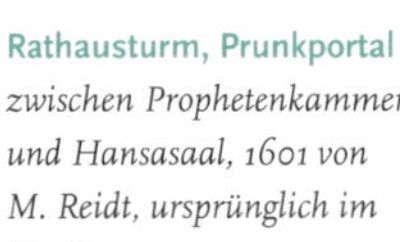

Rathausturm, Prunkportal *zwischen Prophetenkammer und Hansasaal, 1601 von M. Reidt, ursprünglich im Zeughaus*

in einem vierten Feld mit den christlichen Tugenden Glaube, Hoffnung, Liebe. In gleicher Weise beeindruckt das Ratsgestühl durch seine variationsreiche Intarsienornamentik und die figürlichen Darstellungen in seinen Wangen, die die Protagonisten der Kölner Stadtgeschichte mit symbolträchtigen Attributen thematisieren. Mit seinem hierarchischen Aufbau steht es in der Tradition von Bankordnungen mittelalterlicher Gerichts- und Kapitelsäle.

Ein weiteres Prachtportal hat von Reidt 1601 für das Obergeschoss im Zeughaus gefertigt, das nach dem Krieg in die Prophetenkammer des Rathauses zwischen Turm und Ratssaal eingebaut wurde. Es besticht durch seine architektonischen, insbesondere aber ornamentalen Intarsien. Die hölzerne Ausstattung, die von Reidt für das Rathaus geschaffen hat, fasziniert nicht alleine durch ihre hohe künstlerische Qualität, sondern auch durch das dichte ikonografische Programm, das im Bildungsideal des Humanismus ankert. Diese Intarsienwerke, namentlich das große Portal [im Ratssaal], „behaupten eine der ersten Stellen in dem reichen Schatz der Tischlerkunst der deutschen Renaissance" (Edmund Renard).

Ein herausragendes Werk der Goldschmiedekunst ist der 1520–27 von Peter Hanemann geschaffene Makkabäerschrein, 1504 dem Benediktinerinnenkloster der hl. Makkabäer gestiftet von dessen Rektor, dem Humanisten Helias Mertz, genannt Helias Marcaeus de Luna. Nach Auflösung des Klosters gelangte er 1808 in die Kirche St. Andreas. Seiner Inschrift zufolge enthält er die Gebeine der hll. Makkabäer und ihrer Mutter Salomé, die Erzbischof Rainald von Dassel zusammen mit denen der Hll. Drei Könige 1164 nach Köln gebracht und auf den Friedhof von St. Ursula transloziert hatte. Der Schrein aus vergoldeten Kupferplatten knüpft an die Vorbilder des 12. und 13. Jahrhunderts an und vereint ‚altmodische' gotisierende Elemente mit neuzeitlichen Ausdrucksformen. Strebepfeiler an den Längsseiten und Maßwerkkämme auf dem First, an Giebel- und Dachgraten betonen den architektonischen Aufbau. Ihn unterteilen Maßwerkbögen an Wänden und Dachschrägen in zwei Zonen mit 40 Feldern. Ikonografisch bemerkenswert ist, dass in ihren getriebenen Reliefs Szenen aus dem alttestamentarischen Martyrium der Makkabäerbrüder und ihrer Mutter solchen der Passion Christi aus dem Neuen Testament gegenüber gestellt sind. Passend dazu zeigen die Giebelseiten zum einen die Himmelfahrt Christi und die Aufnahme in den Himmel der für die Reinerhaltung des Judentums gestorbenen Makkabäer und zum anderen die Marienkrönung sowie Salomé mit ihren Söhnen. In den Ecknischen stehen Christus, Maria, Helena und ein Bischof; über ihnen sitzen auf der Traufe in der zeittypischen Humanistentracht die vier Evangelisten.

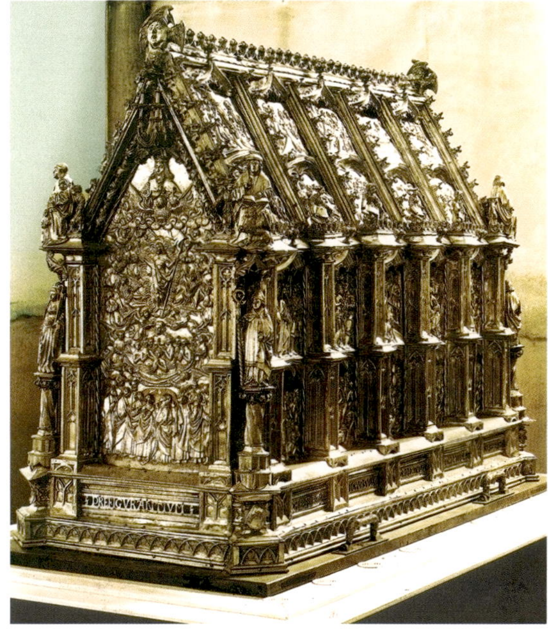

St. Andreas, Machabäerschrein, *1520–27 von P. Hanemann*

GLANZ IM NIEDERGANG: DIE BAROCKZEIT

Die Rezession, die in Köln im 16. Jahrhundert eingesetzt hatte, dauerte im Zeitalter des Barock fort und blieb nicht ohne Folgen für Kunst und Kultur. Führte der Lebensstil des Absolutismus anderenorts zu einer Hochblüte künstlerischen Schaffens, so musste sich die Stadt Köln jetzt damit abfinden, dass ihr mit der Verbannung der Erzbischöfe als Landesherren aus ihren Mauern in größerem Umfang jene Kunstförderung versagt blieb, wie sie damals zum Selbstverständnis einer fürstlichen Residenz gehörte. Mit Ernst von Bayern war der Kölner Erzstuhl 1583 an das Haus Wittelsbach gelangt. Um beim katholischen Kaiser nicht den Status der freien Reichsstadt zu riskieren, wurden alle Bestrebungen, aber auch Errungenschaften, die die Reformation mit sich brachte, unterdrückt. Stattdessen erhielten die konservativen Kräfte der Gegenreformation vermehrt Chancen zu größerer Entfaltung, was unter anderem zu neuen Ordensniederlassungen führte. So waren in der ersten Hälfte des 16. Jahrhunderts unter Leitung des Petrus Canisius die Jesuiten nach Köln gelangt, um sich als Vorkämpfer der Gegenreformation zu etablieren.

DIE JESUITENKIRCHE ALS MANIFEST DER GEGENREFORMATION

Mit Unterstützung des Rates der Stadt hatten die Jesuiten an der Marzellenstraße ein Kloster gegründet, für das 1618 mit dem Bau der zugehörigen Kirche St. Mariä Himmelfahrt begonnen wurde. Außen gliedern Hausteinelemente den verputzten Bau. Seine imposante Fassade, die den Querschnitt der dreischiffigen Emporenbasilika spiegelt, beinhaltet bereits ein religionspolitisches Programm: Die beiden Flankentürme – wie auch der höhere Chorturm – mit ihren romanisierenden Rundbogenfriesen und Zwillingsarkaden mit eingestellten Säulchen, vor allem aber das große spitzbogige Fenster mit gotisierendem Maßwerk lassen bewusst jene Bauformen wieder aufleben, die die Kirchenbaukunst vor der Reformation prägten. Lediglich die

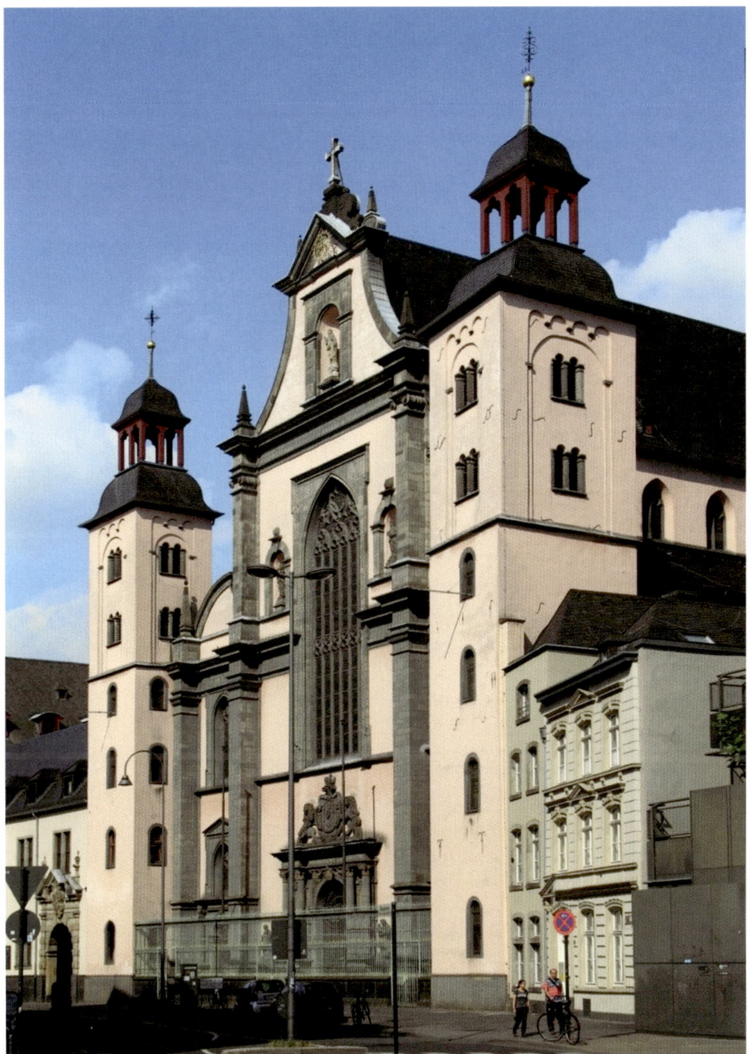

St. Mariä Himmelfahrt, *Straßenfassade, 1618 beg., von Chr. Wamser*

Portale mit korinthischen Säulen, die Scheidung der Schiffsfronten durch Pfeilervorlagen toskanischer Ordnung mit aufgesetzten Obelisken und der giebelbekrönte Schweifgiebel gehören wie auch die Nischen mit Heiligen des Jesuitenordens und der Kirchenpatronin zum barocken Formenkanon.

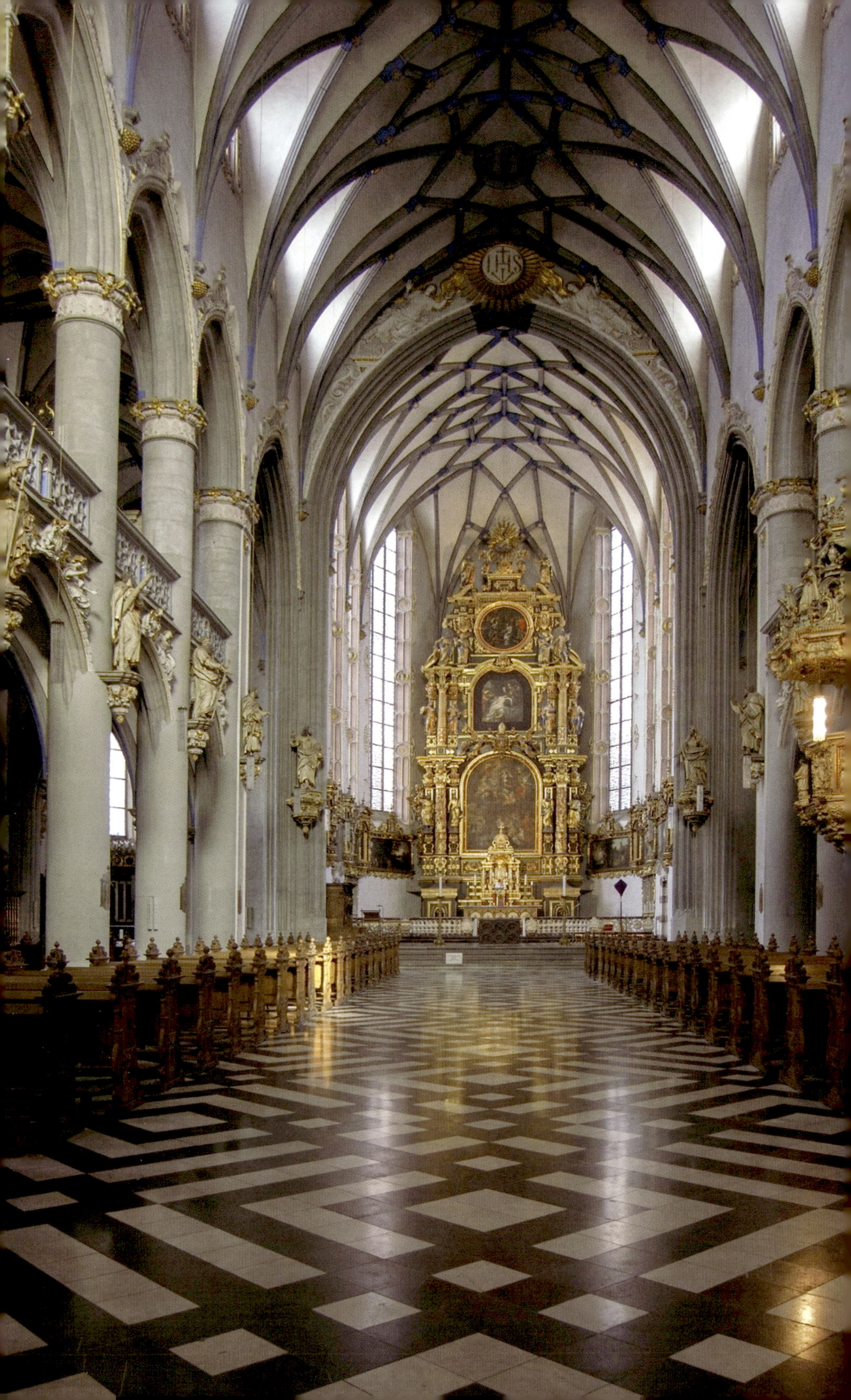

Diese theologisch unterlegte Architektursprache setzt sich im Kircheninneren mit gesteigerter Intensität fort. Sterngewölbe überspannen alle Teile des im Osten mit verhaltenem Querschiff, polygonalen Haupt- und Nebenchören geweiteten und fließenden Raumes. Zwischen die steilen Rundpfeiler eingehängt sind Emporen mit Maßwerkbrüstungen. Die spitzbogigen Arkaden haben gotisierende Profile. In den großen Altären, der prächtigen Kanzel, den Beichtstühlen auf beiden Ebenen, den Apostelfiguren und anderen Standbildern, in Ornamentstuck, Kartuschen mit marianischer Symbolik und Engelbüsten verströmt der Raum hingegen den Geist des Frühbarock. Verstärkt wird dieses Raumgefühl durch die heiter-festliche Farbigkeit und die Lichtführung, die von den hoch liegenden Maßwerkfenstern ins Innere gelenkt wird. Das im Scheitel des Triumphbogens von Strahlen umkränzte Monogramm Jesu IHS als Signum des Jesuitenordens erscheint wie ein Siegeszeichen. Das kurfürstliche Wohlwollen war neben dem dominanten Wappen außen über dem Eingangsportal stets präsent durch die als ‚Herrschersitz' vorkragende Emporenbrüstung im östlichen Joch der Südseite. Die festliche Monumentalität des Innenraumes bot zugleich den Rahmen für Theateraufführungen, die der Stärkung des katholischen Glaubens ebenso dienen sollten wie das Sakrament der Buße, dessen Bedeutung in der Vielzahl der Beichtstühle auf zwei Ebenen sichtbaren Ausdruck fand.

Durch Vermittlung des bayerischen Fürstenhauses war es für die Himmelfahrtskirche zur Beauftragung des aus dem Schwarzwald stammenden Architekten Christoph Wamser gekommen, der zuvor die Jesuitenkirche im Molsheim/Elsass erbaut und in Köln 1619–22 St. Pantaleon mit einem Rippengewölbe und einem gotisierenden Chorneubau versehen hatte. In Köln hat Wamser den Typ der 1590–97 von Johannes Roßkott in Münster errichteten Jesuitenkirche aufgegriffen und weiterentwickelt. Er wurde damit vorbildlich für die Kirchen des Ordens in Coesfeld, Paderborn, Bonn und Münstereifel. Diese rheinisch-westfälische Jesuitenbaukunst setzt sich deutlich ab von dem modellhaften Bau, den Giacomo da Vignola mit der Stammkirche der Jesuiten Il Gesù 1568–84 in Rom vorgegeben hatte, wie ihn etwa die Münchener Jesuitenkirche aufnahm.

Das Fehlen eines das Kunstschaffen bestimmenden Stadtherrn bei gleichzeitiger Herrschaft eines bürgerlichen Stadtrates begünstigte das Aufsaugen künstlerischer Einflüsse von außen. Von Italien gespeiste Ideen fanden ebenso ihren Widerhall wie das Gedankengut aus den Niederlanden.

St. Mariä Himmelfahrt, *Inneres nach Osten, figürlicher Schmuck vor allem von J. Geisselbrunn*

ITALIENISCHE EINFLÜSSE

Italienisches Formengut ist eingeflossen bei der Karmeliterinnen-Klosterkirche St. Maria vom Frieden in der Straße Vor den Siebenburgen. Die Schenkung eines Gnadenbildes 1642 durch die im Haus von Rubens verstorbene Maria de Medici war für die Unbeschuhten Karmeliterinnen, die 1637 aus den spanischen Niederlanden nach Köln kamen, Anlass für einen Neubau. 1643 begonnen und 1677–92 fertiggestellt, ist die Kirche ein Putzbau über kreuzförmigem Grundriss mit dem Südquerarm vorgestelltem Turm und einer Kuppel, die nach außen nicht in Erscheinung tritt. Sie folgt einem in Italien entwickelten Schema von Sakralbauten der Karmeliter, das von dort in die niederländische Ordensprovinz gelangte, zu der Köln im 17. Jahrhundert gehörte. Der Kölner Bau stand in enger Verwandtschaft zu der 1620–28 errichteten, im Krieg zerstörten Karmeliterkirche St. Joseph und Theresia Im Dau. Das kriegsbedingt seiner Ausstattung beraubte Innere besteht aus drei queroblongen kreuzrippengewölbten Jochen, der quadratischen überkuppelten Vierung, kurzen Querarmen mit Kreuzrippen und flach schließendem Chor unter einem Sterngewölbe. Trotz der Unterteilung durch wuchtige Gurte vermag das doppelt vortretende Gesims zusammen mit der zweigeschossigen ionischen Pilastergliederung, den Raum zu vereinheitlichen, den hoch im Gewölbe sitzende Fenster belichten. Die plastisch durchgestaltete, in drei Achsen und drei Geschosse unterteilte Fassade mit toskanischen Pilastern und rustizierten Figurennischen kennt südniederländische Vorbilder. 1716 erfolgten die Vorblendung der dreibogigen Portalzone und die Aufbringung des Volutengiebels.

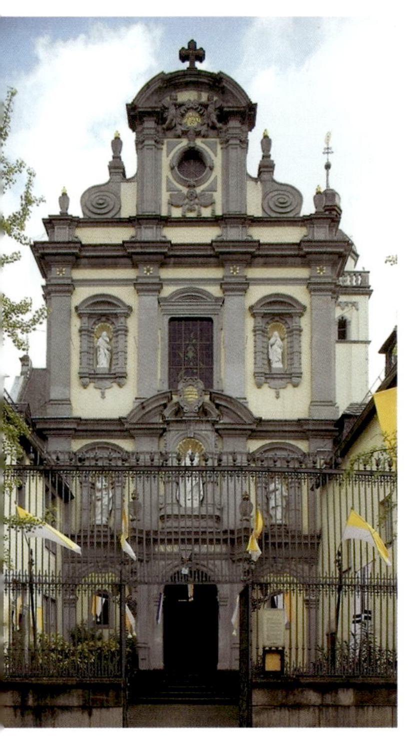

St. Maria vom Frieden, *1643 beg., Eingangsfassade 1677–92*

Anklänge an oberitalienische Bauschöpfungen zeichnen die Ursulinenkirche in der Machabäerstraße aus. Hier hatten die Ursulinen, die 1639 während des Dreißigjährigen Krieges von Lüttich nach Köln geflohen waren, 1651 die Genehmigung zur Gründung der ersten höheren Mädchenschule in Deutschland erhalten. Der

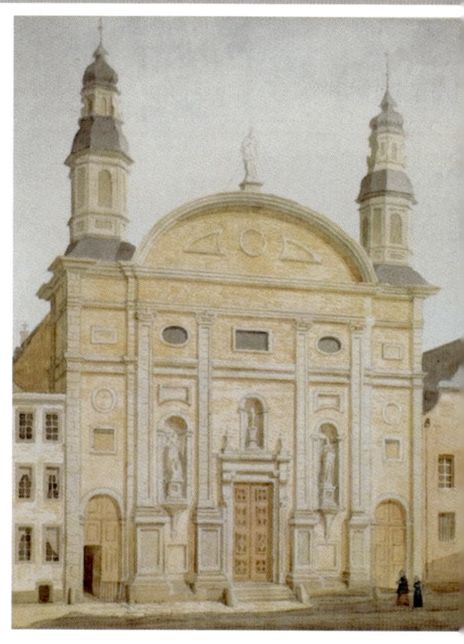

Ursulinenkirche St. Corpus Christi, *1709–12 von M. Alberti, Lithografie 1827 von A. Wünsch nach J. P. Weyer*

Neubau ihres Klosters fand seinen Abschluss mit der Klosterkirche, 1709–12 erbaut nach Entwürfen des kurfürstlich-pfälzischen Oberbaudirektors Matteo Alberti aus Venedig. Er war der Architekt des Schlosses in Bensberg und Düsseldorf verdankt ihm mehrere Bauten samt Ausstattung. Den Auftrag für die Ursulinenkirche vermittelte der Kapuzinermönch Bonagratia, Hofarchitekt des Kurfürsten Johann Wilhelm von der Pfalz, der mit seiner toskanischen Gemahlin Anna Maria Lovisa die Patenschaft für den Bau übernommen hatte. Vorbilder waren venezianische Saalkirchen des 17. und 18. Jahrhunderts in der Nachfolge des dort 1576–92 von Andrea Palladio erbauten Langhauses von Il Redentore. Die Doppelturmfassade aber steht im Kontext von Bauten, wie sie nördlich der Alpen anzutreffen sind.

Die in der Häuserflucht angelegte und leicht vor die seitlichen Türme tretende Fassade der Ursulinenkirche gliedern ionische Kolossalpilaster in eine breite Mitte und schmalere Seiten. Ein die Türme einbeziehendes Gebälk vermittelt zum Mezzaningeschoss, über dem ein weiteres den großen Segmentgiebel trägt. Daneben gehen die Türme ins Achteck über. Ihre Glockenstuben haben geschweifte Hauben mit Laternen. Dieser bewegte Umriss steht in Kontrast zur Strenge der Fassade, die ein Wechsel von runden und eckigen Formen systematisch untergliedert. Kelch und Hostie in der Nische des Hauptportals versinnbildlichen das St. Corpus Christi-Patrozinium der Kirche, die allgemein Fronleichnamskirche genannt wird.

Ihr nur noch am Triumphbogen stuckierter Saal, der im Krieg sein Inventar fast völlig verlor, übernimmt die monumentale Pilasterordnung, auf deren Gesims ursprünglich ein Holzgewölbe ruhte. Architekturdetails, die im halbrunden Chor Rücksicht auf den einstigen Hochaltar nehmen, lassen auf eine einheitliche Konzeption für Baukörper und Ausstattung schließen, für deren Hochaltar ebenfalls Alberti als Entwerfer anzunehmen ist. Die den seitlichen Ecken des Saals schräg eingestellten Nebenaltäre von Giovan Pietro Bellasio waren Bestandteil des im Sinne einer barocken Bühnenkulisse inszenierten Raumes.

NIEDERLÄNDISCHE EINFLÜSSE

Anders als die Kirche St. Maria vom Frieden oder die Ursulinenkirche zeigt die Kirche St. Maria Himmelfahrt, genannt Maria in der Kupfergasse, entlang der Neven-DuMont-Straße mehr Bezüge zu niederländischen Bauten. Diese ehemalige Josephskirche gehörte zum Kloster, das die außerhalb des Ordensverbandes lebenden Unbeschuhten Karmeliterinnen aus dem niederländischen 's-Hertogenbosch 1630 gegründet hatten. In ihrem Eingangsbereich birgt die Kirche eine nach dem Vorbild der Casa Santa im italienischen Loretto angelegte lauretanische Kapelle für das Gnadenbild der sogenannten Schwarzen Madonna. Die 1705–15 als erster sakraler Backsteinbau Kölns errichtete Kirche ist ein Saal (Seitenschiff erst 1873) mit dreiseitigem Chor, der wie die Seitenwände außen durch Wandpfeiler gegliedert ist. Der Innenraum greift diese Struktur auf und ist über einem Gesims gewölbt. Betonter gestaltet ist die durch Vorlagen dreigeteilte Fassade zur Nordseite, über deren Gesims ein mächtiger Volutengiebel aufragt. Die seitlichen Zugänge sind durch ionische Portalarchitekturen hervorgehoben. Damit will sich diese Kirche zum seitlichen Straßenraum hin bemerkbar machen, waren die Bettelorden in Köln doch gehalten, sich meist an Nebengassen niederzulassen. Mit seiner insgesamt schlichten Erscheinung entspricht dieses Bauwerk mehr dem Ideal eines der Askese verpflichteten Bettelordens als die prunkvollere Kirche der Karmeliterinnen St. Maria vom Frieden.

Eine Besonderheit ist St. Gregorius im Elend, die sogenannte Elendskirche, An St. Katharinen. Bis heute befindet sie sich im Besitz der katholischen Familie de Groote, die im 16. Jahrhundert aus den Niederlanden nach Köln geflüchtet war. In Nachfolge der spätgotischen Michaelskapelle auf dem Friedhof für Fremde, Pilger und Arme ließ die Familie

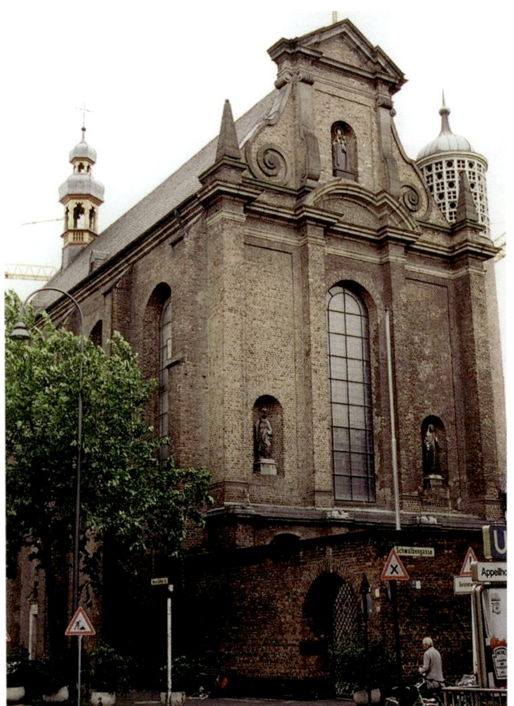

St. Maria in der Kupfergasse

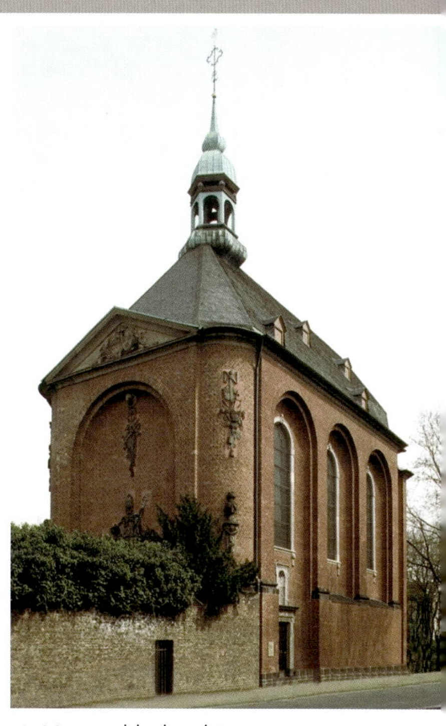
St. Gregorius, *sog. Elendskirche, 1765–71 von B. Spaeth*

die bestehende Kirche 1765–71 nach Entwürfen von Balthasar Spaeth neu errichten. Der von Johann Conrad Schlaun und Johann Joseph Couven beeinflusste Backsteinbau ist ein an den Ecken abgerundeter Saal mit Stichkappengewölbe über ionischen Pilastern. Auf den flachrunden Chor im Inneren antworten in der Außenfassade Portal und Fenster in Muldennischen.

Wie die Kirchen unterscheiden sich auch die erhaltenen barocken Klosterbauten. Vom ehemaligen Kartäuserkonvent besteht westlich der Kirche nur noch die zweigeschossige Dreiflügelanlage für die Laienbrüder, ein einfacher Putzbau von 1740 mit Fenstern in Hausteinfassung. Vergleichbare Schlichtheit eignet dem Haus Wolkenburg am Mauritiussteinweg. Diese 1770–80 in Backstein erbaute gleichfalls zweigeschossige Dreiflügelanlage mit Mansarddach gehörte zum Benediktinerinnenkloster St. Mauritius. Auf mehr Repräsentanz angelegt ist der Klosterkomplex, den die Jesuiten um zwei Innenhöfe der Nordseite von St. Mariä Himmelfahrt anfügten. Erhalten ist davon hauptsächlich der Nordtrakt von 1715, dessen mächtige Giebelseite die Straße beherrscht. Ihre viergeschossige, mittenbetonte Fassade gliedern Pilaster in drei Achsen und überspannen dabei zwei Geschosse. Doppelte Gesimse zwischen diesen Geschosspaaren und unterhalb des Volutengiebels fassen das Gebäuderelief zusammen und setzen der vertikalen Kraft der Pilasterordnung eine harmonisierende Horizontalbewegung entgegen. Als Architekt wird der von der Ursulinenkirche bekannte Matteo Alberti vermutet.

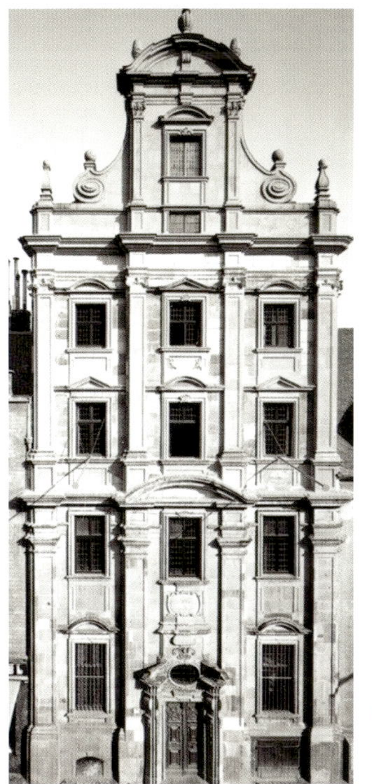
Ehem. Jesuitenkloster, *Straßenfassade des Nordtrakts, 1715 vermutlich von M. Alberti*

PROFANE VIELFALT

Mehr noch als die Kirchen sind die Profanbauten des Barock zumeist Wiederaufbauten der Nachkriegszeit, deren historische Form sich überwiegend auf die Umfassungsmauern beschränkt. Ursprünglich waren sie häufig das Ergebnis einer modischen Anpassung älterer Substanz, wie etwa das Haus ‚Im Delft', Buttermarkt 42. Das 1620 aus einem gotischen Bürgerhaus entwickelte Gebäude ist ein viergeschossiger verputzter Bachsteinbau mit einem Stufengiebel, wie ihn schon Häuser vorausgegangener Zeiten gerne zur Schau trugen.

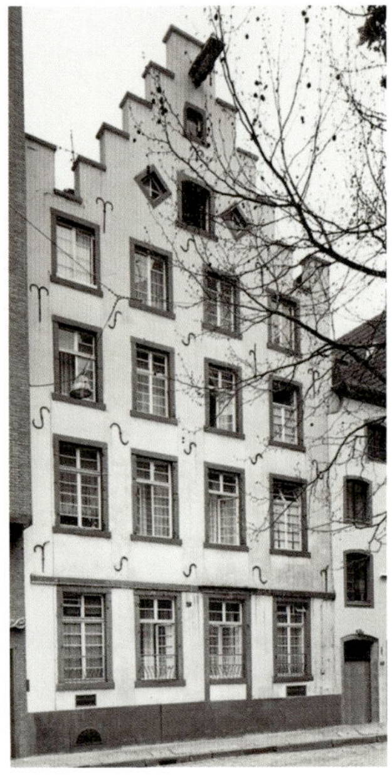

Haus ‚Im Delft', *Buttermarkt 42, Umbau von 1620*

Ebenso in der Tradition älterer Bürgerbauten entstand ein halbes Jahrhundert später das Haus Balchem, Severinstraße 15, mit seiner durch Kreuzstockfenster rhythmisierten Fassade. Die deren Symmetrie auf der linken Seite durchbrechende Tordurchfahrt gibt den Hinweis, dass es sich bei diesem Gebäude um das einstige Brauhaus ‚Zum Goldenen Bären' handelt. Es baut sich über dem hohen Untergeschoss mit dem für Köln typischen eingehängten Zwischengeschoss in vier weiteren Etagen auf. Die beiden oberen werden eingefasst von einem ausladenden, gegenläufigen Schweifgiebel mit von Voluten durchbrochenem Aufsatz. Besonders darin wird die Verwandtschaft zur niederländischen Architektur erkennbar. Auch gibt es Parallelen zur Jesuitenkirche Mariä Himmelfahrt. Die glatte Fassade lebt aus der Spannung, die das Zusammenspiel von kräftigem barocken Giebel und gotisch anmutenden Fensterformen erzeugt. Ungewöhnlich aber ist der über dem Eingangsportal auf zwei korinthischen Säulen ruhende Erker mit verzierten Brüstungsfeldern. Vergleichbare Erker gab es in Köln sonst nur als Chörlein von Haus- oder angebauten Kirchenkapellen. Die innen zur Hängestube führende Wendeltreppe von 1663 und die für das 16. bis 18. Jahrhundert typische Kölner Decke mit stuckierten Balken vermitteln als Hinzufügungen des Wiederaufbaus einen Eindruck vom Erscheinungsbild barocker Raumgestaltung in Köln.

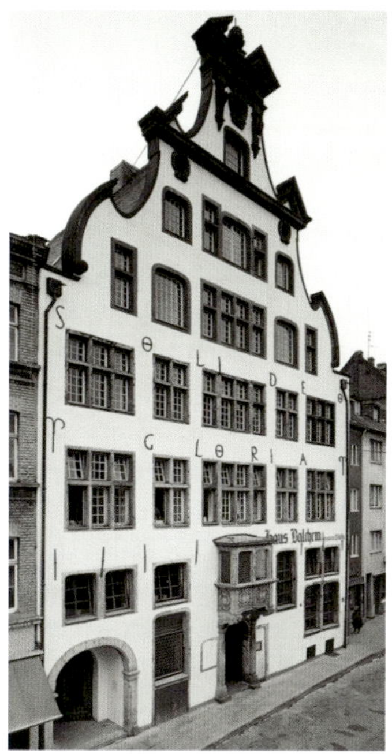

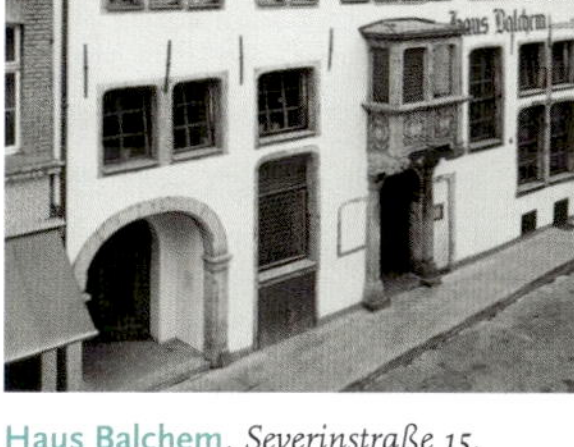

Haus Balchem, *Severinstraße 15, 1676*

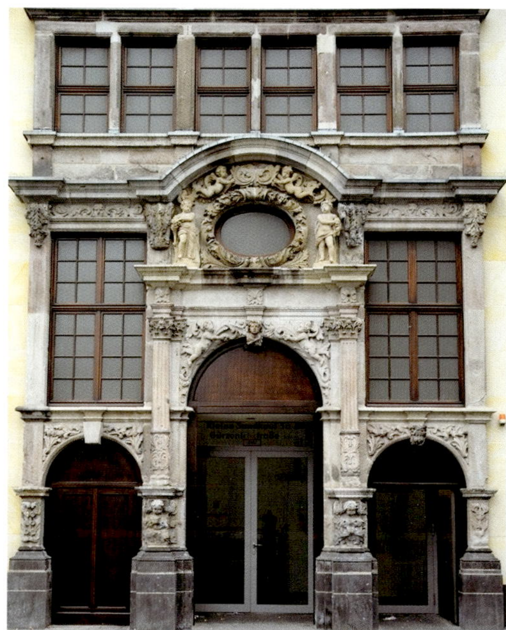

Haus ‚Zum Maulbeerbaum', *1696, Fassade mehrfach versetzt, jetzt Kleine Sandkaul 5*

Die mehrfach, zuletzt in die Kleine Sandkaul translozierte Fassade des Hauses ‚Zum Maulbeerbaum' von 1696 hat mit der Tradition glatter Hausfronten endgültig gebrochen. Beeinflusst von flämischer Barockkunst schwelgen die neben hohen Tür- und Fensteröffnungen verbleibenden Flächen der Untergeschosse in üppigem plastischem Dekor aus Putten, Medaillons und Akanthuslaub.

1322 hatte Graf Adolf VI. von Berg mit der Verleihung der Freiheitsrechte dem rechtsrheinischen, 1914 nach Köln eingemeindete Ort Mülheim freie Religionsausübung ermöglicht. Das war in der ersten Hälfte des 18. Jahrhunderts für zahlreiche Kölner Kaufleute protestantischen Glaubens Anlass, dorthin umzusiedeln. Der dadurch ausgelöste wirtschaftliche Aufschwung fand seinen architektonischen Ausdruck in etlichen barocken Gebäuden. Besonders vornehm ist das Haus Buchheimer Straße 29, der sogenannte Bärenhof von 1780, ein zweigeschossiger Mansardbau von fünf Achsen. Rustika betont die Gebäudekanten und den Mittelrisalit mit vasenbekröntem Segmentgiebel. Oberhalb der doppelflügeligen Haustür stützen Putti einen Balkon, hinter dem sich in der Beletage der Festsaal befindet. Gliederung und Dekora-

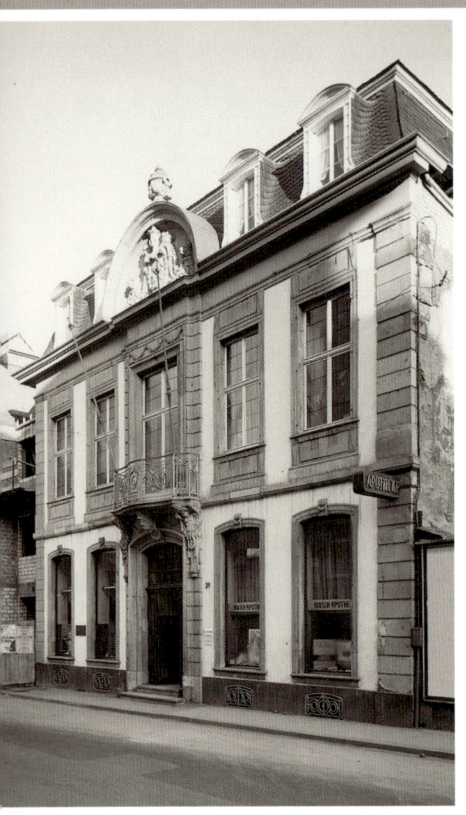

Bärenhof, *Buchheimer Straße 29, 1780*

tion entsprechen französischer Palaisarchitektur im Stil Louis-XVI, der im Rheinland zusammen mit der Formensprache von Schloss Augustusburg in Brühl bestimmend war für noble Bürgerbauten der Zeit um 1750. In gleicher Verwandtschaft zu barocken Adelspalais stehen an der Mülheimer Freiheit, am Mülheimer Ufer und an der Wallstraße vereinzelt weitere Bauten, deren Fassaden vergleichsweise weniger aufwendig gestaltet sind.

Angeregt durch das Vorbild der Jesuitenkirche wurden auch die älteren Kirchen Kölns, ja selbst der Dom im Laufe des 17. Jahrhunderts mit zum Teil prächtigen Ausstattungen den Vorstellungen des Barock angepasst. Dazu gehörten vor allem Raum beherrschende Altäre wie noch in St. Pantaleon und der Elendskirche erhalten. Der diese Epoche ablehnende Geschmack des 19. Jahrhunderts hatte ebenso wie die Zerstörungen des Krieges oftmals vollständige barocke Ensembles zunichte gemacht. Es ist ein Glücksfall, dass St. Mariä Himmelfahrt durch subtile Wiederherstellungsarbeiten eine beeindruckende Ausnahme macht. Der 1628 von Kurfürst Ferdinand von Bayern gestiftete, den Chorraum füllende, in Teilen rekonstruierte Hochaltar folgt mit seinem dreigeschossigen Aufbau einem süddeutschen Altartyp, wie er im Hochaltar der Münchener Jesuitenkirche vorgegeben, im Kölner Raum aber ungewöhnlich war. Sein Figurenprogramm schuf wie die Figuren im Mittelschiff Geisselbrunn. Sechs Figuren sind vom Apostelzyklus aus St. Pantaleon übernommen. Ebenso ist der plastische Schmuck der Kanzel ein Werk Geisselbrunns, der bis ins 18. Jahrhundert für die Bildhauerkunst in Köln maßgeblich war. Sein Stil, der sich nach höfischen Vorbildern richtet, verarbeitete Anregungen der flämischen Malerei. Der Kanzelaufbau mit üppigem Schalldeckel ist eine Arbeit des Valentin Boltz, der mit seinem Werkstattkollektiv in der Kirche auch Altäre geschaffen hat, die Heiligen des Jesuitenordens gewidmet sind.

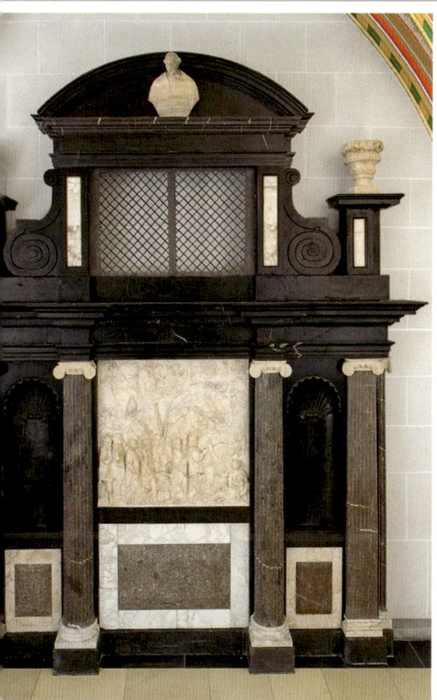

Dom, *Hubertuskapelle, Rückwand des* Dreikönigenmausoleums, *1668–89 von H. Neuß*

Im Nordquerhaus des Domes bildet die Front des 1889 abgebrochenen Mausoleums zur Aufbewahrung des Dreikönigenschreins in der Achskapelle seit 1920 den Dreikönigenaltar, eine von ionischen Säulen und Pilastern dreigeteilte Architekturfassade aus schwarzem Marmor. Der mächtige Giebelaufsatz umschließt ein Relief mit der Anbetung der Könige. Dazu steht rückwärtig in der angrenzenden Hubertuskapelle die analog konzipierte Rückwand des Mausoleums, deren Relief die Prozession darstellt, die das Eintreffen der Reliquien in Köln begleitet. Diese noblen ‚Klein'-Architekturen sind mit ihren helleren Reliefs ein Werk, das der Kölner Bildhauer Heribert Neuß 1668–89 geschaffen hat.

Die in den barocken Kirchen Kölns heute vorhandenen Stücke stammen oft aus anderen Bauten. So kam der jetzige Hochaltar der Ursulinenkirche nach zwischenzeitlicher Aufstellung in St. Gereon aus St. Kolumba, wo er im Krieg erheblich beschädigt worden war. Dem gern in Gänze Johann Franz van Helmont zugeschriebenen Werk von 1717–19 liegt eine grafische Vorlage jenes Altares zugrunde, den Carlo Fontana 1674 für Sta. Maria in Traspontina in Rom geschaffen hatte. Wie dieser ist der Kölner Altar freistehend konzipiert. Auf ovalem Unterbau aus schwarzem Marmor stehen auf Podesten mit weißen Spiegeln vier korinthische Säulenpaare aus weißem Marmor. Über dem schwarzen Gebälk ragen aus gleichem Material vier Voluten empor, auf denen weiße Engel über einem Strahlenkranz mit der Taube als Heiligem Geist eine mächtige Krone tragen, die das Königtum Christi symbolisiert. Auch auf der Brüstung knien zwei weiße Engel, die zu Seiten des einstigen Tabernakels Kerzen hielten. Früher wies ein Allianzwappen vor dem Gebälk Rudolf Adolf von Geyr und Anna Maria de Groote als Stifter aus.

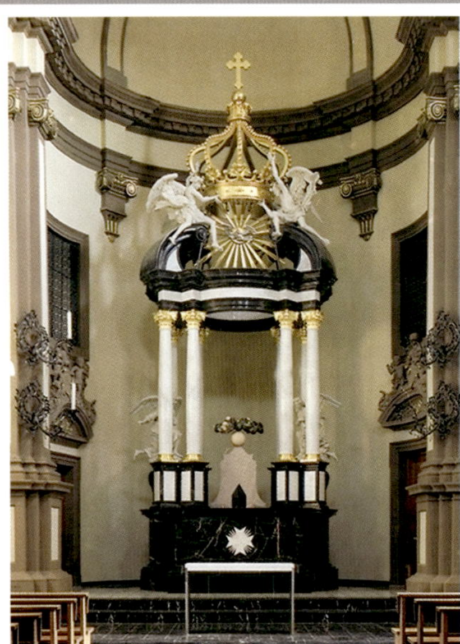

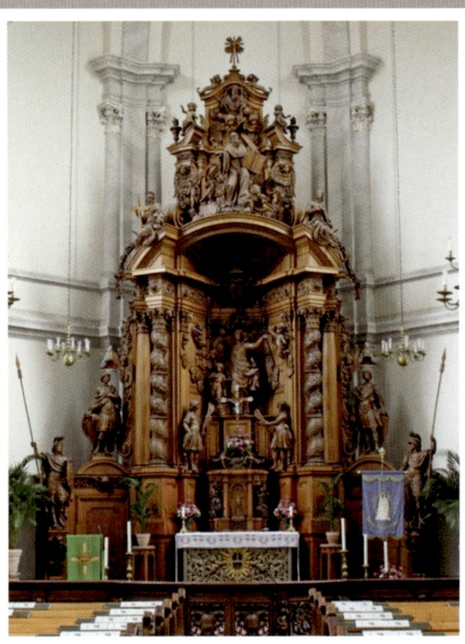

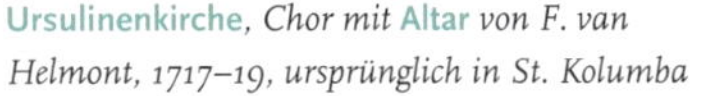

Ursulinenkirche, *Chor mit* **Altar** *von F. van Helmont, 1717–19, ursprünglich in St. Kolumba*

St. Maria in der Kupfergasse, Hochaltar, *1717, F. van Helmont zugeschrieben*

Van Helmont, Bildhauer aus den Niederlanden, wird 1715 als in Köln ansässig genannt, seit 1728 war er am Hof von Kurfürst Clemens August tätig. Eines seiner frühesten Werke sollen die Schnitzereien der hölzernen Verkleidung der Lorettokapelle in St. Maria in der Kupfergasse gewesen sein, die im Krieg verbrannten. Im Chor dieser Kirche steht ein überaus prachtvoller, aus Eichenholz geschnitzter, ungefasster Altar von 1717, an dem van Helmont zumindest bei der figürlichen Ausgestaltung beteiligt war, für dessen architektonisches Gehäuse vermutlich der Bildhauer van Damm verantwortlich ist. Ursprünglich für die Makkabäerkirche gefertigt, stand er seit 1808 in St. Andreas. Der dramatisch inszenierte Aufbau schafft zwischen inneren gewundenen und äußeren glatten korinthischen Säulen einen Bühnenraum, in dem Salomé umschwebt von Engeln als Sinnbild Mariens die triumphierende Kirche verkörpert; zu ihren Füßen in Harnisch ihre beiden jüngsten Söhne. Die Brüder stehen außen auf Konsolen und daneben erhöht über den Seitentüren des Altares. Auf den Kanten des übergreifenden Segmentgiebels sitzen die personifizierten christlichen Tugenden Glaube und Hoffnung. Im Giebelaufsatz erscheint der Ordenspatron Benedikt, über ihm die Halbfigur von Gottvater. Die dynamische, fast überquellende Komposition rückt diesen Altar in die Nähe des Antwerpener Barock der Quellinus-Meister. Zugehörig ist die geschnitzte Kommunionbank, die ebenfalls aus St. Andreas übernommen wurde.

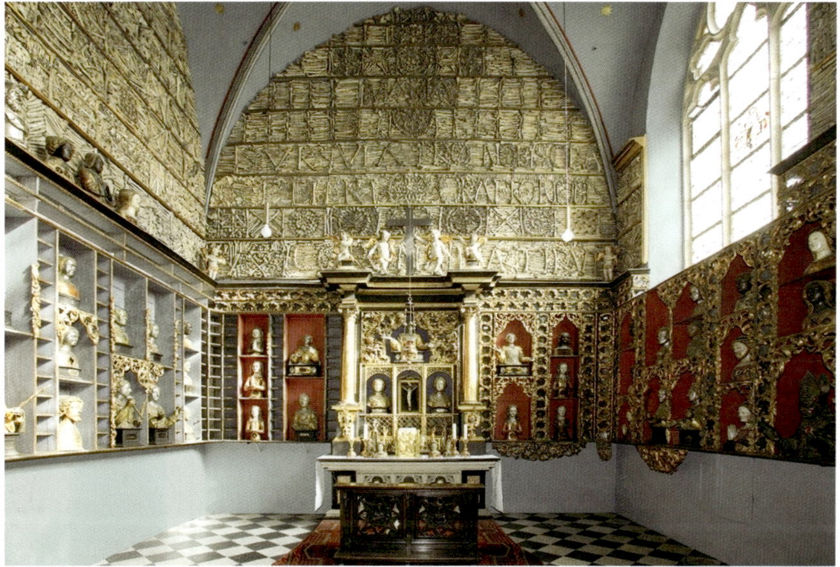

St. Ursula, Goldene Kammer, *Mitte 17. Jh.*

Ein außergewöhnliches Beispiel barocker Raumkunst und beredtes Zeugnis der Kölner Reliquienverehrung im Barock ist die ‚Goldene Kammer', die 1641 in der Marienkapelle, den beiden westlichen Jochen des um 1300 an die Südseite von St. Ursula angefügten zusätzlichen Seitenschiffes, eingerichtet wurde. Ihre Schildwände innen bedecken vollflächig ornamental geordnete menschliche Gebeine. Darunter an der Ostseite ein Altar, dem sich an den Wänden umlaufend Reliquienschränke anschließen. Die darin aufbewahrten Büsten sind überwiegend hoch- und spätgotische Werke von lieblicher Schönheit, wie sie ähnlich auch in anderen Kölner Kirchen anzutreffen sind. Die barocken Büsten haben zumeist eine Fassung in Gold und Silber.

Das Glanzstück barocker Malerei, dessen sich Köln seit jeher rühmt, ist das große Altarbild mit der Kreuzigung Petri, das Peter Paul Rubens kurz vor seinem Tod 1640 für St. Peter geschaffen hat, ohne es vollenden zu können. Seine Eltern waren als Religionsflüchtlinge während des Dreißigjährigen Krieges nach Köln gelangt und zeitweise in Siegen sesshaft, wo Rubens 1577 zur Welt kam. Im Jahr darauf zog die Familie wieder nach Köln und trat, um einer Ausweisung zu entgehen, zum katholischen Glauben über. Der als angesehener Advokat tätige Vater fand 1587 seine letzte Ruhe im Chor von St. Peter. Seine Witwe kehrte mit den Kindern zurück nach Antwerpen, wo Rubens seine Karriere als Malerfürst begann. Die Kölner Familie Jabach wollte mit der Stiftung

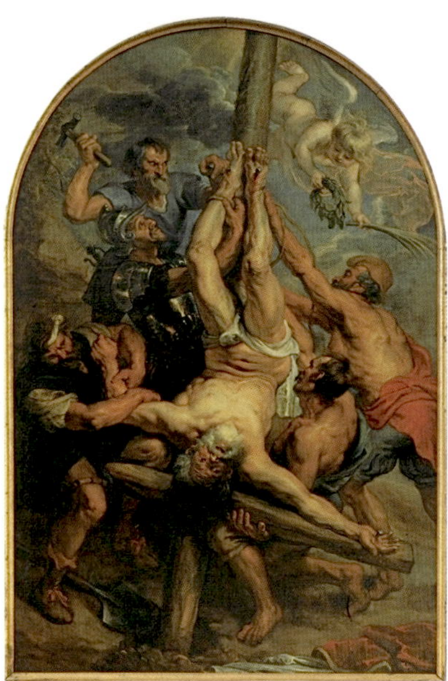

St. Peter, Kreuzigung des Petrus
von P. P. Rubens, vor 1640

eines neuen Hochaltares für St. Peter ihrem Vater ein ehrendes Andenken setzen und beauftragte mit dem Altarbild den aus gemeinsamen Kindertagen befreundeten Rubens, der den Inhalt des Gemäldes frei wählen durfte. Er entschied sich für die Kreuzigung des Apostels Petri, der wünschte, anders als Jesus mit dem Kopf nach unten gekreuzigt zu werden. Das oben halbrunde Altarblatt schildert dieses ungewöhnliche Martyrium auf dramatische Weise mit einer Lichtinszenierung, die die kräftigen Farben intensiv zur Geltung bringt. Fünf muskulöse Männer mühen sich, das Kreuz mit Petrus aufzurichten. Während einer von ihnen den letzten Nagel in dessen linken Fuß hämmert, löst ein anderer in Rüstung das Fixierseil, damit die grausamen Qualen der Annagelung vollends einsetzen. Aus dem sich verdüsternden Himmel bringt ein Putto dem Sterbenden als Zeichen der glorreichen Überwindung des Todes Lorbeerkranz und Palmenzweig. Die von konzentrierter Spannung und gegenläufiger Dynamik bestimmte Komposition ist nach Rubens eigener Aussage eines seiner besten Stücke. Als Spätwerk steht es gleichrangig neben seinem Altartriptychon mit der Kreuzesaufrichtung von 1610 in der Liebfrauenkathedrale zu Antwerpen.

St. Gereon besitzt aus dem einstigen Sebastianaltar ebenfalls ein – wie für die Zeit typisch – oben rundes Altarbild, um 1635, das zugleich eine Verherrlichung der Stadt Köln sein will. Aufgebaut in drei Zonen, hat der Maler Johann Toussijn in der unteren entlang des Rheins das von den Kirchtürmen überragte Stadtpanorama abgebildet mit einem Blick südwärts in die weite von Hügelketten gesäumte Fluss-

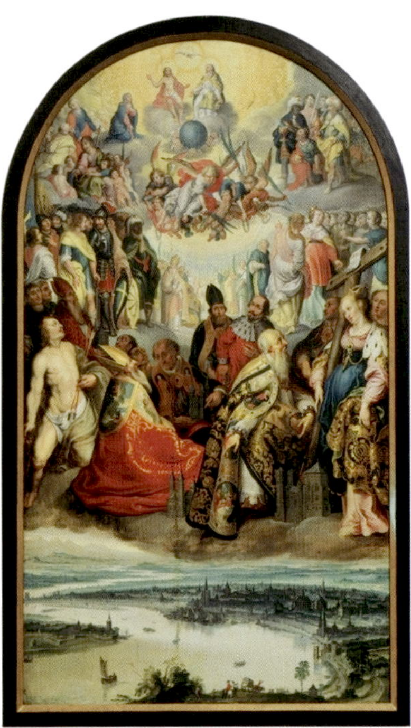

St. Gereon, Gemälde aus dem St. Sebastianaltar,
um 1635 von J. Toussijn und J. Hulsmann

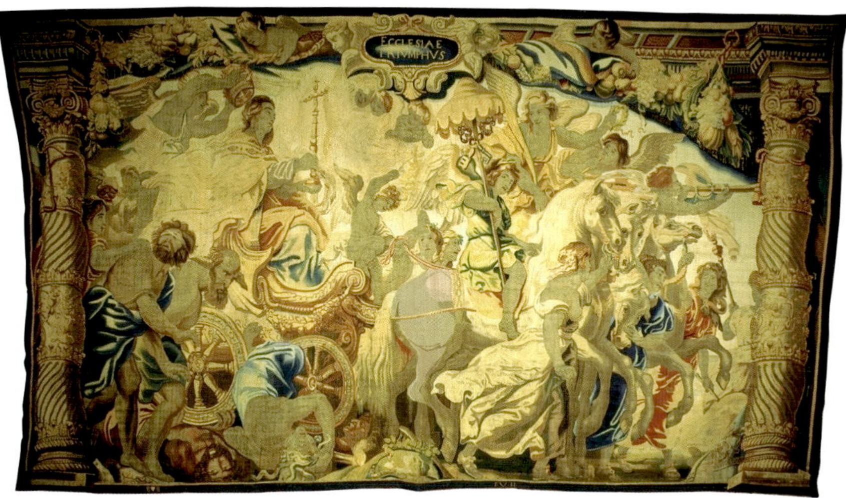

Dom, Wandteppich *mit allegorischer Darstellung der Triumphierenden Kirche, Kartons 1627 von P. P. Rubens*

landschaft. Darüber schweben auf Wolken Heilige und Bischöfe Kölns, von denen Anno vor Helena auf seine Erweiterung von St. Gereon weist. Scharen der Thebäischen Legion und Gefährtinnen der hl. Ursula leiten über in die himmlische Ebene mit der thronenden Dreifaltigkeit. Dieser figürliche Teil des Bildes wird Johann Hulsmann zugeschrieben, der Frans Hals nahestand.

Leinwandgemälden oft ebenwertig sind textile Bilder in Gestalt von Wandteppichen. Als wichtige Zeugnisse des Übergangs zu einer monumentalen Komposition, wie sie der Spätbarock liebte, sind die Tapisserien anzusehen, die der Fürstbischof von Straßburg, Egon Kardinal von Fürstenberg, mutmaßlich in der Absicht, Einfluss auf die Kölner Bischofswahl zu nehmen, 1687 dem Kölner Domkapitel zur Verkleidung der Chorschranken schenkte. Die Kartons dazu hatte die spanische Infantin Isabella 1627 für Wandbehänge des Klosters der Königlichen Barfüßerinnen in Madrid bei Rubens in Auftrag gegeben. Ausgeführt hat sie die Brüsseler Manufaktur von Franz van den Hecke. Die dort gearbeitete zweite Serie für den Kölner Dom umfasst aus einem Zyklus von insgesamt 15 Stücken acht großformatige Bildteppiche, die unter dem Titel ‚Le triomphe et les figures de l'Eucharistie' überliefert den Triumph der Eucharistie über die Opfer des Alten Bundes, über Aberglauben und Häresie darstellen. Sie zeigen bewegte Gestalten, gerahmt von schweren gedrehten Säulen, die einen Architrav tragen, dazwischen drapierte Vorhänge und Fruchtfestons, die den Blick in eine weite Landschaft freigeben.

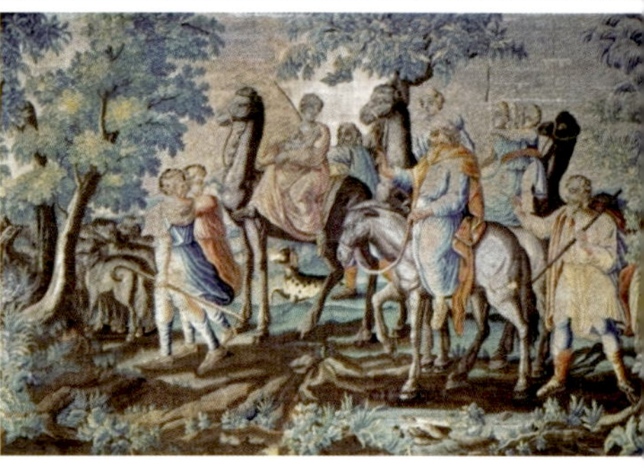

St. Gereon, *Zug Jakobs nach Ägypten,* Wandteppich, *Aubusson 1765*

Gut zwei Generationen jünger sind die textilen Gemälde in St. Gereon, Bildteppiche mit drei Szenen aus dem Leben des Joseph von Ägypten. Sie wurden 1765 in der kgl. Manufaktur in Aubusson gewebt und zeigen, wie sich ihre künstlerische Auffassung inzwischen entfernt hat von der mehr theatralischen Auffassung der Gobelins im Dom zugunsten einer erzählerischen Darbietung, wie sie das nahende Rokoko bevorzugte.

Auch auf dem Gebiet der Goldschmiedekunst waren auswärtige Meister in Köln tonangebend. Ein vorzüglicher Beleg dafür ist der Engelbertschrein, der von 1636 bis 1797 hinter dem Hochaltar im Dom stand und heute ein Prinzipalstück der Domschatzkammer ist. Den Auftrag dazu hatten Erzbischof Ferdinand von Bayern und das Domkapitel 1630 an den vom Niederrhein kommenden Goldschmied Conradt Duisbergh vergeben. Sein in Teilen vergoldeter, gut ein Meter langer Silberschrein gerät durch den kissenartigen Deckel zu einer neuen Form von Reliquienbehältnis. Es besinnt sich mit der obenauf liegenden Gestalt des Erzbischofs Engelbert I. (1216–25) auf das ‚Sansovino-Motiv', das bereits zuvor prägend war für die Grabmäler der beiden Schauenburg-Erzbischöfe im Dom. Anders als diese ist Engelbert nicht schlafend, sondern wach mit aufgestütztem Oberkörper abgebildet. Vorbilder hierfür waren um 1550 in Rom und Florenz entstanden.

In seinen Fassaden nimmt der Schrein die architektonische Struktur mittelalterlicher Vorläufer auf, indem er auf einem Sockel über Säulchen Arkaden spannt. An den Längsseiten alternieren Figurennischen mit Reliefbildern, ein Wechsel, wie er in Renaissance und Barock bei Wanddekorationen, Grabmälern und Kanzeln beliebt war. An den Ecken wird diese architektonische Gliederung von Engelköpfen und sie verbindender Ohrmuschelornamentik verunklärt. In den drei Nischen der einen Schmalseite huldigen die Hll. Drei Könige dem Jesuskind auf dem Arm Marias, die, anders als im Mittelalter üblich, nicht thront, sondern steht. Auf der gegenüberliegenden Seite wird Christus als Salvator flankiert vom Apostel Petrus und von Maternus, dem in Köln ersten Bischof in der Nachfolge Petri. Die fünf Muschelnischen in den Längsseiten bergen wie in einer Ahnengalerie Statuetten mittelalterlicher Kölner Bischöfe, die als

Heilige verehrt wurden. Die acht Reliefbilder in den Zwischenräumen geben zusammen mit acht weiteren im Deckelrand Begebenheiten vom Leben und Tod Engelberts wieder. An den Ecken des Deckels sitzen die vier Evangelisten. Engelbert, dessen weltlichen Rang der beigelegte Fürstenhut bezeugt, bringen von den Seiten kniende Engel Lorbeerkranz und Palmenzweig. Wappen in ihren Rücken weisen Ferdinand und Domkapitel als Initiatoren des Schreins aus. Putti in den Zwickeln der Arkaden, wie sie seit der Renaissance vorkommen, zeugen wie das überreiche Schweif- und Knorpelwerk von dem Bemühen, alle Flächen vollständig mit Dekor zu bedecken. Dieser wird in seiner Wirkung gesteigert durch den Kontrast der goldenen Ornamente vor silbernem Hintergrund.

Die Figuren aus vergoldetem Silber gelten als Werk des Geisselbrunn und werden in engem Kontext gewürdigt zu seinen großformatigen Plastiken in St. Mariä Himmelfahrt. Ihr malerischer Ausdruck rückt sie in Nähe zu Rubens und dessen Umkreis. Bei den in Silber getriebenen Reliefs neigt man dazu, die Urheberschaft Duisbergh zuzusprechen. Der 1633 vollendete Schrein steht mit seiner Ikonografie ganz im Zeichen der Gegenreformation. Verrät der Figurenschmuck die bildhauerischen Errungenschaften des Frühbarock, so hat sich sein ornamentaler Zierrat noch nicht vollends von der Formensprache der Spätrenaissance lösen können.

Engelbertschrein, *1630–33, von J. Geisselbrunn und C. Duisbergh, Domschatzkammer*

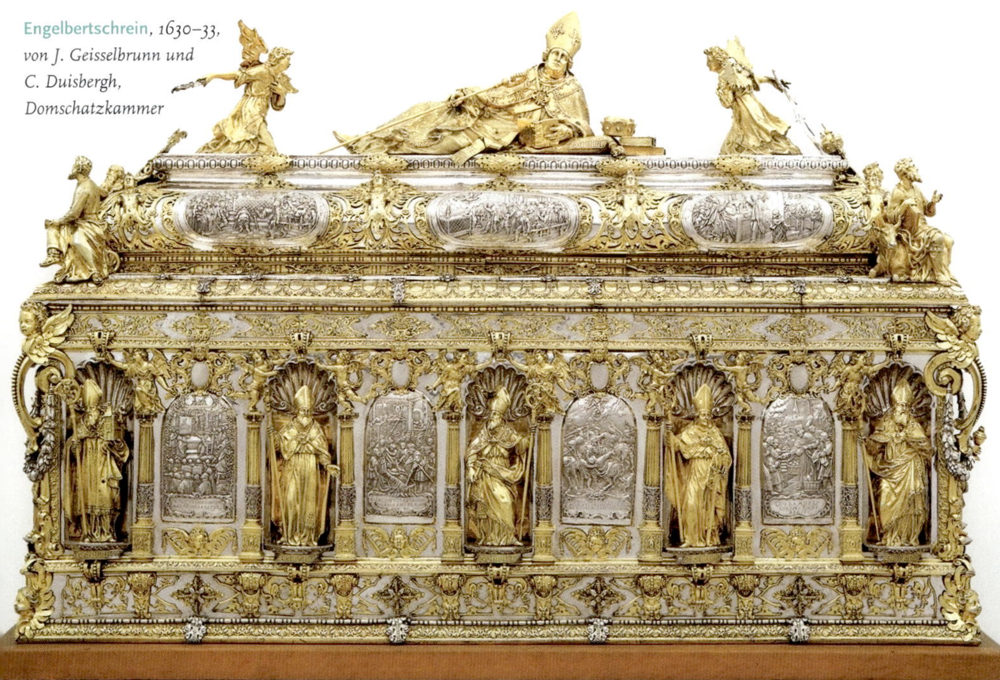

VON DER REVOLUTION ZUM ENDE DER MONARCHIE: VOM KLASSIZISMUS ZUM HISTORISMUS

DIE VOLLENDUNG DES DOMES

Die Einnahme Kölns 1794 durch französische Revolutionstruppen brachte das Ende der Freien Reichsstadt und des Erzstiftes Kurköln. Nach der von Napoleon 1801 veranlassten Verlegung des Bischofsitzes von Köln nach Aachen kam es 1821 zur Restitution des Erzbistums Köln durch das Konkordat, das der Heilige Stuhl mit dem preußischen Staat geschlossen hatte, der damit zugleich die Bauunterhaltung für den Dom übernahm. Diesen lobten Georg Forster 1790 und Friedrich von Schlegel 1804 als einmaliges Kunstwerk, Joseph Görres preiste ihn 1814 gar als nationales Heiligtum. 1816 unternahm Schinkel eine Bestandsaufnahme am Dom und entwarf ein erstes Konzept für dessen Instandsetzung, die 1823 unter Bauinspektor Konrad Friedrich Ahlert begann. Nachdem 1814 Georg Moller in Darmstadt und Carl Sieveking in Paris Teile des während der Revolution zertrennten Fassadenplans F entdeckt hatten und 1831 Boisserées monumentales Stichewerk mit Ansichten, Rissen und Details vom Dom erschienen war, erhielt das kühne Vorhaben seiner Vollendung nachhaltigen Auftrieb. 1833 schickte Schinkel den protestantischen Architekten Ernst Friedrich Zwirner aus Schlesien als Dombaumeister nach Köln. Doch erst der Regierungsantritt von Friedrich Wilhelm IV., dem Romantiker auf dem Königsthron, und die Gründung des Zentral-Dombau Vereins 1841 durch Kölner Bürger ermöglichten die Grundsteinlegung zum Weiterbau des Domes 1842 gemeinsam durch Erzbischof Johannes von Geißel und den preußischen König.

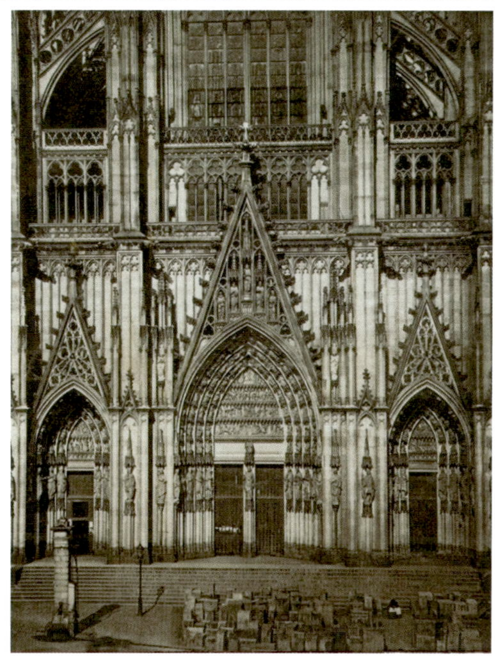

Dom, Fassade des Südquerhauses, *1842–55 von E. F. Zwirner, Figurenschmuck 1851–69 von Chr. Mohr, zeitgenössische Aufnahme*

Da die Ostwände des Querhauses bis auf die äußeren Joche bereits bestanden, wurde zunächst mit der Errichtung seiner Fassaden begonnen. Weil dafür keine älteren Planzeichnungen existierten, orientierte sich Zwirner am Riss F für die Westfassade und stand bei seinen Entwurfsüberlegungen in ständigem Kontakt zu Schinkel und dem König. Die auf der Nord- und Südseite unterschiedlich gestalteten Schauseiten sind herausragende Schöpfungen der Neugotik. Namentlich die Südfassade „ist eines der bedeutendsten und künstlerisch vollkommensten Werke der Neugotik überhaupt, klassizistisch und romantisch zugleich, klassizistisch in der Strenge und Konsequenz der architektonischen Entwicklung, romantisch in der Wahl des stilistischen Vorbildes“ (Arnold Wolff).

Bis 1848 hatten Seitenschiffe und Mittelschiff die Höhe oberhalb des Triforiums erreicht. Bei der Fertigstellung des mit Blei gedeckten Daches wurde für den Dachstuhl und den heute leider nicht mehr bestehenden Dachreiter das damals fortschrittliche Eisen verwendet. Unter Zwirners Nachfolger Richard Voigtel aus Magdeburg konnten die Gewölbe über Lang- und Querhaus geschlossen und die Trennwand zum Chor entfernt werden. Als 1869 der Nordturm die Höhe des Südturmes erreichte, musste der alte Kran weichen, der für drei Jahrhunderte Wahrzeichen für die unfertige Kathedrale und mahnender Ansporn zu ihrem Weiterbau war. Mit dem Versatz des letzten Quaders in die Kreuzblume des Südturmes in Gegenwart von Kaiser Wilhelm I. war der Dom am 15. Oktober 1880 vollendet. Er wurde als das Nationalheiligtum angesehen, das für die Einheit und Größe des deutschen Vaterlandes stand. In ihm verband sich Religiöses mit Politischem zum Wahrzeichen einer christlich-nationalen Idee. Er schien die Auffassung Goethes in seiner Schrift ‚Von deutscher Baukunst‘ zu

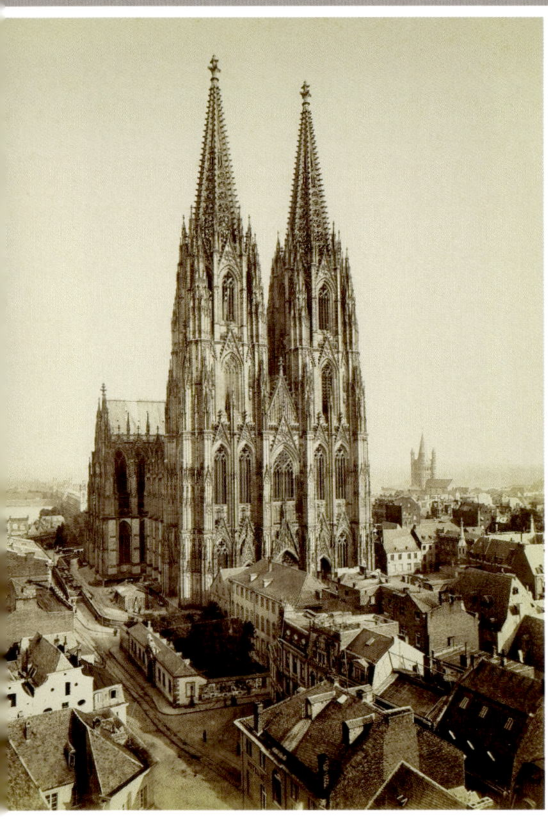

Dom nach seiner Vollendung *von Nordwesten, Aufnahme von A. Schmitz 1882*

bestätigen, in der er 1772 die Gotik als eine deutsche Erfindung rühmte. Die Faszination, die von der Vollendung der gotischen Kathedrale in Köln ausging, verbreitete sich in ganz Europa und erfasste auch andere gotische Sakralbauten, an denen nun vor allem unvollendete Türme fertig gebaut wurden, wie etwa in Prag, Ulm, Bern, Münster und Soest.

Die Gotikbegeisterung fand ihren Niederschlag auch in einem Erlass des damaligen Kölner Generalvikars und Weihbischofs Johann Baudri von 1852, der feststellte, die christliche Kunst habe sich insbesondere im gotischen Stil zu höchster Blüte entwickelt. Damit hatte er diesen als vorbildlich für neue Kirchenbauten empfohlen, für die es zudem zukünftig einer Genehmigung der bischöflichen Oberbehörde bedurfte. Zusammen mit diesen Vorgaben der Bistumsführung trug der überwältigende Eindruck des Domes dazu bei, dass anfangs bei Kirchenneubauten vorzugsweise in der Kölner Dombauhütte geschulte Architekten zum Zuge kamen. Diese hatte sich unter Zwirner zu einer leistungsstarken Keimzelle doktrinärer Neugotik entwickelt. Er selbst hatte in diesem Sinne die Pläne für die 1857–64 erbaute Kirche Unserer Lieben Frau in Köln-Mülheim entworfen, eine dreischiffige Backsteinbasilika mit Westturm, Querschiff und Chorhaus. Nach den Kriegszerstörungen hat Rudolf Schwarz 1953–55 bei seinem Neubau Turm und Umfassungsmauern des Langhauses beibehalten.

Zu den bei Zwirner ausgebildeten Baumeistern gehörte Vincenz Statz, der 1863 Diözesanbaumeister in Köln und im gleichen Jahr Dombaumeister in Linz/Donau geworden war. Nach seinem Entwurf entstand 1861–64 anstelle der 1859 abgebroche-

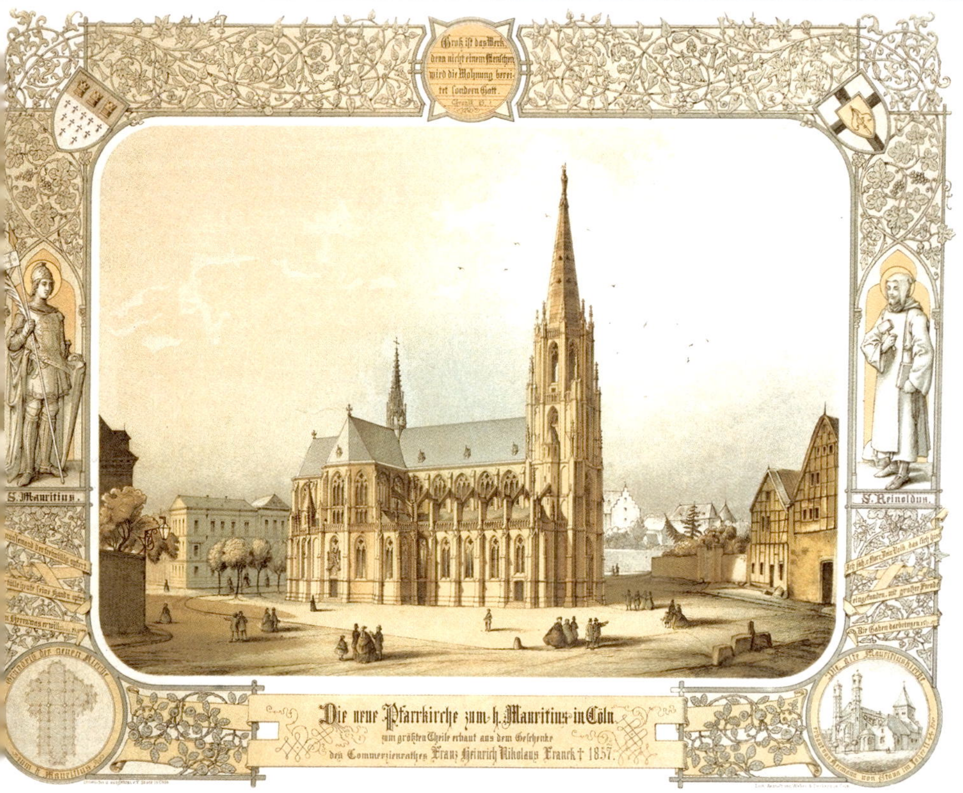

St. Mauritius, *1861–64 von V. Statz, Schmuckblatt anlässlich der Vollendung durch Aufsetzen des Mauritiusstandbildes 1866, unten links Grundriss, unten rechts der romanische Vorgängerbau*

nen Kirche St. Mauritius ein Neubau, der als akademisches Musterbeispiel einer neugotischen Kirche gelten kann. Sie war eine dreischiffige, außen durch Strebepfeiler rhythmisch gegliederte Basilika, deren zentralisierende Choranlage mit polygonalem Schluss an Chor und Querarmen und vor allem in ihrem Kranz dazu diagonal gestellter Kapellen mittelalterliche Anregungen verarbeitet. Solche waren aus Frankreich, Saint-Yved in Braine, 1195–1200, über die Trierer Liebfrauenkirche, 1235–53, ins Rheinland nach Viktor in Xanten, ab 1263, gelangt. Der vom Quadrat ab der Glockenstube ins Achteck wechselnde Westturm hat einen massiven Helm, wie er bis dahin in Köln unbekannt war. Von diesem Kirchenbau, der zu den wichtigsten des Architekten zählt, haben den Krieg Turm und Teile der Chorwände überstanden, die Fritz Schaller 1956/57 in seinen fächerförmig entwickelten Zentralbau integriert hat.

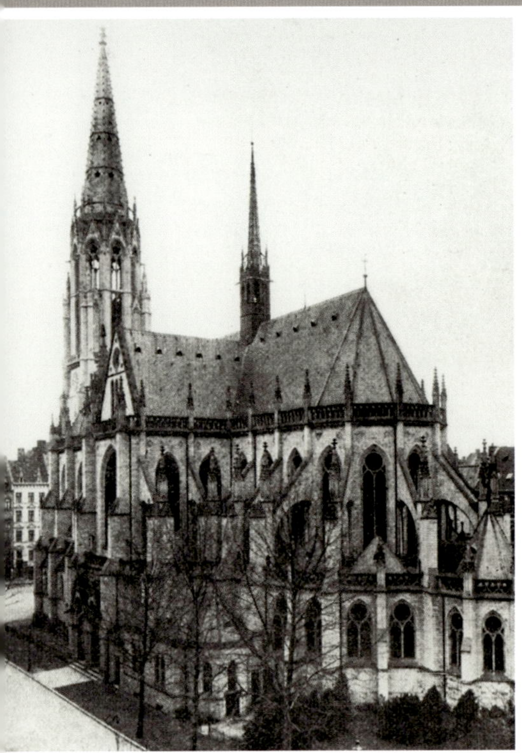

Herz-Jesu Kirche, *1891–1909 von F. und H. von Schmidt, Vorkriegszustand*

Eine Generation später, noch vor seinem Tod 1891, hat ein weiterer Absolvent der Dombauhütte ein beeindruckendes Kirchenbauwerk der Neugotik für Köln entworfen, Friedrich von Schmidt, der nach Lehrtätigkeiten in Mailand und Wien seit 1862 dort als Dombaumeister arbeitete und mit dem Bau des Wiener Rathauses 1872 seinen Ruf als renommierter Neugotiker begründete. Die erst posthum von seinem Sohn Heinrich 1891–1909 am Zülpicher Platz realisierte Herz-Jesu Kirche war als Sieger aus einem Wettbewerb hervorgegangen, an dem sich auch Statz beteiligte. Die Auslobung gab vor, die neue Kirche habe den Vergleich mit dem an Schönheit und Vollendung unübertrefflichen Kölner Dom aufzunehmen. Das Ergebnis war die Verschmelzung eines basilikalen Chores aus Umgang und Scheitelkapelle mit einem als Halle ausgebildeten Quer- und Langhaus mit Kapellen zwischen den inneren Wandpfeilern. Willy Weyres und Wilhelm Hartmann haben nach dem Krieg 1953–57 Turm, Umfassungswände von Lang- und Querhaus und die Arkaden des Binnenchores in ihren Neubau übernommen.

Stübben-Neustadt

Hermann Josef Stübben, 1876–81 Stadtbaumeister in Aachen, war 1881 zusammen mit Karl Henrici als Sieger aus dem Wettbewerb hervorgegangen, der nach Abriss der mittelalterlichen Kölner Stadtbefestigung 1881 und Entwidmung ihres militärischen Vorgeländes Grundlage für die Planung einer halbkreisförmigen Neustadt bieten sollte. Stübbens Vorschlag für diese Stadterweiterung, die in Deutschland ohne Vorbild war, orientierte sich an der Wiener Ringstraße und am Stadtumbau von Paris durch Georges-Eugène Haussmann. Entlang der als Boulevard konzipierten und nach den deutschen Fürstenhäusern benannten Ringstraßen entstanden repräsentative Wohnbauten, im Südwestabschnitt freistehende Villen. Diagonal zu den Ausfallmagistralen geführte Straßen ließen Sternplätze entstehen. Bei unterschiedlicher Breite des zu bebauenden Geländes dienten Grünanlagen der Auflockerung. Für die unterschiedlichen Konfessionen vorgesehene Sakralbauten sollten das neue architektonische Band um Köln städtebaulich wirkungsvoll akzentuieren.

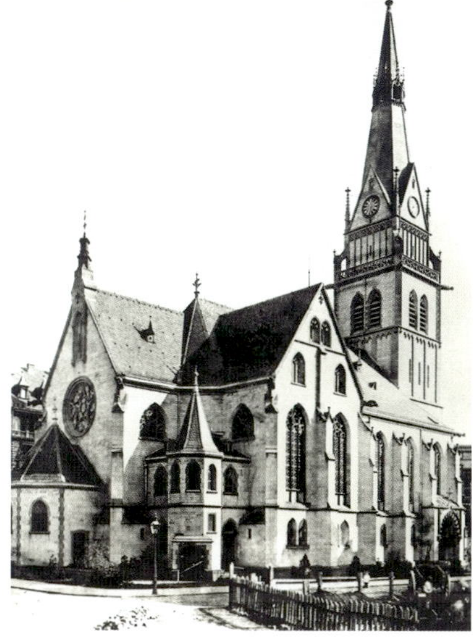

Ev. Christuskirche, *1891–94 von H. Wiethase, Vorkriegszustand*

Ungefähr gleichzeitig mit der Herz-Jesu Kirche wurde 1891–94 an der Herwarthstraße als point de vue zum Kaiser-Wilhelm-Ring von dem bei Statz und von Schmidt ausgebildeten Heinrich Wiethase die evangelische Christuskirche geschaffen, eine neugotische Halle mit Emporen und einem Westturm über einer Pfeilerhalle. Im Norden der Neustadt beherrscht die Turm- und Eingangsfassade mit Vorhalle von St. Agnes den Ebertplatz, erbaut 1896–1902 von dem Statz-Schüler Carl Rüdell und Richard Odenthal. Die weitläufige Halle mit Querhaus und Polygonalchor über einer Krypta ist die nach dem Dom größte Kirche Kölns. Ihr Turm, der ähnlich dem der Herz-Jesu Kirche oberhalb des Langhausfirstes mit der durch Maßwerköffnungen durchbrochenen Glockenstube ins Achteck überführt wird, erinnert an den Freiburger Münsterturm, während sein flacher helmloser Abschluss französischen Turmabschlüssen folgt.

Im Südwesten gegenüber der Ulrepforte leistete die Kirche St. Paul einen letzten Beitrag zur Neugotik innerhalb des Neustadt-Gürtels. 1906–08 von Stephan Mattar als dreischiffige Kombination aus Basilika und Halle erbaut, fällt sie auf durch ihren oberhalb des Chorjoches zwischen Langhaus und polygona-

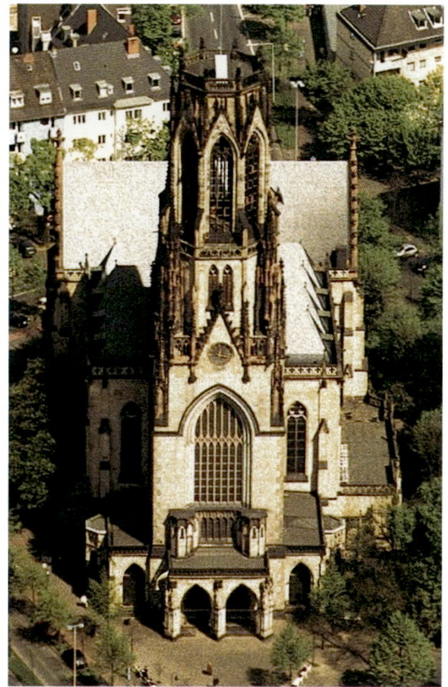

St. Agnes, *1896–1902 von C. Rüdell und R. Odenthal*

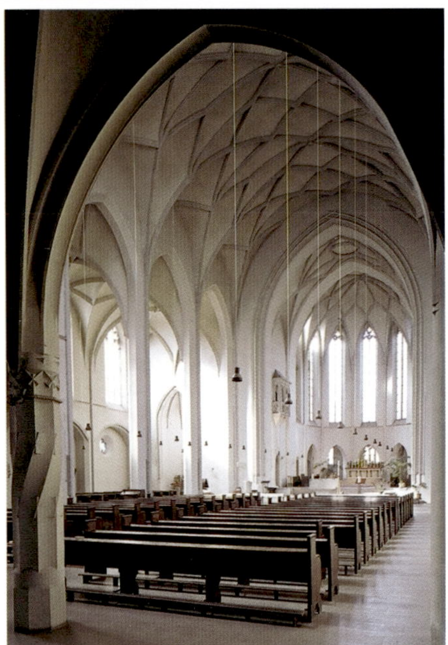

St. Paul, *Inneres nach Westen, um 1980*

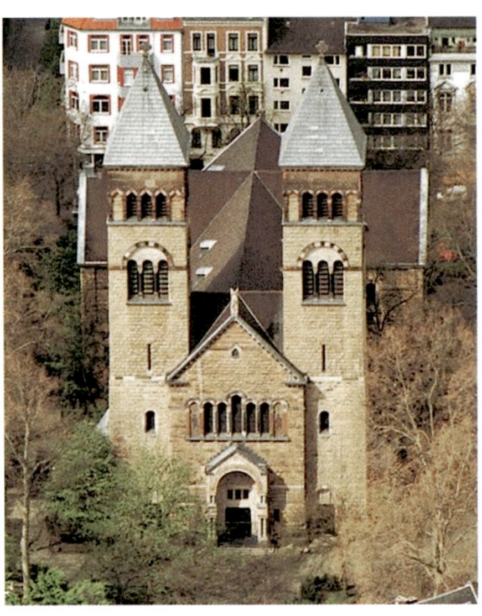

St. Michael, *1902–06 von E. Endler*

lem Chor aufragenden querrechteckigen Turm, der vor dem Krieg drei gestaffelte Helme trug. Das im Inneren den Raum einheitlich überspannende Netzgewölbe verleiht ihm unerwartete Weite. Der in seinem Dekor vom spätgotischen Formengut durchdrungene Bau lässt bei genauerer Betrachtung erkennen, dass er sich den zeitgenössischen Einflüssen des Jugendstils nicht entzieht.

Bereits bevor das Erzbistum offiziell 1912 neben dem gotischen auch den romanischen Stil für den Kirchenbau für zulässig erklärte, hatte der Architekt Eduard Endler, zeitweise Mitarbeiter Wiethases, 1902–06 mit der Kirche St. Michael in der Neustadt am Brüsseler Platz ein signifikantes Bauwerk der Neuromanik geschaffen. Die Basilika über kreuzförmigem Grundriss mit breitem Querhaus und halbrunder Apsis nach Westen verweist mit ihrem einfachen Stützenwechsel und dem alternierenden Farbspiel rötlicher und hellerer Quader in Bögen und Arkaden auf St. Michael in Hildesheim und andere Bauten aus ottonisch-salischer Zeit. Auch die rustizierte Quaderverkleidung am Äußeren lehnt sich an mittelalterliche Gestaltungsmittel an. Wie bei St. Paul meldet sich im Detail der Jugendstil zu Wort. Die Dominanz zum Platz verdankt das Bauwerk vor allem seiner Doppelturmfassade mit massiver Pyramidenbedachung. Auf den runden Vierungsturm mit innerer Kuppel verzichtete man bei den Wiederherstellungsarbeiten nach dem Krieg.

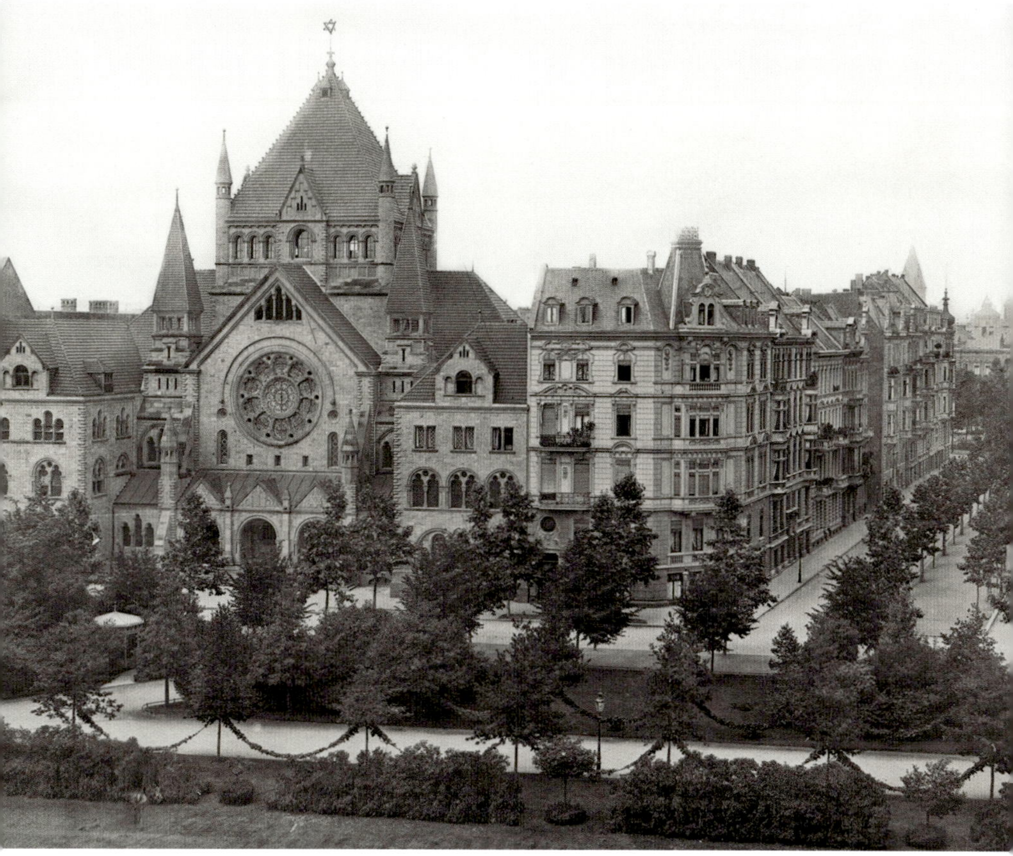

Synagoge *in der Roonstraße, 1895–99 von E. Schreiter und B. Below, Vorkriegszustand*

Einige Jahre zuvor hatten neuromanische Formen auch das Erscheinungsbild der Synagoge in der Roonstraße bestimmt. Emil Schreiter und Bernhard Below schufen 1895–99 diesen U-förmigen Gebäudekomplex mit Tuffsteinverkleidung, der nach dem Krieg vereinfacht wieder aufgebaut wurde. Seinen kuppelüberwölbten Zentralraum über kreuzförmigem Grundriss überragt ein mächtiger Vierkantturm, der mit seiner Galerie, dem Pyramidendach und zierlichen Begleittürmen an den Ecken orientalisch-byzantinische Elemente adaptiert. Auch die Querarme sind durch Türme überhöht. Vorgelagert ist eine Halle mit Portalanlage, über der sich der Frontgiebel in einer großen Fensterrosette öffnet. Die Fenster der viergeschossigen Flügelbauten variieren romanische Vorbilder.

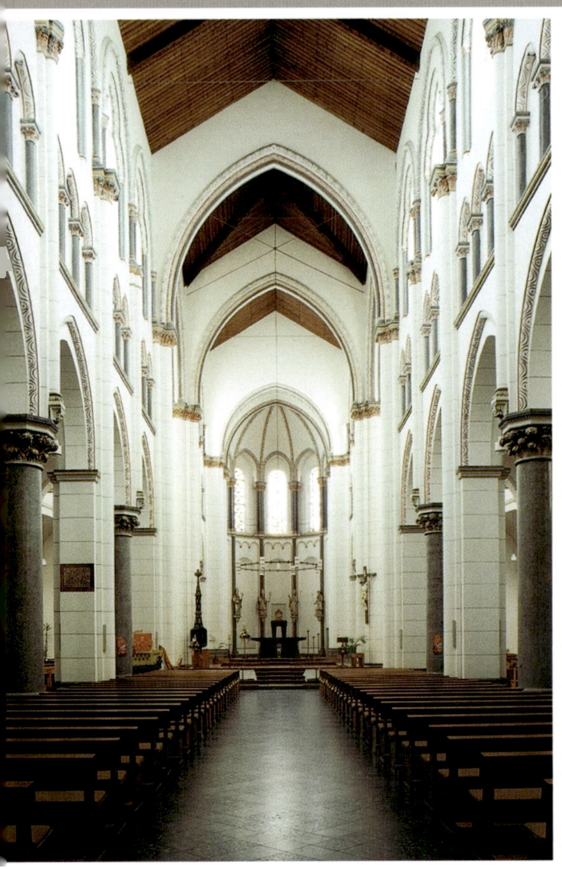

Neu St. Heribert, *Inneres nach Süden, 1892–96 von C. C. Pickel*

Bezogen sich St. Michael und die Synagoge auf den Mauermassenbau romanischer Architektur, so steht Neu St. Heribert in Köln-Deutz im Zeichen der rheinischen Spätromanik in ihrem Verlangen, mit unterschiedlichen Gliederungen Wandstärken zu durchdringen und aufzulösen. Entwerfer dieser parallel zum Rhein positionierten Basilika war der hauptsächlich in Düsseldorf wirkende Architekt Caspar Clemens Pickel. Er stattete seinen weiträumigen Bau aus mit einer Doppelturmfassade nach Norden, einem Querhaus und einem von Diagonalkapellen begleiteten Chor mit Flankentürmen nach Süden. Das Mittelschiff hat innen über einfachem Stützenwechsel ein Blendtriforium. Mit diesem dreizonigen Wandaufriss wie dem sechsteiligen Gewölbe und dem Etagenchor wurden Vorgaben aus St. Aposteln und St. Kunibert aufgenommen und mit einem frühgotischen Kanon zu einer neuen Komposition verschmolzen. Nach dem Krieg hat man neben den Hauptgewölben auch die hohen Turmhelme und das steilere Dach aufgegeben.

Bewusst verzichtet auf alle neugotischen und neuromanischen Formen wurde beim Bau der ersten eigens für die evangelische Gemeinde errichteten Trinitatiskirche, mit dem der Berliner Friedrich August Stüler, ein Vertrauter Schinkels, beauftragt wurde. Als ‚Architekt des Königs' seit 1842 war ihm von Friedrich Wilhelm IV. für den ‚Protestantischen Dom' in Köln aufgegeben, sich den altchristlichen Kirchenbau zum Vorbild zu nehmen, um mit seinem Entwurf nicht Gefahr zu laufen, mit den großartigen romanischen und gotischen Kirchen der Stadt verglichen zu werden. So entstand 1857–60 im Fluchtverlauf des Filzengrabens hinter einer neunachsigen Arkadenhalle

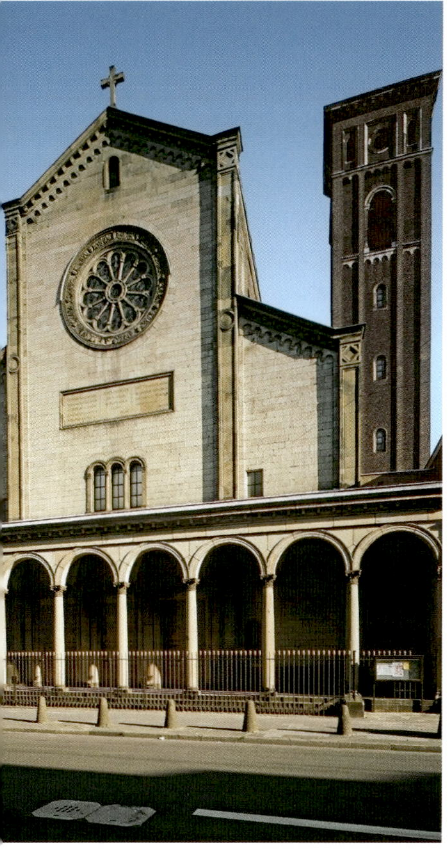

Trinitatiskirche, *1857–60 von F. A. Stüler*

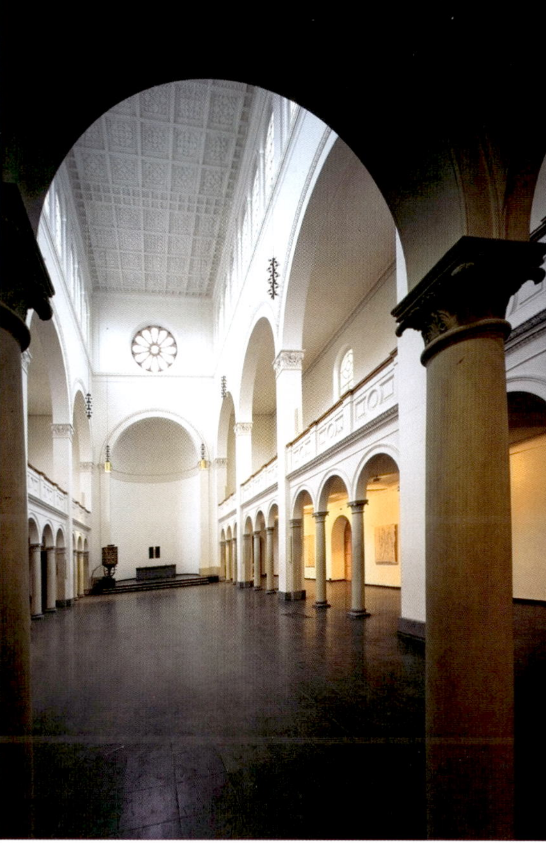

Trinitatiskirche, *Inneres*

eine bis auf Radfenster in den Giebeln, Lisenen und Rundbogenfriese am Äußeren nahezu schmucklose Basilika mit schwach vortretendem fensterlosem Chor und am Ende der Südwand angesetztem Turm aus Backstein mit flachem Zeltdach. Der Innenraum ist zweigeschossig. Zwischen seinen übergreifenden Pfeilerarkaden sind über dreiteilig eingestellten Säulen umlaufend Emporen eingezogen. Unterhalb der flachen Kassettendecke verläuft zu Dreiergruppen zusammengefasst eine Reihung rundbogiger Fenster. Der etwas unterkühlt wirkende Bau vertritt den von Schinkel geprägten Klassizismus. Es war bezeichnend für die damaligen politischen Verhältnisse, dass der Gottesdienst anlässlich der Fertigstellung des Domes 1880 nicht dort, sondern in der Trinitatiskirche stattfand.

BAUTEN DER PREUSSISCHEN STAATSVERWALTUNG

Nach Anschluss des Rheinlandes 1815 an Preußen führte der wirtschaftliche Aufschwung zu einer vermehrten Bautätigkeit der öffentlichen Hand, aber auch privater Auftraggeber, wodurch sich Köln mit seiner vom Mittelalter geprägten kleinteiligen Struktur zu einer großzügig angelegten Metropole wandelte. Die Bauten, die die Berliner Zentralregierung für ihre Administration in Köln errichten ließ, wurden zumeist von Architekten entworfen, die der Aufsicht der Oberbaudeputation unmittelbar unterstanden. Ihr Stil war in der ersten Hälfte des 19. Jahrhunderts vornehmlich gekennzeichnet vom preußischen Klassizismus. Zu den frühesten Beispielen gehörten die Börse von 1818–20 am Heumarkt und das Appellationsgericht, 1824–26 erbaut nach Plänen des Stadtbaumeisters Johann Peter Weyer als halbkreisförmige Anlage. Bei ihr verbanden fünf radiale Trakte den Arkadengang um den Innenhof mit dem äußeren Umfassungsgebäude.

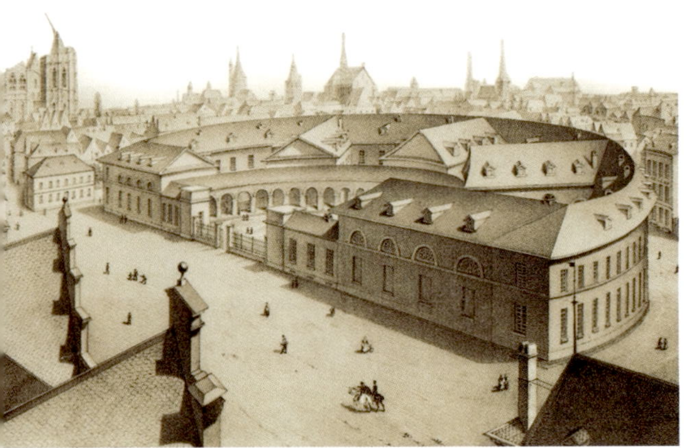

Appellationsgericht, *1824–26 von J. P. Weyer, Lithografie, um 1840 von Th. Cranz und G. Böhm*

Für den Amts- und Wohnsitz des Regierungspräsidenten errichtete Matthäus Biercher 1829–31 das Regierungsgebäude in der Zeughausstraße als lang gestreckten Baukörper mit erhöhter, vorgezogener Mitte und einem Balkon auf dorischen Säulen. Von den zweigeschossigen

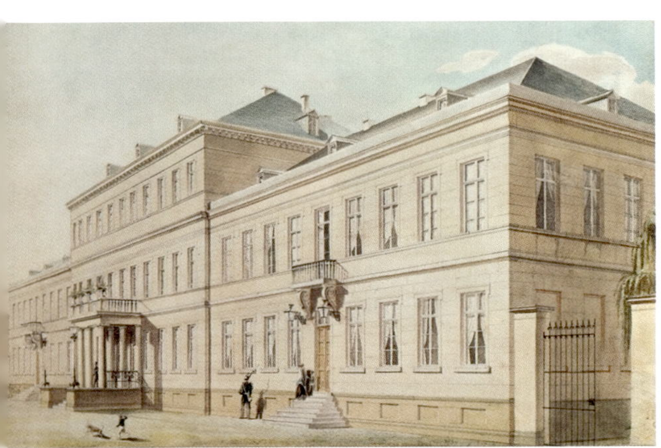

Regierungsgebäude, *1829–31 von M. Biercher, aquarellierte Zeichnung, um 1850*

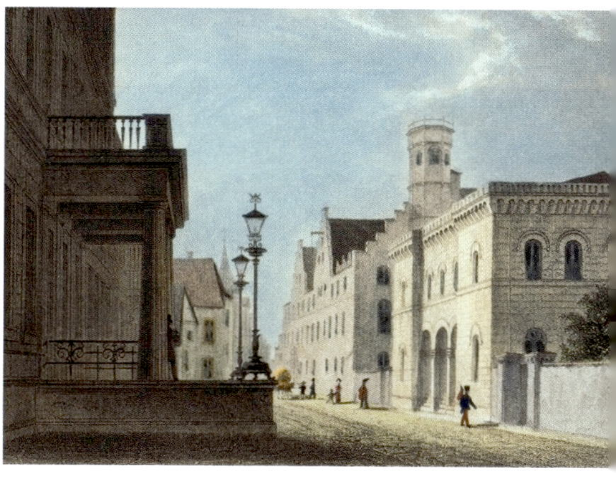

Zeughausstraße, *rechts* **Alte Wache**, *1840/41 von Schuberth, dahinter* **Zeughaus**, *links* **Regierungsgebäude**, *kolorierter Stahlstich, um 1844 von J. Poppel nach L. Lange*

Seitenflügeln, ebenfalls mit Balkonen, ist das östliche Kassenhaus erhalten. Der schlichte, von einem einfachen Quaderputz bedeckte Baukörper verrät in seiner zurückhaltenden Noblesse den Geist Schinkels, dessen Schüler der Architekt war. Schinkel selbst wird der in seinem baukünstlerischen Habitus verwandte ehemalige Bahnhof der Rheinischen Eisenbahngesellschaft in Köln-Müngersdorf zugeschrieben, ein zweigeschossiger Putzbau von 1839 mit feiner Quaderung und einem Balkon in der Mitte seiner sieben Achsen. Er ist das älteste in seiner Originalgestalt erhaltene Bahnhofsgebäude Deutschlands.

Gegenüber dem Regierungsgebäude liegt, heute als Teil des Stadtmuseums mit dem Zeughaus verbunden, die ehemalige Alte Wache von 1840/41. Die Pläne dazu lieferte der Garnisonsingenieur Major Schuberth. Der zweigeschossige geputzte Quaderbau hat straßenseitig seitlich schwach vortretende Risalite, zwischen denen ein dreiteiliger Portikus ins Innere führt. Entsprechende Bauten als Wach- und Arrestgebäude gab es auf der Nordseite des Heumarktes und am Waidmarkt, wo der Portikus mit zwei antikisierenden ruhenden Kriegern weiterlebt (zeitweise eingelagert). Diese im Stil der Florentiner Renaissance beziehungsweise nach französischem Vorbild konzipierten Bauten besitzen mit ihren vorkragenden Traufen, deren Dekor an Maschikulianlagen gemahnt, einen gewissen fortifikatorischen Charakter.

PROFANE NEUGOTIK

Kurz nach Beginn des Weiterbaus am Dom 1842 eroberte die Neugotik auch den Profanbau. Für die Kunstsammlung, die Ferdinand Franz Wallraf 1826 der Stadt Köln geschenkt hatte, wurde an der Stelle der abgerissenen Klostergebäude auf der Nordseite der Minoritenkirche 1855–61 ein Museum erbaut, das auf ausdrücklichen Wunsch Zwirners Reste des Kreuzgangs beibehielt. Der Kaufmann Johann-Heinrich Richartz kam für die Baukosten auf unter der Bedingung, sein Freund Josef Felten

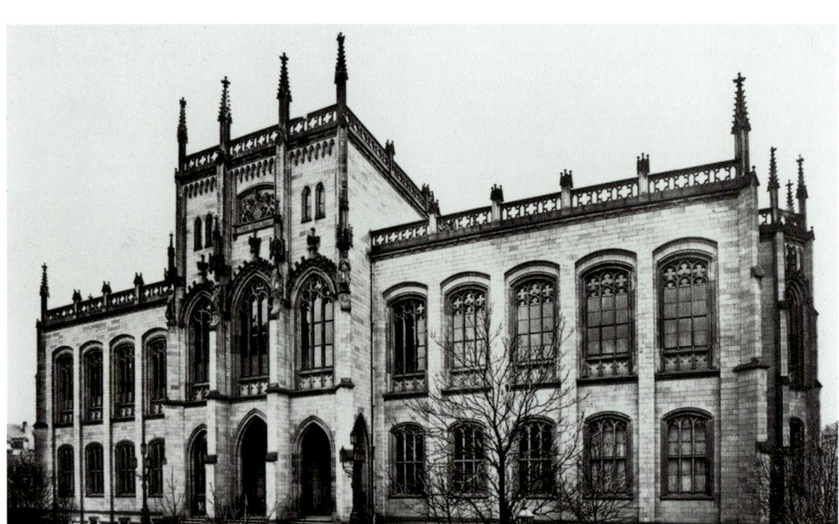

Wallraf-Richartz-Museum, *1855–61 von J. Felten und J. Raschdorff (zerstört)*

dürfe die Pläne für den Neubau liefern. Diese bedurften jedoch einer Überarbeitung durch Stüler und den Kölner Stadtbaumeister Julius Raschdorff. Der dreiflügelige Bau mit überhöhter und vortretender dreiachsiger Eingangsmitte verwendet mit deren Maßwerkfenstern und Strebepfeilern, die sich an den Gebäudekanten und seitlichen Vorbauten wiederholen, Fialen und der Maßwerkbrüstung gotische Elemente. Doch in der Gliederung der Fassaden mit ihren hohen von Segmentbögen umrahmten Fenstern klingt der Duktus von Schinkels Berliner Bauakademie von 1836 an. Der kriegszerstörte Bau wurde 1955/56 durch das neue Museum von Rudolf Schwarz und Josef Bernard ersetzt.

Restaurierungsmaßnahmen an gotischen Profanbauten wie 1820 am Stapelhaus und 1854–59 am Gürzenich mit der Erweiterung unter Raschdorff weckten das

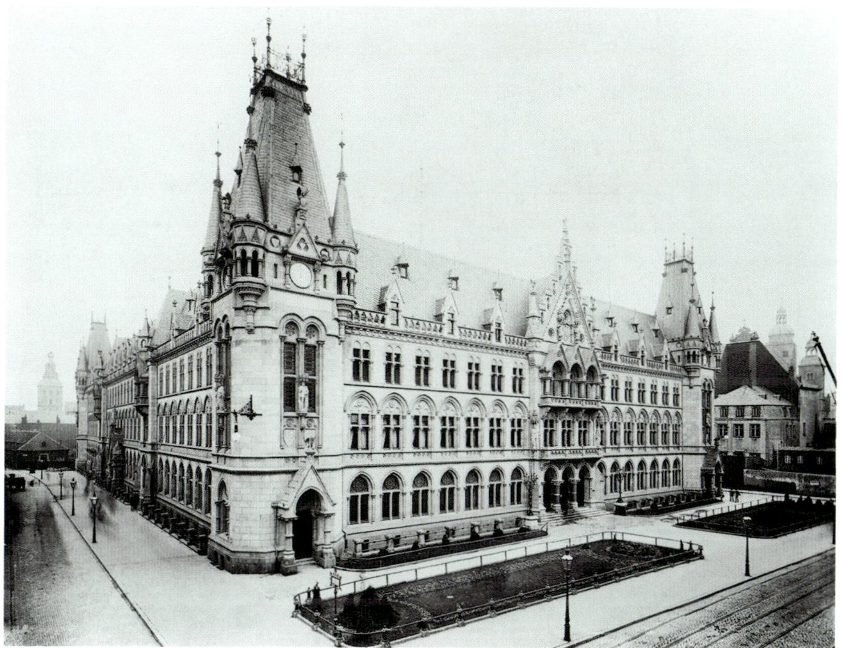

Preußische Reichspost, *1889–92 (zerstört)*

Interesse an gotischen Merkmalen wie Eckwarten, Zinnen und den Wandflächen aufgelegten Maßwerknetzen. In Anlehnung daran ließ sich der Kölnisch-Wasser-Fabrikant Mühlens 1852–54 in der Glockengasse sein Wohn- und Geschäftshaus erbauen, 1963/64 von Wilhelm Koep durch eine Replik ersetzt. Bernhard Below verwendete solche Zierelemente ebenfalls 1892–98 bei seinen Lagerhallen X und XI im Rheinauhafen.

Unter dem Eindruck der Domvollendung erlebte die Neugotik in der Spätzeit des 19. Jahrhunderts ebenso bei öffentlichen Bauaufgaben eine Renaissance. Zu deren ansehnlichen Vertretern gehörten die 1889–92 in Nachfolge des abgebrochenen Dominikanerklosters in beachtlichen Dimensionen in Art französischer Schlossbauten mit Ecktürmen ausgeführte Vierflügelanlage der Reichspost, aber auch das Reichsbankgebäude von 1894–97 in der Straße Unter Sachsenhausen. Friedrich Carl

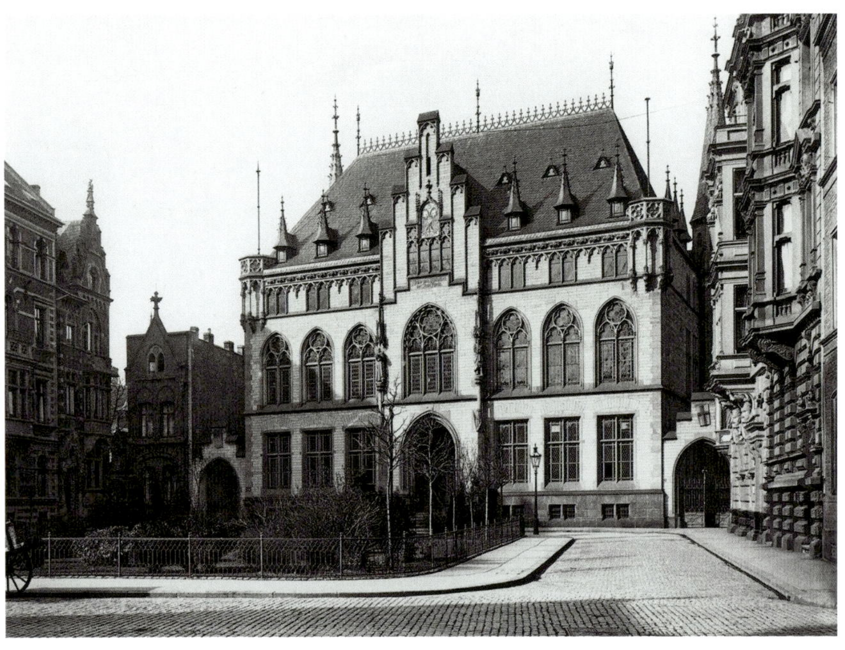

Ehem. Stadtarchiv, *1893–97 von F. C. Heimann, heute Hotel, Vorkriegszustand*

Heimann hatte die Pläne für das 1893–97 erbaute Stadtarchiv verfasst. Aus dessen sieben Achsen tritt die mittlere unter einem Stufengiebel etwas vor; im Obergeschoss Maßwerkfenster, das Halbgeschoss darüber mit Maßwerkblenden und Eckwarten. Im Vestibül ruht ein gotisierendes Kreuzrippengewölbe auf Säulen mit Laubkapitellen.

Von Heimann stammt auch der Entwurf für die am Hansaring 1897–99 errichtete Handelsschule, seit 1901 Handelshochschule, aus der 1919 die wiederbegründete Universität hervorging. Mit gotischer Fensterfassade unter Treppengiebel als Mittelrisalit mit dreiteiligem Eingangsportal erzeugt der Bau einen malerischen Eindruck, wie er für die Zeit der ausklingenden Neugotik am Jahrhundertende typisch war. Zu dieser Wirkung tragen vor allem die seitlichen von Helmen mit Laternen überhöhten chorartigen Türme bei, wie sie vergleichbar an den Flanken des Wallraf-Richartz-Museums vorhanden waren.

STILPLURALISMUS

Der in der Schlacht bei Königgrätz 1866 erfolgreich beendete Deutsche Krieg und die Reichsgründung 1871 rückten erneut Bauformen des 16. und 17. Jahrhunderts ins Blickfeld, die neben der Gotik als vermeintlicher Nationalstil galten, die sogenannte Deutsche Renaissance. Als Erster hat sie in Köln Raschdorff bei seiner als Platzwand zum Alter Markt 1869–72 angelegten Fassade des Rathauses umgesetzt. Ihr folgte 1883–87 nach Plänen von Karl Friedrich Endell und Paul Thoemer an historischer Stelle das neue Appellationsgericht, ein Backsteinbau mit Werksteingliederungen, mit Mittelrisalit und Seitenrisaliten. Der breitgelagerte Bau des neuen Hauptbahnhofs auf der Nordseite des Domes mit seitlich angefügtem Turm, 1890–94, des Aachener Architekturprofessors Georg Frentzen bediente sich dieses Stils ebenso wie die Baugruppe, die Franz Brantzky 1900–13 am Hansaplatz für das Kunstgewerbemuseum, das Schnütgenmuseum und das Museum für Ostasiatische Kunst entworfen hatte. Mit seiner pitoresken Wirkung ließ dieser im Krieg zerstörte Gebäudekomplex enge Bezüge zur Handelsschule am Hansaring anklingen.

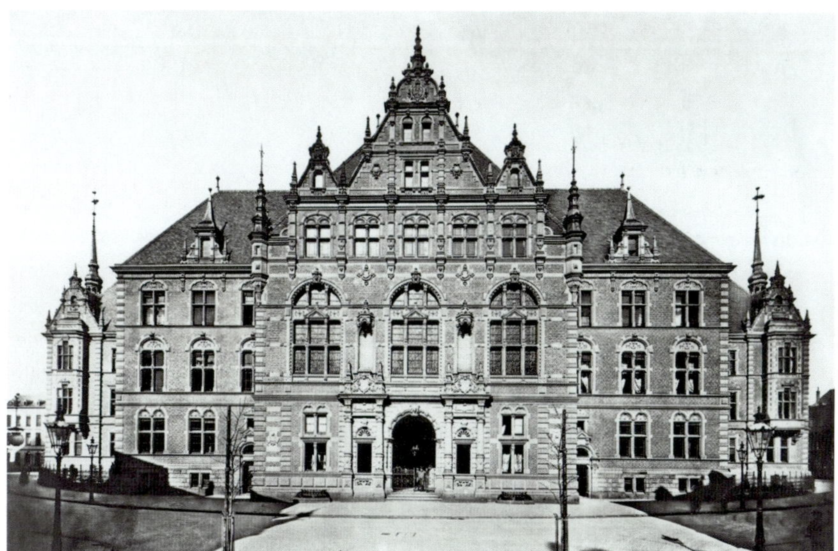

Appellationsgericht, *1883–87 von K. F. Endell und P. Thoemer, nach Kriegszerstörung vereinfacht wieder hergestellt, heute Verwaltungs- und Finanzgericht*

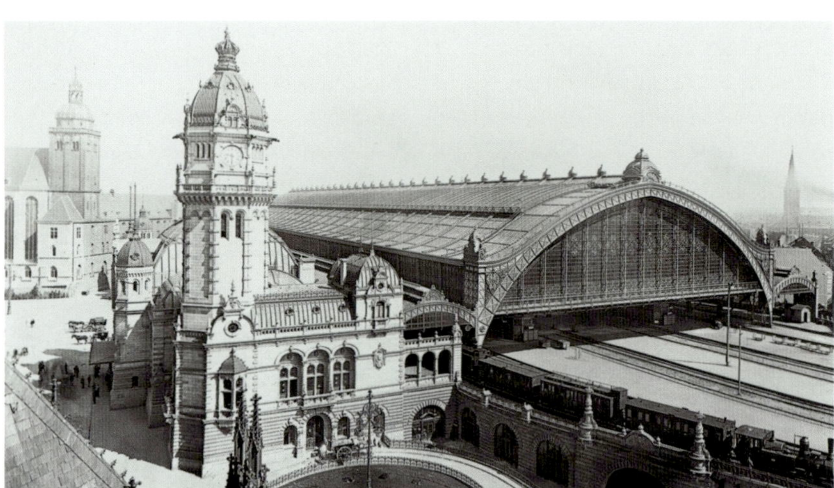

Hauptbahnhof, *1890–94 von G. Frentzen (Empfangsgebäude zerstört)*

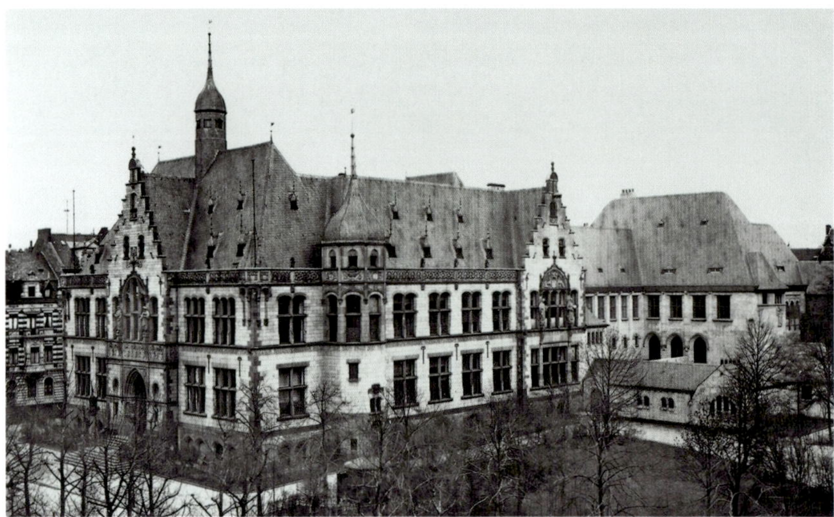

Museumskomplex am Hansaplatz,
1900–13 von F. Brantzky (zerstört)

In diesen beiden Bauten wird ein Repräsentationswille fassbar, wie er sich um die Jahrhundertwende vor allem bei großen Bauaufgaben von Stadt und Staat wie von Privaten mit einer Monumentalisierung der Architektur und deutlichem Rückgriff auf barockes Formengut besonderen Ausdruck verschaffte, im Inneren zumeist ausgestattet mit weitläufigen Vestibül- und Treppenanlagen. Ein frühes Beispiel ist das 1890–93 auf der Westseite des Roncalliplatzes von dem Berliner Architekturbüro Kayser & Großheim angelegte Domhotel, das für seine Gäste mit dem Anblick des vollendeten Domes aufwarten konnte und umgekehrt von den Besuchern des Domes bewundert werden wollte. Von dem ursprünglich mit einer Kuppel und Türmen bekrönten sowie an seiner Fassade mit Arkaden und Loggien ausstaffierten Palasthotel hat nur eine stark reduzierte Fassung den Weg in die Nachkriegszeit gefunden.

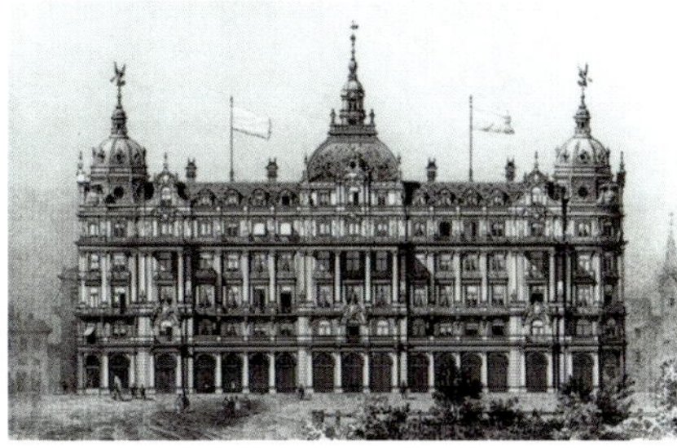

Domhotel, *1890–93 von Kayser & Großheim, Entwurf 1888, etwas modifiziert realisiert, vereinfachter Nachkriegswiederaufbau*

Zu diesen auch städtebaulich Aufmerksamkeit erheischenden Renommierbauten gehörte das 1902 am Rudolf-Platz eröffnete Opernhaus von Carl Moritz mit seiner von Türmen bewegten Silhouette. Die nach dem Krieg noch umfänglich bestehenden Umfassungsmauern fielen 1958 dem Abbruch anheim. Einen vergleichbaren baukünstlerischen Anspruch stellt das von Thoemer entworfene Oberlandesgericht am Reichensperger Platz von 1907–11 mit seiner konkav weit ausschwingenden Fassade, die ein turmüberhöhter Mittelrisalit mit Kolossalordnung und Seitenrisalite in schlossartiger Attitude zur Geltung bringen. Unmittelbare Entlehnungen von Teilen des Würzburger Residenzschlosses zeigt die neue Han-

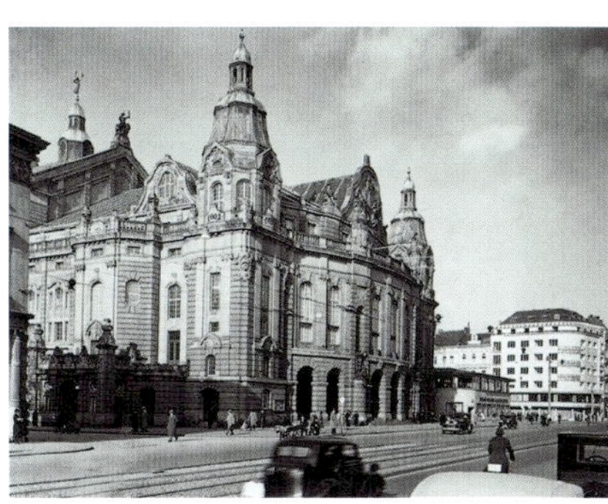

Oper *am Rudolf-Platz von C. Moritz, 1902 eröffnet, 1958 nach Kriegsbeschädigungen angebrochen*

delsschule, spätere Alte Universität, am Agrippina-Ufer. Die 1905–07 von Ernst Friedrich Vetterlein geplante Vierflügelanlage rahmt mit ihrem Ehrenhof die Eingangsfront. Zum Rhein präsentiert sich der Bau mit höherem Mittelpavillon über ovalem Grundriss und Pavillons an den Gebäudeecken. Als Letztes entsteht 1912/13 in barocker, Schlossarchitektur adaptierender Gestalt das Empfangsgebäude des Bahnhofs in Köln-

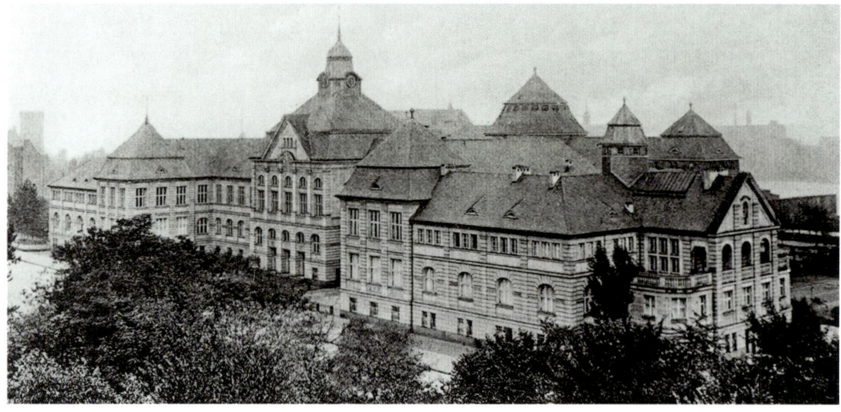

Neue Handelsschule, *1919–34 Alte Universität, 1905–07 von E. F. Vetterlein, nach Kriegsschäden vereinfacht wieder hergestellt, heute Fachhochschule*

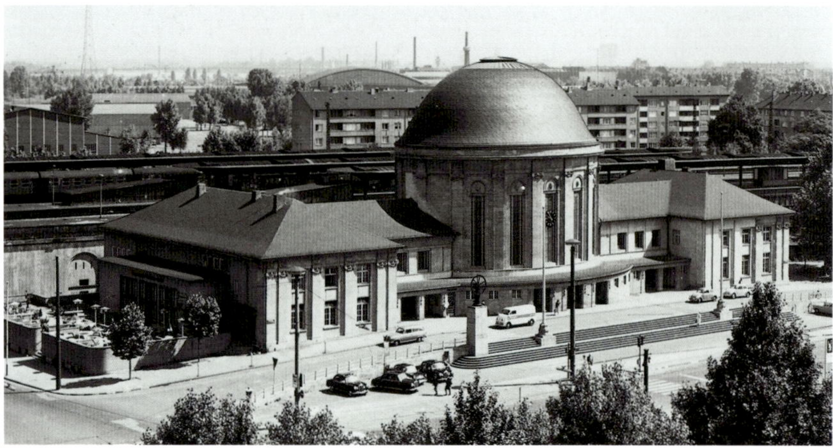

Bahnhof Deutz, *1912/13 von H. Röttcher*

Deutz nach Plänen von Hugo Röttcher. Den ovalen Kuppelbau in der Mittelachse flankieren vorspringende Flügelbauten unter Walmdächern. In der kolossalen Pilasterordnung machen sich neoklassizistische Tendenzen bemerkbar, wie sie zur gleichen Zeit von den neuen großen Kaufhäusern bevorzugt werden, so beim Warenhaus Leonard Tietz, heute Galeria Kaufhof, in der Gürzenichstraße. Dieser 1912–14 vom Direktor der Düsseldorfer Kunstgewerbeschule Wilhelm Kreis um drei Lichthöfe angelegte Stahlbetonskelettbau mit Werksteinverkleidung lehnt sich an das Düsseldorfer Tietz-Haus von 1907–09 an, letztes Werk von Joseph Maria Olbrich. Gleichzeitig werden bei den giebelbekrönten Risaliten Reminiszenzen an Monumentalbauten der römischen Spätantike erkennbar. Die preußische Zentralverwaltung bezog 1913 nördlich des Bahnhofs am Rheinufer mit ihrer imposanten neoklassizistischen Bahndirektion Position. Der Betonskelettbau mit massiver Werksteinverkleidung tritt in seiner Fassade auf mit einer kolossalen Pilasterordnung, die in einem pompösen Säulenportikus gipfelt. Auch die nach einem einheitlichen Konzept 1911–14 bei gleicher Traufhöhe entlang der neu durchgebrochenen Zeppelinstraße realisierten Geschäftshäuser leben an ihrem geschwungenen Fassadenablauf hauptsächlich von einem dem Klassizismus entlehnten Formenrepertoire, das sich partiell des Neobarock und des Jugendstils bedient.

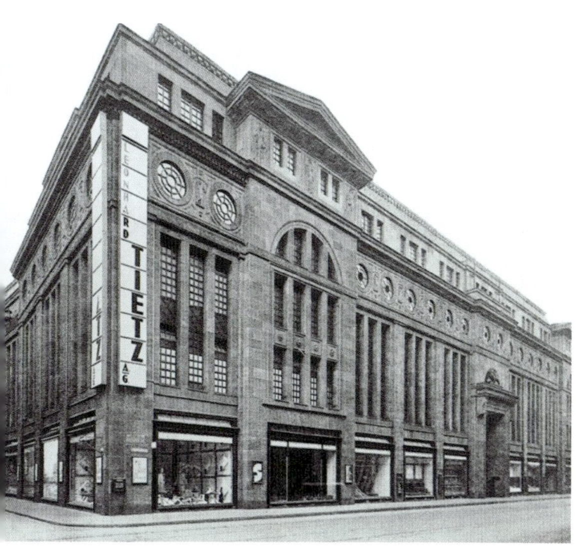

Warenhaus Tietz, *1912–14 von W. Kreis, heute Galeria Kaufhof*

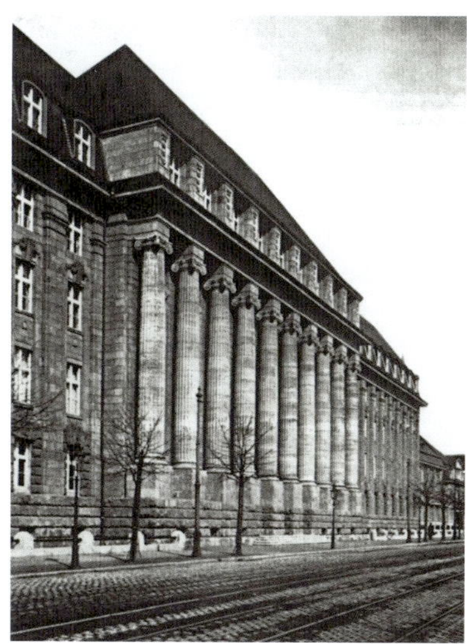

Preußische Bahndirektion, *1906–13 von K. Biecker, A. Kayser und M. Kießling, nur Fassade erhalten*

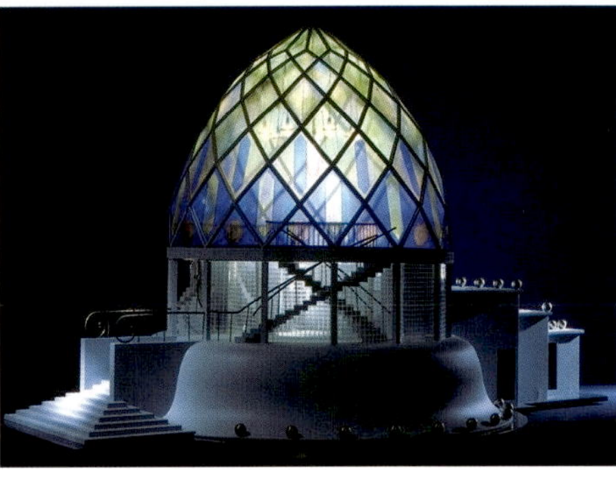

Bruno Taut, **Glashaus**, *1914, Modell von A. Ebner und A. Gufler 2005*

Am Vorabend zum Ersten Weltkrieg begann im Mai 1914 die erste Ausstellung des 1907 gegründeten ‚Deutschen Werkbunds', in der sich entlang des rechten Rheinufers Köln mit wegweisenden Bauten der damaligen Architektenelite schmückte, vertreten unter anderem durch Bruno Paul, Hermann Muthesius, Georg Metzendorf, Wilhelm Kreis, Carl Moritz und Peter Behrens. Besonderes Aufsehen erregt hatten dabei das Glashaus von Bruno Taut, das Theater von Henry van de Velde, ein Fabrik- und Bürogebäude von Walter Gropius und Josef Hoffmanns Österreichisches Haus. Auch wenn von diesen Bauten nichts mehr vorhanden ist, so waren sie doch in hohem Maße inspirierend für das Architekturschaffen nachfolgender Jahrzehnte.

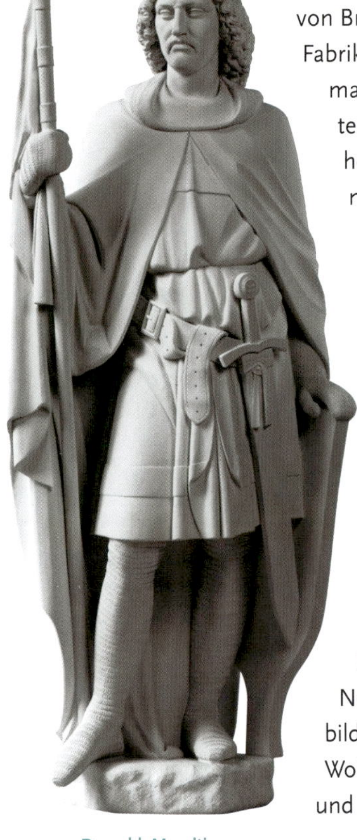

Dom, hl. Mauritius, *von Peter Fuchs, Kopie*

Für alle Portale des Domes hatte Boisserée 1845 unter Einbeziehung des mittelalterlichen Petersportals ein Figurenprogramm entwickelt. Sein Leitgedanke war das christliche Weltbild unter der Herrschaft der Dreieinigkeit Gottes. Gottvater, der Schöpfer der Welt, in die er seinen Sohn als Erlöser sandte, bestimmt die Westseite. Die Erlösungstat mit Kreuzigung und Auferstehung nimmt die Südseite ein. Die Nordseite zeigt das Wirken des Heiligen Geistes und die Konstituierung der Kirche. Begonnen wurde auf der Südseite 1851, wo Christian Mohr die von Ludwig Schwanthaler im klassizistischen Sinne entworfenen Figuren mit erzählerischen Momenten in die eher fließenden Formen der klassischen Neugotik überführte. Ab 1865 wirkte Peter Fuchs als Dombildhauer, der mit seinem „biblischen Realismus" (Arnold Wolff) den Stil der Werkstatt prägte und bis 1884 im Inneren und an der West- und Nordseite über 700 Figuren schuf. In

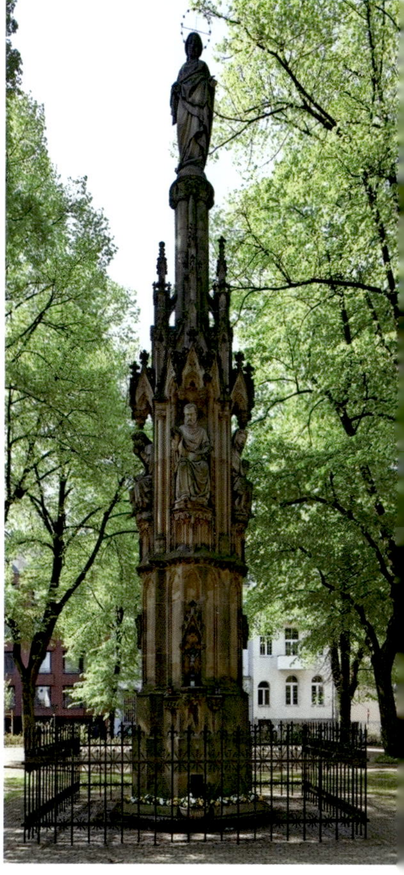

Mariensäule am Gereonsdriesch, *1858*

dieser enormen Produktion liegt vermutlich der Grund für ihre formale Vereinheitlichung durch Schematisierung von Gewandung und Gesichtszügen, bei der dank des Pathos in Blicken und Gesten eine gewisse Variation gelang.

Fuchs war auch mit den vier Propheten beteiligt an der anlässlich des Dogmas der Unbefleckten Empfängnis 1854 gestifteten Mariensäule. Den Entwurf für den neugotischen Fialenaufbau lieferte Statz, die Vorlagen für die Propheten unter Baldachinen zeichnete Eduard von Steinle wie auch für die bekrönende Maria Immaculata von Gottfried Renn. Als religionspolitisches Signal ursprünglich für den Alter Markt vorgesehen, fand die Enthüllung des Denkmals als nicht weniger konfessionelle Demonstration 1858 während der Generalversammlung der katholischen Vereine vor der Bischofsresidenz in der Gereonstraße statt, von wo es 1901 auf den Gereonsdriesch weichen musste.

Im Gegensatz zum von mittelalterlichen Vorbildern geleiteten Kunstschaffen der katholischen Kirche stand das der Berliner Staatskunst, wie sie explizit im Reiterdenkmal für König Friedrich Wilhelm III. zum Ausdruck kommt. Die Platzierung dieses zeitlich parallel, gewissermaßen in Konkurrenz zur Mariensäule projektierten Monuments war zunächst ebenfalls auf dem Alter Markt intendiert. Mit ihm sollte 1865 dem 50. Jahrestag der Vereinigung der Rheinprovinz mit Preußen ein würdiges Zeichen gesetzt werden. Seine Realisierung fand das von Gustav Hermann Blaeser konzipierte Denkmal stattdessen 1872–78 auf dem Heumarkt. In Aufbau, Komposition und Stil folgt es dem Reiterdenkmal, das Christian Daniel Rauch 1851 in Berlin für Friedrich II. von Preußen geschaffen hatte. Die vier nachgegossenen bronzenen Reliefs im Podest von Alexander Calandrelli stellen in Art antiker Friese Kölner Bürger und andere Persönlichkeiten vor, die sich um Industrie und Handel, bildende Künste und Wissenschaften oder in den Befreiungskriegen verdient gemacht haben; Justitia und Potentia halten die Wid-

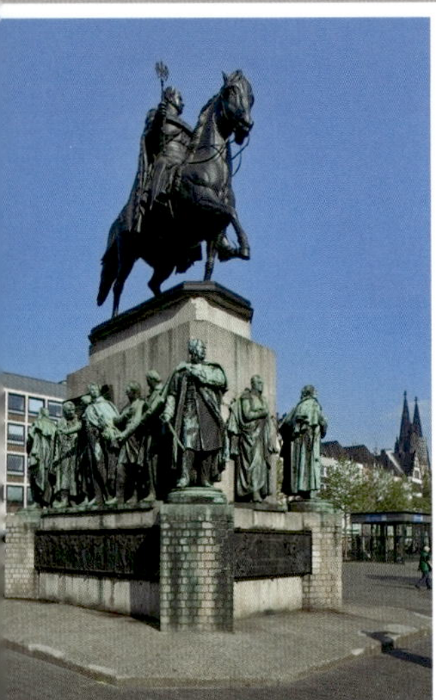

Reiterdenkmal für Friedrich Wilhelm III. *auf dem Heumarkt, 1872–78 von G. H. Blaeser, Teilrekonstruktion*

mungstafel. Den Sockel darüber umstehen vollplastisch Bronzestatuen staatstragender preußischer Männer aus der Regierungszeit des Königs. Die unter Verwendung der originalen Teile von Kruppe und Kopf des Pferdes 1990 erfolgte und nicht unumstrittene Nachschöpfung des Reiterstandbildes selbst mag gerechtfertigt sein angesichts der Zusammenführung des übrigen zerstreuten Originalbestandes, vor allem aber mit Blick auf das vielsagende ikonografische Programm, das unter dem Monarchen Vertreter unterschiedlicher gesellschaftlicher Gruppen vereint. Der vom Neobarock überlagerte Klassizismus dieses Figurenensembles ist von einer Qualität, die zur damaligen Zeit in Köln kaum mehr erreicht wurde. Das gilt auch für die Reiterdenkmäler vier deutscher Kaiser auf den Kopfbauten der Hohenzollernbrücke, die von 1867–1910 Blaeser/Friedrich Wilhelm IV., Friedrich Drake/Wilhelm I. sowie Louis Tuaillon/Friedrich III. und Wilhelm II. geschaffen haben. In ihnen wird das Bemühen um die Wiedergabe des Wesenhaften der Dargestellten deutlich, das sich ebenso eines vom Barock inspirierten Pathos wie eines Naturalismus bedient und sich schließlich in reduzierten Formen auf das Idealtypische konzentriert.

Während der Typ des Reiterdenkmals Monarchen vorbehalten blieb, wird im Heumarkt-Monument der Übergang zu einem neuen Denkmalkult vorbereitet, der zunehmend Persönlichkeiten anderer Gesellschaftsschichten gilt, auf unterschiedliche Initiativen zurückgeht und so ein neues Betätigungsfeld für die Bildhauerkunst eröffnete. Denkmäler dienten fortan auch der Stadtverschönerung, vorzugsweise in Gestalt von Brunnen. Als erste Stiftung des Kölner Verschönerungsvereins im Jahre 1884 steht auf dem Alter Markt im Stil der Deutschen Renaissance

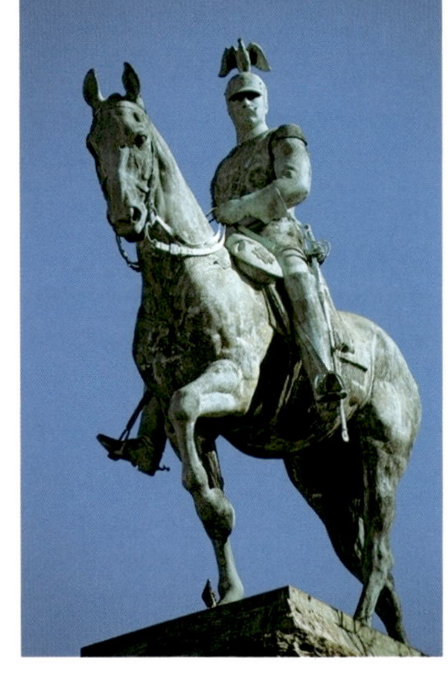

Reiterdenkmal für Wilhelm II. *auf der Hohenzollernbrücke, 1908–10 von Louis Tuaillon*

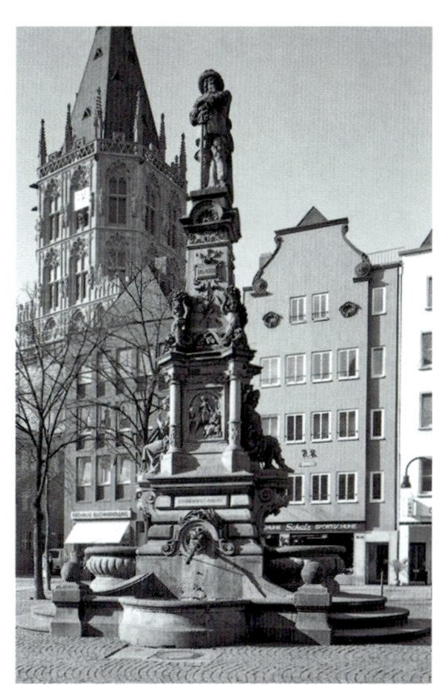

Jan-von-Werth-Brunnen *auf dem Alter Markt, 1884 von W. Albermann*

der Jan-von-Werth-Brunnen von Wilhelm Albermann. Er vergegenwärtigt die Sage von der unerfüllten Liebe des Knechtes Jan zur Magd Griet, der er als erfolgreicher Reitergeneral während des Dreißigjährigen Krieges in Köln kurz wieder begegnet. Der dreigeschossige Pfeiler hat unten auf der Vorder- und Rückseite ein Brunnenbecken. Vor den Seiten des Postaments sitzen über Brunnenschalen der Kölner Bauer und die Kölner Jungfrau. Obenauf stützt sich der General in zeitgenössischer Uniform auf sein Schwert.

Eine in Köln mehrfach vertretene Gattung von Brunnen-Denkmälern sind Märchenbrunnen oder solche, die sich auf andere literarische Vorlagen beziehen. Zu diesen gehört Am Hof der Heinzelmännchen-Brunnen. Er schildert die Sage von den Kobolden, die nächtens heimlich die Arbeit von Kölner Bürgern erledigten, bis sie vom neugierigen Schneidersweib überrascht und für alle Zeit vertrieben wurden. Über einem mehrpassförmigen Brunnenbecken schwingt eine gegenläufige Treppe empor, auf der unter einem geschmiedeten Baldachin die Frau des Schneiders mit ihrer Laterne steht. Auf den seitlichen Reliefriesen kann man die Heinzelmännchen werken sehen. Geschaffen haben diese von einem Beet umgebene Anlage 1899–1900 Edmund Renard d. J. und sein Sohn Heinrich, der Kölner Erzdiözesanbaumeister. Obwohl sonst hauptsächlich religiösen Themen verpflichtet, haben sie hier dem schlesischen Dichter August Kopisch, Verfasser der Heinzelmännchen-Ballade, zu seinem 100. Geburtstag in malerischer Komposition ein schönes Gedenkmal gesetzt.

Heinzelmännchen-Brunnen, *Am Hof, 1899–1900 von E. und H. Renard*

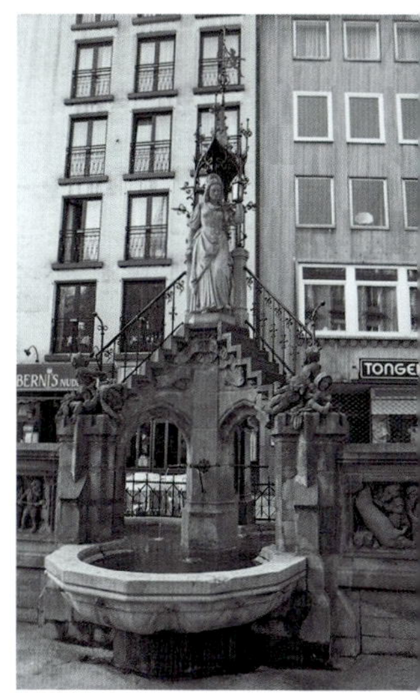

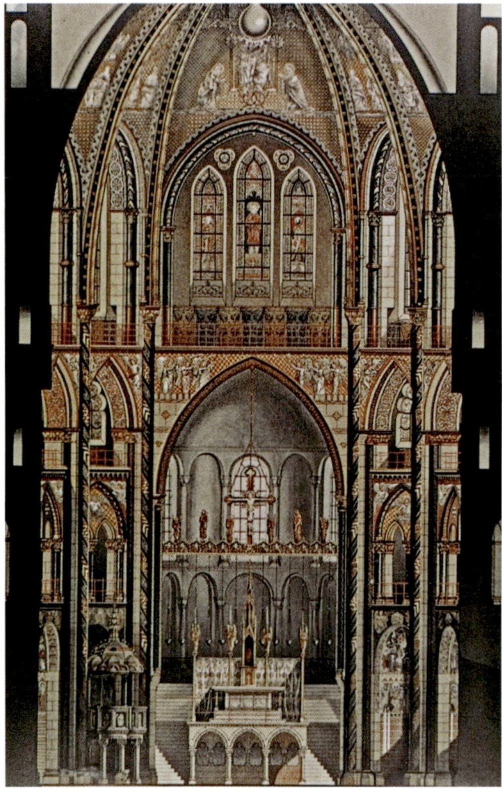

St. Gereon, *Entwurf zur Innenraumgestaltung, 1891 von A. von Essenwein*

Die durch die Säkularisation bedingten Abbrüche etlicher Pfarrkirchen Kölns und die Übernahme ihrer Funktionen durch die romanischen Stiftskirchen weckten ein verstärktes Interesse an diesen Sakralbauten, die mit ihrem baulichen Zustand ohnehin zum Handeln zwangen. Die damalige Wertschätzung mittelalterlicher Kunst ging einher mit einer Entbarockisierung der Kirchen und dem Wunsch nach einer Erneuerung im Geiste des Mittelalters. August Reichensperger, der als Vorsitzender des Dombauvereins eine tonangebende Rolle innerhalb des Kunstgeschehens Kölns spielte, gelang es, August von Essenwein, Direktor des Germanischen Nationalmuseums in Nürnberg, dafür zu gewinnen, für mehrere romanische Kirchen umfängliche Ausstattungsprogramme zu konzipieren. Diese wollten mit Ausmalungen an Wänden und Gewölben, mit Fußböden, Fenstern und Mobiliar die Innenräume zu einer Einheit verschmelzen. Namentlich St. Maria im Kapitol, 1868–78, Groß St. Martin, 1864–85, und St. Gereon, 1883–91, nach von Essenweins und St. Andreas, 1890–99, nach Josef Fischers Entwürfen, erhielten in ihrem Inneren umfassende Neugestaltungen, in denen sich die historistische, mitunter etwas schematisierende Interpretation mittelalterlicher Kunst widerspiegelte. Eine besonders aufwendige Ausschmückung erfuhr von 1891 bis in die 1930er-Jahre St. Aposteln hauptsächlich durch großflächige Mosaike. Wie beim Kuppelmosaik der Aachener Pfalzkapelle, 1880–1902 von Jean Baptiste Béthune und später Hermann Schaper, standen die figürlichen Darstellungen nach byzantinischem und frühchristlichem Vorbild vor goldenem Hintergrund.

Groß St. Martin, *Inneres nach Westen mit* Fragmenten des Mosaikfußbodens, *1868–85 nach Entwurf von A. von Essenwein*

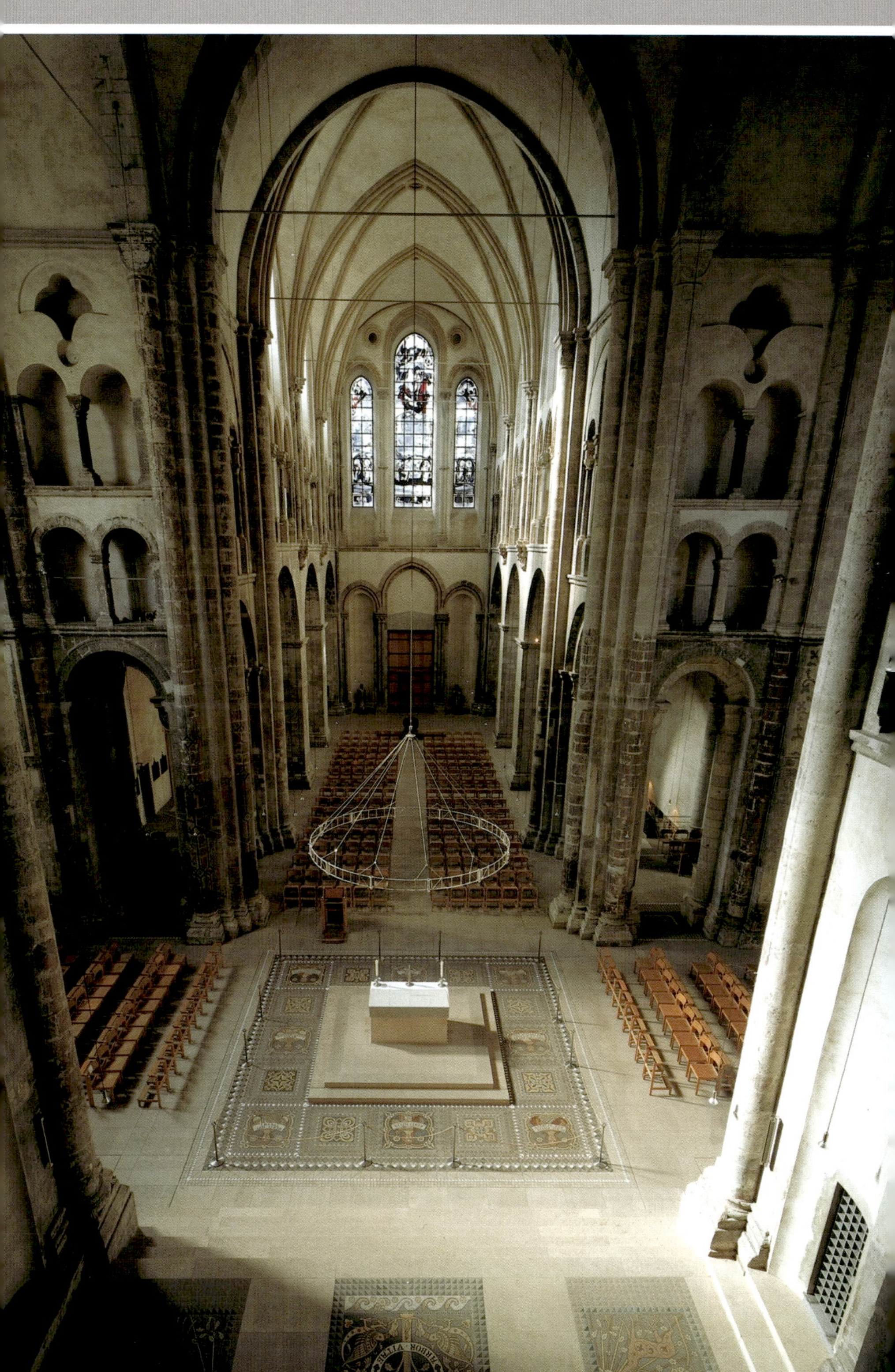

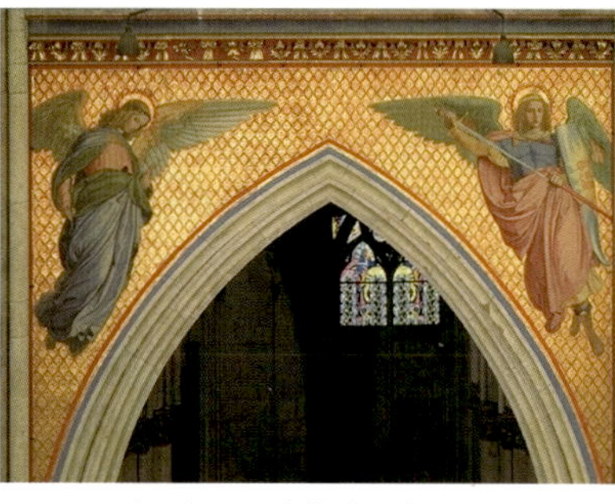

Dom, Engel in den Zwickeln der Chorarkaden, *1843–54 von E. von Steinle*

Bis auf Reste in Groß St. Martin und St. Aposteln haben Kriegszerstörungen und Purifizierungen der Nachkriegszeit diese großartigen Ensembles vernichtet. Im Dom jedoch sind noch aufschlussreiche Zeugnisse solcher Ausschmückungen aus jener Zeit zu sehen. In den Arkadenzwickeln des Binnenchores hat von Steinle als Ersatz der mittelalterlichen 1843–45 neue Engel vor gepunztem Goldgrund in Freskotechnik ausgeführt. Im Stil der Nazarener sind sie ein wichtiges Beispiel romantischer Wandmalerei.

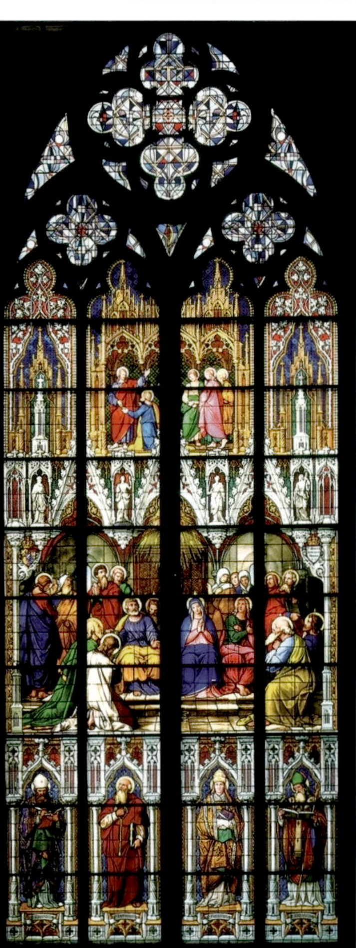

Dom, *südliches Seitenschiff,* sog. Bayernfenster mit Pfingstwunder, *1846–48 von J. A. Fischer*

Für das südliche Seitenschiff hatte König Ludwig I. von Bayern als Pendants zu den Renaissance-Fenstern der Nordseite fünf Glasgemälde gestiftet, die „zu den bedeutendsten Leistungen [...] der monumentalen Glasmalerei aus der Mitte des 19. Jahrhunderts" (Paul Clemen) zählen und der größte erhaltene Zyklus ihrer Art sind. Nach Ausführung in der kgl. Anstalt für Glasmalerei in München unter Leitung von Max Ainmiller wurden sie anlässlich des Domjubiläums 1848 eingebaut. Ihre Thematik ging ebenfalls auf Boisserée zurück. In ihnen wird die Erlösungsgeschichte geschildert, im Westen beginnend mit Johannes dem Täufer in der Wüste, es folgt die Anbetung durch die Hll. Drei Könige und Hirten, anschließend die Kreuzabnahme und Beweinung Christi, die Herabkunft des Heiligen Geistes und die Steinigung des hl. Stephanus.

Bei vergleichbarer Komposition stehen diese Fenster geistesgeschichtlich den spätgotischen auf der Nordseite nahe, in der technischen Ausführung aber basieren sie auf den Errungenschaften des Barock. Leben jene des 16. Jahrhunderts vom musivischen Eindruck, den das Bleinetz erzeugt, so haben sich die Bayernfenster davon weitgehend befreit zugunsten einer malerischen Wirkung, die Ölgemälden ähnelt. Unter Zwirners doktrinärer Neugotik, die voll-

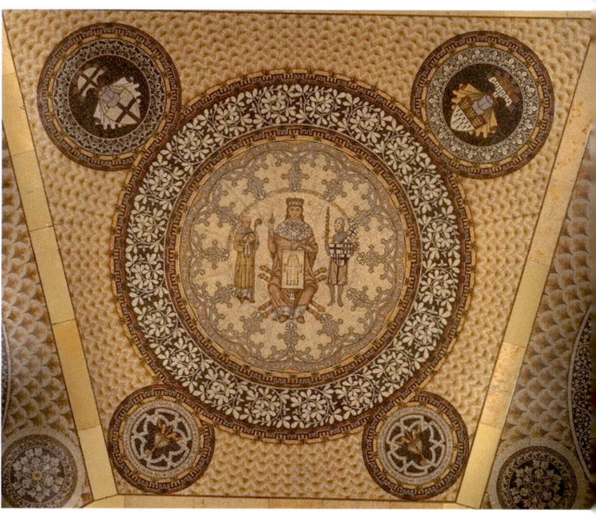

Dom, Fußbodenmosaik *im Chorumgangscheitel: Konrad von Hochstaden mit Plan für den gotischen Dom, 1892–99 nach Entwurf von Essenwein und F. Geiges*

kommener sein wollte als die eigentliche Gotik, kehrten in der Folgezeit die Glasbilder im Dom wieder zurück zu einer von Bleiruten kleinteilig untergliederten Komposition.

Letztes und umfänglichstes Werk von Essenweins ist der von ihm 1883 für den Domchor entworfene, 1892–99 durch die Werkstätten Villeroy & Boch aus Mettlach ausgeführte Mosaikfußboden. Die Kartons für den östlichen Chorabschnitt waren von Fritz Geiges. Diese prächtige Beflurung setzt sich nicht aus Stein- oder Glaswürfeln, sondern Tonstiften zusammen. Im Wesentlichen ist das von einem kraftvollen Realismus bestimmte Mosaik aufgeteilt in einen Bereich der Kirche unter Führung des Papstes im Kreise von Vertretern kirchlicher und weltlicher Stände und einen mit dem von den Freien Künsten umgebenen Kaiser. Die straffe Komposition des Mosaiks kommt besonders zur Geltung im Chorumgang mit der Veranschaulichung der Geschichte des Erzbistums.

Die Rückbesinnung auf die künstlerischen Leistungen des Mittelalters ließ auch die Tradition der Reliquienschreine wieder aufleben. Als Ersatz für den 1795 eingeschmolzenen Schrein des hl. Severin aus dem 11. Jahrhundert in der ihm geweihten Kirche entwarfen 1819 die Maler K. B. Beckmann und Sohn einen neuen aus vergoldetem Kupferblech und Malereien in den Nischen. Unter Verwendung mittelalterlicher Teile orientiert er sich mit gotisierenden Elementen an der Form mittelalterlicher Vorbilder. Gleiches trifft zu für zwei Schreine in St. Kunibert. Nach Zeichnungen von Alexius Kleinertz und Heinrich Nagelschmidt hatte der Bildhauer Meinen 1869 einen Goldschrein für die Gebeine des hl. Kunibert gearbeitet; Otto Mengelberg und Gabriel Hermeling fertigten 1879 den Schrein für die hll. Ewalde. Hermeling schuf zusammen mit Franz Wüsten 1878–83 auch den Schrein der hl. Ursula in der nach ihr benannten Kirche. Dabei nahmen sie die Form des zerstörten romanischen Vorgängers auf, von dem sie Emailleplatten aus der Zeit um 1160 wiederverwendeten.

VON DER DEMOKRATIE IN DIE KRISE: EXPRESSIONISMUS UND NEUE SACHLICHKEIT

ADENAUER GIBT KÖLN EIN MODERNES GESICHT

1917 wurde Konrad Adenauer, der spätere Bundeskanzler, Oberbürgermeister von Köln. Sein Ziel war, die Stadt zu einer modernen, wirtschaftlich starken und wissenschaftsfreundlichen Metropole zu entwickeln. Dazu berief er den Hamburger Stadtplaner Fritz Schumacher, der 1919 mit seinem Wettbewerbsbeitrag für den inneren Grüngürtel überzeugen konnte, 1920–23 als Beigeordneten nach Köln. Ebenso fruchtbar war 1926 die Berufung des Stuttgarter Architekten Adolf Abel zum Leiter des Hochbauamtes. Seine erste bedeutende Entwurfsleistung war die Umgestaltung der 1923 von Hans Verbeek in Köln-Deutz errichteten Messebauten für die internationale Presseausstellung ‚Pressa' 1926–28. Ihre mehrgeschossige Stahlskelettkonstruktion über quadratischem Grundriss ist mit einer expressiv strukturierten Backsteinfassade umkleidet, deren ver-

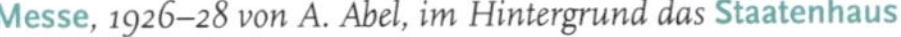

Messe, *1926–28 von A. Abel, im Hintergrund das* **Staatenhaus**

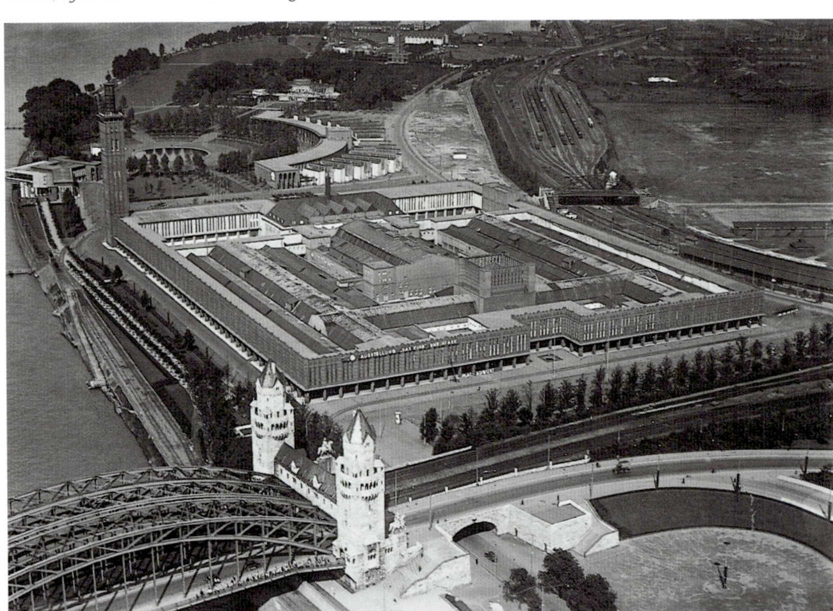

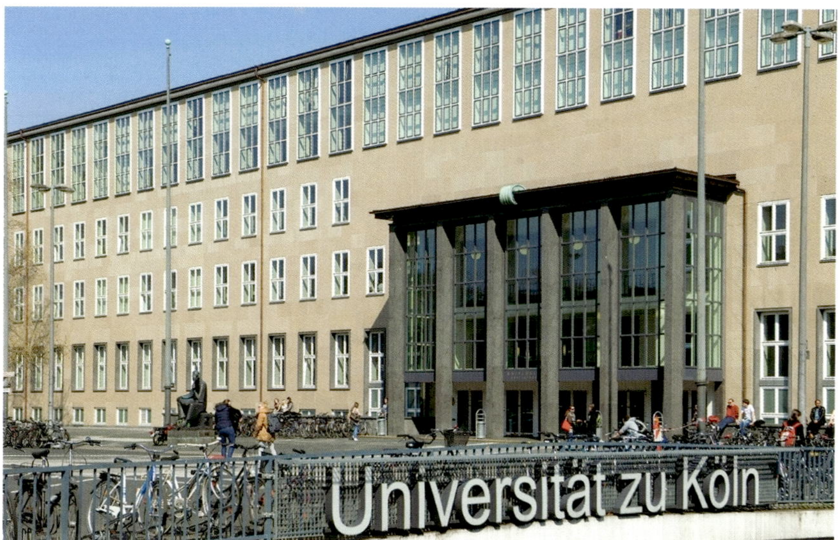

Hauptgebäude der Universität zu Köln, *1929–35 von A. Abel*

tikale Wandvorlagen die Fenster überdecken und von der horizontalen Kraft des Umgangs darunter aufgefangen werden. Zum Rhein hin lenkt ein 64 Meter hoher Turm mit bekrönender Laterne die Aufmerksamkeit auf den ausgedehnten Messekomplex. Nördlich davon schuf Abel gemeinsam mit Julius Schulte-Frohlinde, einem Wegbereiter des Heimatschutzstils, für die Länderschau der ‚Pressa' in gleicher Konstruktionsweise das halbkreisförmige Staatenhaus mit mittlerem Torbogen und flankierendem Pfeilerumgang. Zusammen mit den weitläufigen Backsteinbauten, die Wilhelm Kreis für die ‚Gesolei'-Ausstellung 1925/26 in Düsseldorf entworfen hatte, beendeten die trotz ihrer expressionistischen Elemente der Neuen Sachlichkeit folgenden Messebauten die von den historisierenden Gestaltmitteln dominierte Stilpoche. Abels Architektur stand als Vertreterin der von Paul Bonatz geprägten ‚Stuttgarter Schule' im Gegensatz zu der vor allem von Berliner Architekten verantworteten Bebauung der Ringe.

Im Geiste der ‚Stuttgarter Schule' hat Abel die Fassade des 1929–35 ausgeführten Hauptgebäudes der Universität in Köln-Lindenthal weiter reduziert. Die lang gestreckte glatte Front mit hellerer Tuffverblendung wird in ihrer Mitte lediglich von einem hohen vorgezogenen, verglasten Portikus aus Basalt betont. In gleicher Weise sind die rückwärtigen sechs Hörsaal- und Institutstrakte aufgefasst, die kammartig in den inneren Grüngürtel ausgreifen. Einzig die Reihungen unterschiedlicher Fensterformate erzeugen eine disziplinierte Spannung innerhalb der Baukörper.

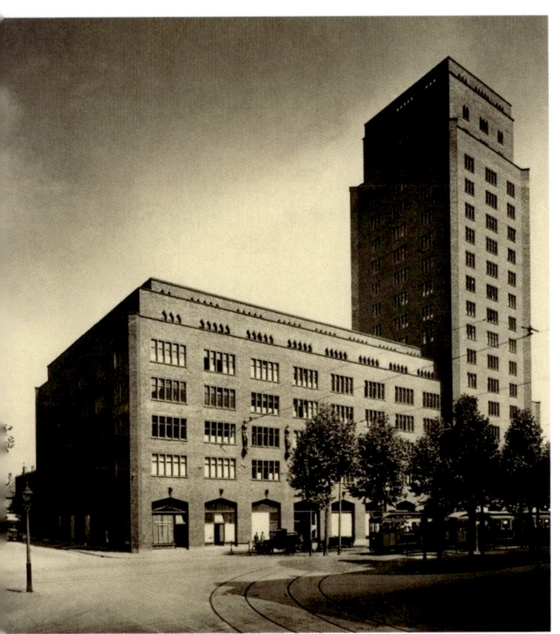

Hansa-Hochhaus, *1924/25 von J. Koerfer, zeitgenössische Aufnahme*

Ähnliche Strenge strahlt trotz einiger an Expressionismus und Art déco orientierter Details das Hansa-Hochhaus am Hansaring aus, ein Stahlskelettbau mit Backsteinverkleidung, den Jakob Koerfer 1924/25 als damals höchstes Gebäude Europas konzipiert hatte. Dem 17-geschossigen Turm mit markanten Eckpfeilern scheint der niedrigere Trakt entlang der Straße mit seinen sechs Geschossen wie durchgeschoben. In Gruppen zusammengefasste Fensterbänder aus hellem Naturstein bilden ein Gegengewicht zur vertikalen Dominanz.

Eindeutiger dem Neuen Bauen zuzurechnen sind die Fordwerke in Köln-Niehl, 1930/31 aus Stahlbeton mit Backsteinumhüllung. Bürogebäude, Kesselhaus und Produktionshallen sind ihrer Funktion entsprechend innerhalb der Vierflügelanlage als unterschiedliche Baukörper geformt. Auch die Anordnung der kubischen Bauteile des ehemaligen Flughafens Butzweilerhof in Köln-Mengenich, 1935/36 von dem ebenfalls in Stuttgart geschulten Nachfolger

Klassische Moderne

Die (klassische) Moderne ist eine um 1900 in Europa aufkommende avantgardistische Stilrichtung der bildenden Künste. Im Bereich der Architektur wird sie bestimmt vom Neuen Bauen beziehungsweise der Neuen Sachlichkeit, wie sie das BAUHAUS, gegründet 1906, und der Deutsche Werkbund, gegründet 1907, propagiert und umgesetzt haben. Dabei ging es um Rationalisierung und Typisierung sowie den Einsatz neuer Werkstoffe und Materialien wie insbesondere Stahl, Beton, Glas, aber auch Backstein. Die sogenannte Stuttgarter Schule verwar ebenfalls den Historismus, vertrat aber eine konservativere Haltung, die mit ihrem Traditionalismus auf ästhetische Werkgerechtigkeit abzielte. Die auf Schlichtheit und Zweckmäßigkeit ausgerichteten Bauten aller Spielarten wollten sozialen und ökonomischen Anliegen gerecht werden. Der Beginn der Nazizeit bedeutete das weitgehende Ende dieser innovativen Bestrebungen, die nach 1945 bis in die Gegenwart vielfach wiederauflebten.

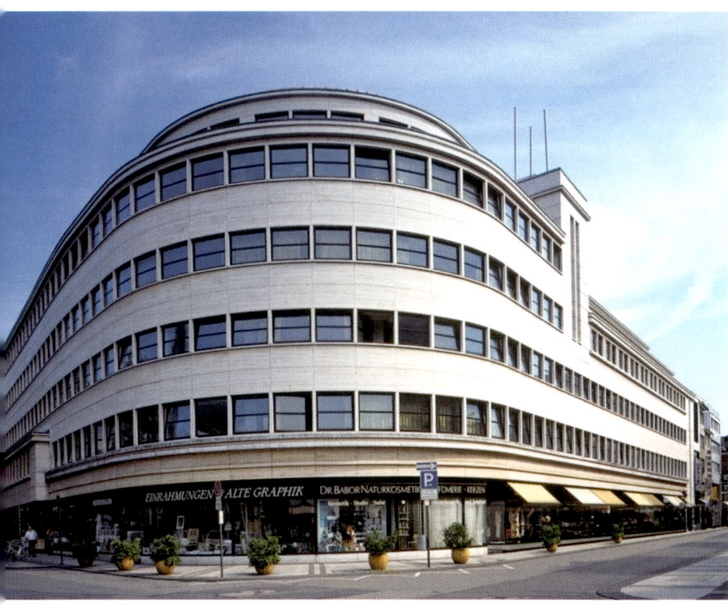

Dischhaus, *1929 von B. Paul, Fassade erneuert*

Abels im Hochbauamt und späteren Stadtbaurat Kölns Hans Mehrtens und Mitarbeitern entworfen, folgt mit klarer Linienführung den Idealen des Neuen Bauens.

Bei gleicher Grundhaltung bezogen sich 1929 Bruno Paul beim Dischhaus in der Brückenstraße und Clemens Klotz mit seinem Hochpfortenhaus auf der Hohe Pforte mit kühn gekurvter Ecklösung, hoher Schaufensterzone, Staffelgeschoss und durchgängigen Fensterbändern auf Vorbilder, wie sie Erich Mendelsohn zuvor in Berlin und Stuttgart realisiert hat. Im Dischhaus gerät die spiralartig geführte Treppe durch ihren eleganten Schwung zu einem besonderen Raumerlebnis. Verhaltener klingt eine solche Architektursprache noch einmal 1933–35 an beim Verwaltungsgebäude der Allianz-Versicherungen des Architekturbüros Wach & Rosskotten am Kaiser-Wilhelm-Ring.

Daneben gibt es aber auch, vornehmlich backsteinverkleidete, Bauten mit historisierenden Reminiszenzen, wie etwa das Verwaltungsgebäude der Rheinischen AG für Braunkohlenbergbau und Brikettfabrikation, 1922/23 von Heinrich Müller-Erkelenz, das am Konrad-Adenauer-Ufer an das renaissancezeitliche Rathaus von Elias Holl in Augsburg erinnert, oder das Haus Neuerburg am Gülichplatz, das vor 1925 namentlich mit seinem Turm auf mittelalterliche Kölner Patrizierhäuser verweist.

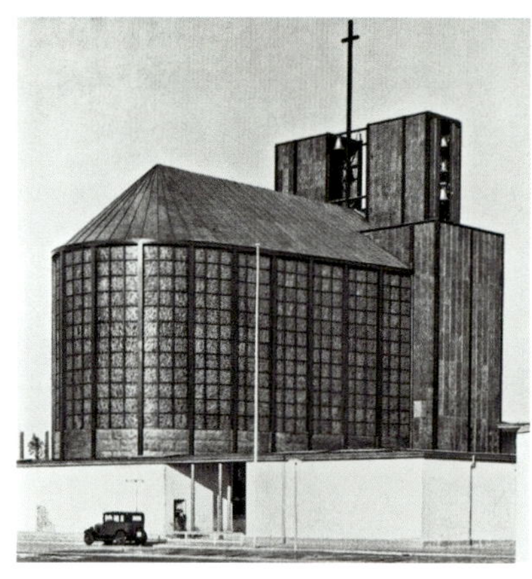

Otto Bartning, **Pressa-Kirche***, 1928 (nicht erhalten)*

REFORMBEWEGTE KIRCHEN

Die Zeit unmittelbar nach dem Ersten Weltkrieg entfachte mit ihrer gesellschaftlichen Neuausrichtung auch innerhalb der großen Konfessionen Diskussionen, die auf liturgische und ihnen dienende architektonische Veränderungen abzielten. Gefordert war eine Bauform, die einem gesteigerten Gemeinschaftserlebnis der Gläubigen und einer stärkeren Ausrichtung auf den Altar entgegenkam. Exemplarisch hatte Otto Bartning diesem Anliegen bereits Rechnung getragen mit seiner auf der ‚Pressa' ausgestellten Kirche aus Stahl und Glas.

Annährung an ein derartiges Verständnis von einem Kirchenraum versuchten 1930/31 Wilhelm Riphahn und Caspar Maria Grod mit der im Kontext der von ihnen geplanten Siedlung ‚Weiße Stadt' erbauten Pfarrkirche St. Canisius in Köln-Buchforst. Trotz ihres klaren kubischen Aufbaus musste sie auf bischöfliche Weisung Bezüge zur traditionellen Kirchenbaukunst aufweisen, die sich vor allem in der vorgelagerten Arkadenlaube und dem seitlich beigestellten Turm zeigen. Verwandte Züge eines baukünstlerischen Übergangs besitzt die evangelische Melanchthonkirche in Köln-Zollstock, die Theodor Merrill 1929/30 als Mittelpunkt eines Siedlungsensembles entwarf, das mit der Klarheit seiner weißen Baukuben Ideale der Neuen Sachlichkeit verfolgt.

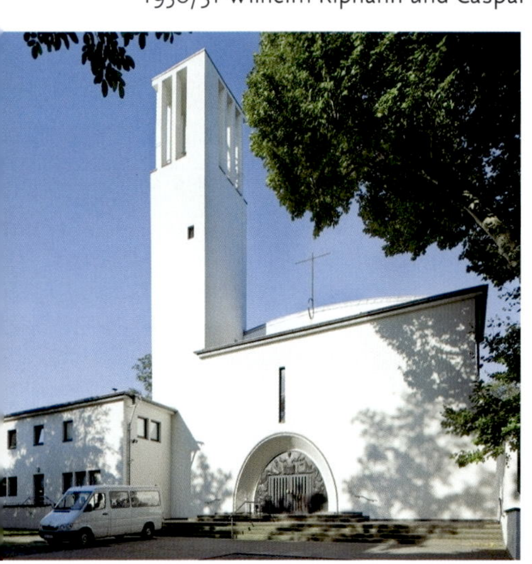

Köln-Zollstock, **Melanchthonkirche***, 1929/30 von T. Merrill*

Aufsehen erregte Dominikus Böhm 1930–33 mit St. Engelbert in Köln-Riehl. Seine Kirche oberhalb einer monumentalen Freitreppe ist über rundem Grundriss als Stahlbetonbau mit Backsteinummantelung errichtet. Die parabelförmigen Schilde der Außenwand haben oben jeweils ein Rundfenster. Zur Mitte steigen den Parabeln folgend die Dächer leicht an. Der durch die sparsame Lichtführung fast mystisch anmutende Raum mündet in einen segmentbogig endenden Chor, der von einer Seite durch ein Fenster hell beleuchtet wird. Der Turm ist als Campanile beigestellt; dessen Reihen rundbogiger Schallöffnungen sind nicht ohne historisierenden Anklang. Ein solcher ist noch offensichtlicher bei Böhms gleichzeitiger Krankenhauskirche St. Elisabeth in Köln-Hohenlind, eine dreischiffige Halle mit fensterloser Apsis. Unterhalb des hoch liegenden Chores ist Raum für eine Krypta, die sich unterhalb der Emporen in einzelnen Kapellen fortsetzt.

Das diesen beiden Bauten Böhms innewohnende, damals von der Jugendbewegung beförderte Romanik-Gefühl war auch das Leitmotiv der 1927–30 von Clemens Holzmeister durchgeführten Restaurierung von St. Georg, bei der Steinsichtigkeit und heller Rauputz als idealtypisch für mittelalterliche Architektur galten und dem Wunsch nach Werkgerechtigkeit den Weg ebneten.

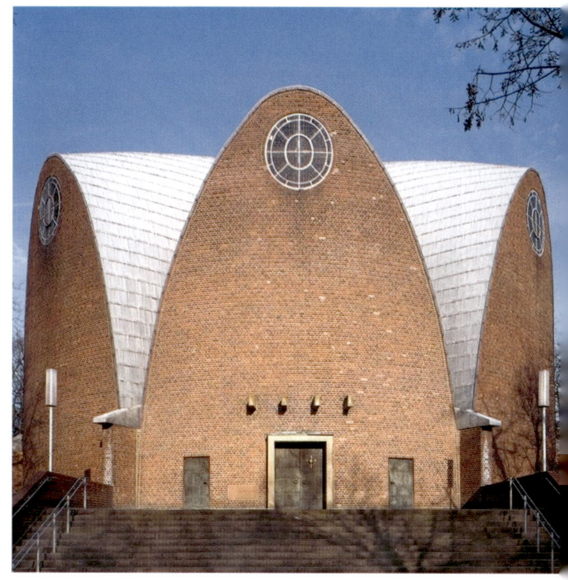

Köln-Riehl, St. Engelbert, *1930–33 von D. Böhm, Eingangsseite*

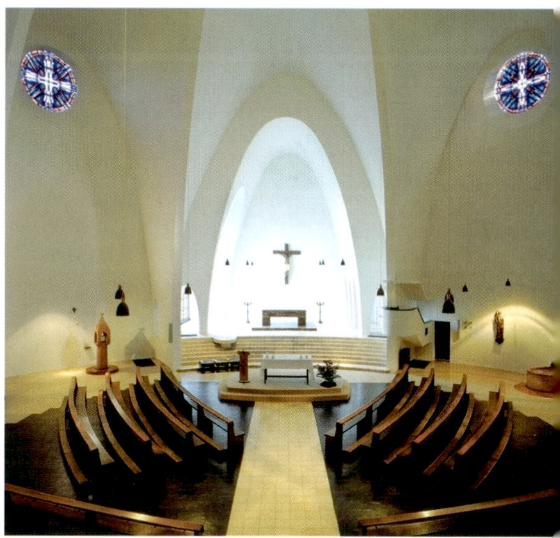

St. Engelbert, *Inneres*

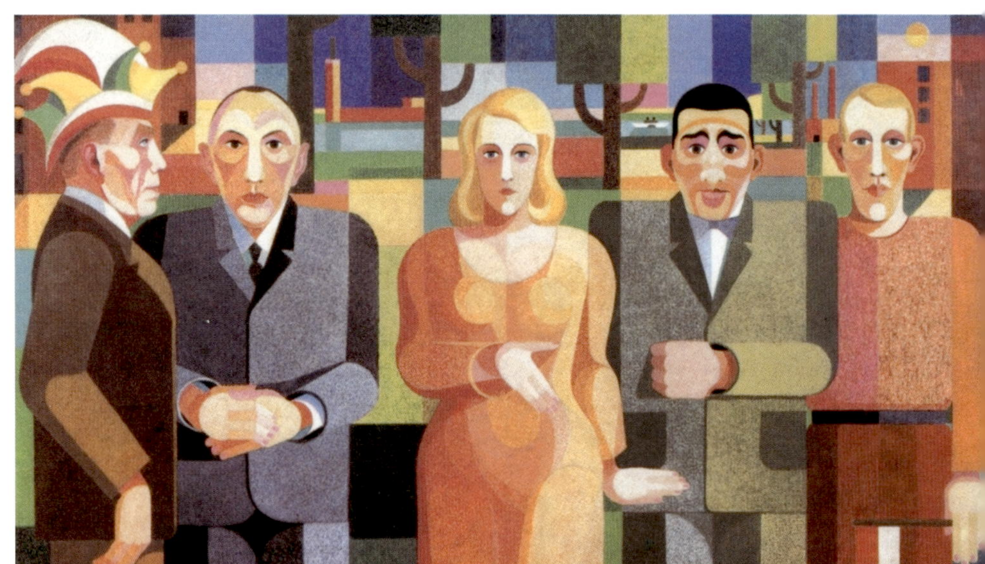

Heinrich Hoerle, Zeitgenossen*: Willi Ostermann, Konrad Adenauer, Diseuse Trude Alex (Hoerles Frau), Boxer Hein Domgörgen, Hoerle, Wachs auf Holz, 1932, Kölnisches Stadtmuseum*

KUNST IN AUFRUHR

Noch vehementer als die reformorientierte Aufbruchsstimmung der Kirchen war das Kunstschaffen nach dem Ersten Weltkrieg beflügelt von dem Willen, mit den überkommenen Traditionen zu brechen. Namentlich die zur damaligen Zeit in Europa und den USA entstandene Dada-Bewegung strebte danach, Kunst und Gesellschaft durch aufsehenerregende, heute sagen wir: Events, zu verändern. Führend bei solchen Aktionen waren in Köln unter anderem Hans Arp, Heinrich Hoerle, Anton Räderscheidt, Franz Wilhelm Seiwert, aber auch Max Ernst, nach dessen Vorstellung, dem ‚Dadamax', Kunstwerke regelmäßig zerstört und durch neue ersetzt werden sollten. Nachdem Arp 1920 und Ernst 1922 Köln verlassen hatten, fand der Dadaismus hier sein Ende. Hoerle und Seiwert wurden zu Protagonisten der ‚Gruppe der Progressiven', die in der Folgezeit mit ihren Werken vor allem sozial-politische Ziele verfolgten. Zu ihrem Umfeld zählte der Fotograf August Sander, der mit seinen veristisch nüchternen Aufnahmen hauptsächlich von Menschen und der Stadt Köln einen interessanten Beitrag zur Neuen Sachlichkeit leistete.

Auch die Kölner Werkschulen, die aus der 1880 gegründeten ‚Kunstgewerbe- und Handwerkerschule' hervorgegangen waren, erlebten seit 1926 unter der Leitung

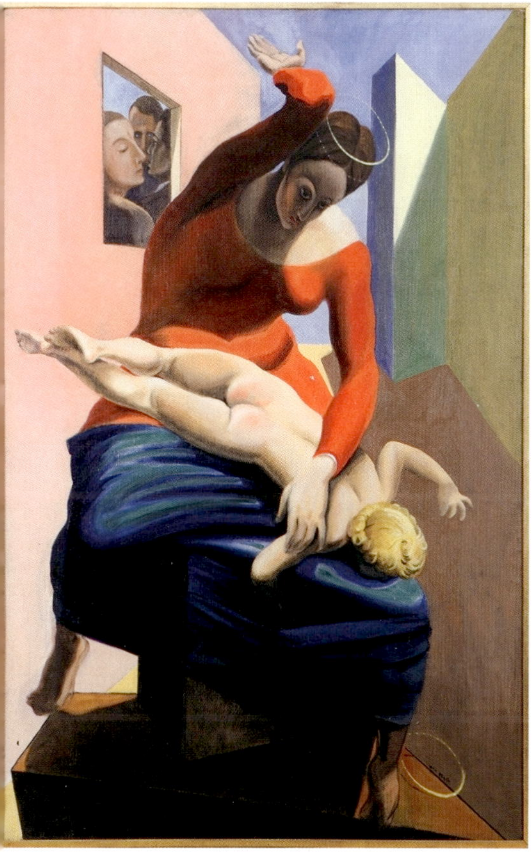

Max Ernst, Die Jungfrau züchtigt den Jesusknaben vor drei Zeugen, *1926, Museum Ludwig*

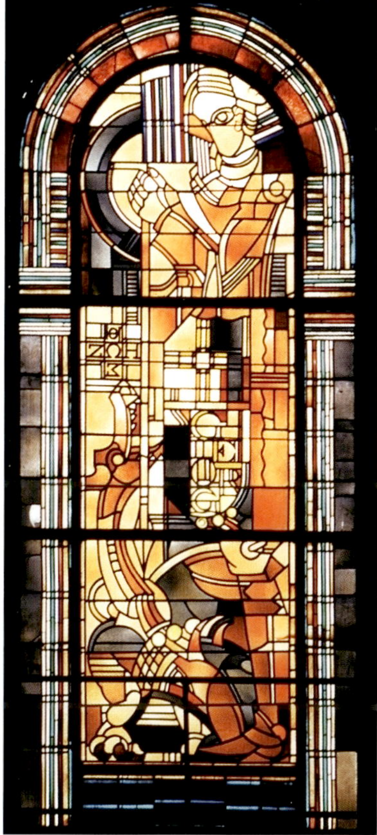

Jan Thorn Prikker, Glasfenster mit hl. Georg, *1930, Westchor von St. Georg*

des Architekten und Malers Richard Riemerschmid gewissermaßen als Gegenstück zum BAUHAUS eine neue Ausrichtung, indem er die künstlerische und handwerkliche Ausbildung in verschiedenen Klassen zusammenführte. Zu ihren bedeutenden lehrenden Künstlern gehörten Dominikus Böhm und Jan Thorn Prikker. Dieser schuf für die Kirche St. Georg eine eindrucksvolle Verglasung, im Westchor mit Darstellungen der hll. Georg, Anno und Jakob, in den Seitenschiffen aus farbkräftigen Ornamenten in geometrischer Komposition. Nach dem Krieg ließen sich diese herausragenden Glasmalereien des Expressionismus mithilfe der Originalkartons rekonstruieren.

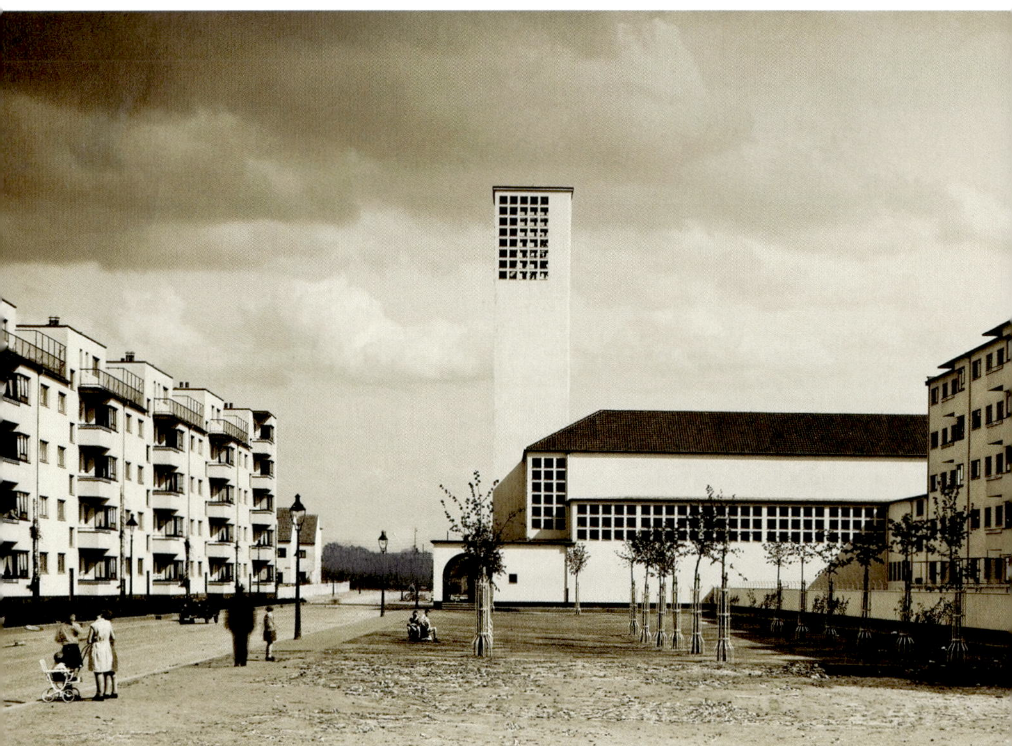

Köln-Buchforst, Weiße Stadt mit St. Petrus Canisius, *1929–32 von W. Riphahn und C. M. Grod, zeitgenössische Aufnahme*

FÜHREND IM SIEDLUNGSBAU

Neben Berlin, Frankfurt/M. und Wien war Köln seit den 1920er-Jahren die Stadt Deutschlands, die sich nach Umfang und Qualität beim Siedlungsbau besonders hervorgetan hat. Das Spektrum reicht von Einzelhauskolonien und Reihenhauskomplexen bis zum ausgedehnten Wohnungsgeschossbau. Die oft in der Tradition der Gartenstadtbewegung geplanten Anlagen waren bemüht, ihre Bauten am Sonnenstand auszurichten. Ein frühes Beispiel ist die Nibelungensiedlung am Nordfriedhof.

Riphahn ging es als Architekt der 1928 fertig gestellten Anlage darum, trotz aller Typisierung einen kleinstädtischen, fast dörflichen und idyllischen Charakter zu schaffen durch Plätze, Torbögen, unterschiedliche Giebel und eine heitere Farbigkeit der in Gärten eingebetteten Häuser. Avantgardistisch und sozial ambitioniert sind die mit etwa 600 Wohneinheiten nach Plänen von Riphahn und Grod im Stil der Neuen Sachlichkeit in Köln-Buchforst entstandenen Siedlungen ‚Blauer Hof', 1926/27, und ‚Weiße Stadt', 1929–32. Klare weiße Kuben in Block- und Zeilenbebauung werden durch Balkone und eine differenzierte Farbgebung zurückhaltend, aber vornehm gegliedert. Grünanlagen und Gebäude für die Allgemeinheit zielen auf eine urbane Atmosphäre.

NATIONALSOZIALISTISCHE PLANUNGEN

Eine Siedlung, die in besonderer Weise auf die sozialen Verhältnisse zwischen den beiden Kriegen reagierte, ist die Siedlung Vogelsang. Nach Plänen der Gemeinnützigen AG für Wohnungsbau in Köln 1932–37 für Erwerbslose angelegt, wurden die Kleinst- und Mietwohnungen im Charakter von Eigenheimen in Eigeninitiative errichtet. Nach ihrer Machtübernahme erweiterten die Nationalsozialisten die Siedlung im Heimatschutzstil mit Plätzen, Kirche, Schule und Gemeinschaftshäusern zu einem ‚germanischen Dorf'.

Für Köln selbst sah der Generalplan der Nationalsozialisten die Umgestaltung zu einer Gauhauptstadt vor. Ausgehend von Entwürfen des Architekten Klotz für ein ‚Nationalhaus der Arbeit am Rhein' war auf der Deutzer Seite zwischen Hohenzollernbrücke und Deutzer Brücke ein monumentales Gauforum der NSDAP vorgesehen, für das weite Teile von Deutz und Kalk hätten geopfert werden müssen. Linksrheinisch sollten breite Straßenschneisen vom Heumarkt in Richtung Hahnenstraße sowie ungefähr im Verlauf der heutigen Nord-Süd-Fahrt den historischen Stadtkern durchkreuzen. Am noch von Schumacher geplanten Aachener Weiher legte Joseph Goebbels etwa an der Stelle des jetzigen Museums für Ostasiatische Kunst 1939 den Grundstein für ein Kunsthaus. Das als neoklassizistische Vierflügelanlage projektierte Gebäude blieb in den Fundamenten stecken. Auch die übrigen gigantischen Vorhaben, die die Altstadt zu einem kleinparzelligen Architekturreservat degradiert hätten, hat der Krieg zunichte gemacht.

VOM FIASKO ZUM WIRTSCHAFTSWUNDER: DAS WIEDERAUFLEBEN DER MODERNE

WIEDERAUFBAU

Für den Wiederaufbau des erheblich kriegszerstörten Stadtleibes von Köln hatte man Rudolf Schwarz 1946–52 zum Generalplaner bestellt, dem in Zusammenarbeit mit anderen renommierten Kölner Architekten daran gelegen war, unter weitgehender Beibehaltung des historischen Stadtgrundrisses einen städtebaulichen und architektonischen Neuanfang zu realisieren. Maßgebende Ankerpunkte dafür waren die Traditionsinseln vor allem um die romanischen Kirchen, das Rathaus und den Gürzenich, die in ihrem geschichtlichen Erscheinungsbild so weit wie möglich ebenso wie das Altstadtpanorama wieder entstehen sollten. Von der Verkehrsplanung des Dritten Reiches wurde lediglich das Verkehrskreuz aus Pippinstraße/Cäcilienstraße/Hahnenstraße und Nord-Süd-Fahrt aufgegriffen.

Entlang der Hahnenstraße entstand unter der Regie von Riphahn Kölns erste Flaniermeile, die am westlichen Ende mit den Hahnentorlichtspielen, 1947/48 als größtes Uraufführungstheater Westdeutschlands errichtet (1986 abgebrochen), beginnt und sich als ein- und zweigeschossige Geschäftspavillons bis zum Neumarkt fortsetzt. Etwa auf halber Strecke, gegenüber von St. Aposteln, wird die geschlossene Gebäudeabfolge durch den im Winkel positionierten Bau ‚Die Brücke' des ehemaligen Britisch Council, heute Kunstverein, akzentuiert.

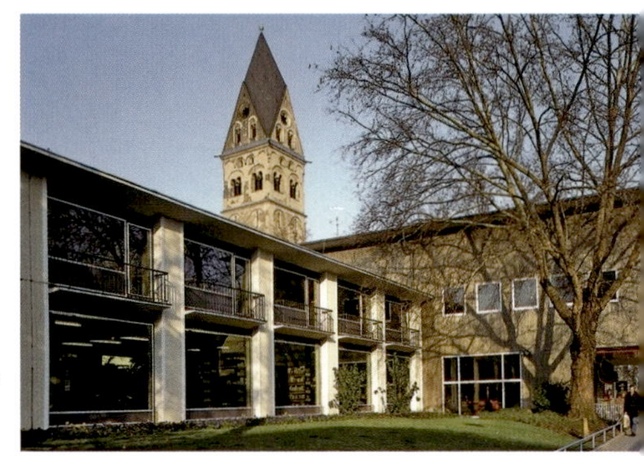

Hahnenstraße, ‚Die Brücke', ehem. British Council, heute Kölnischer Kunstverein, 1949/50 von W. Riphahn

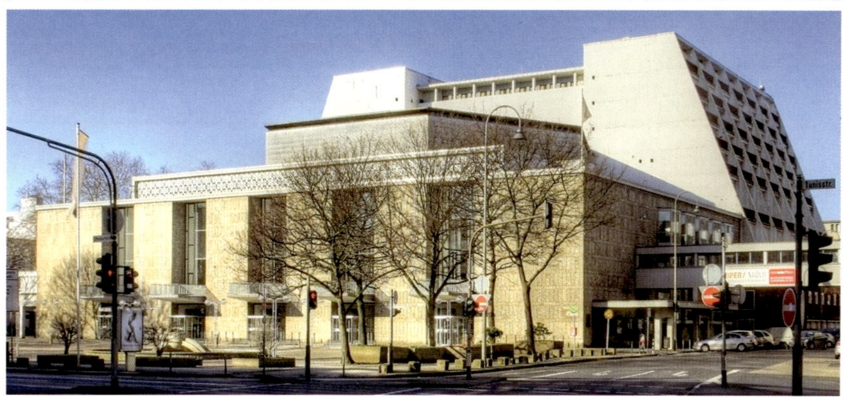

Opernhaus, *1952–57 von W. Riphahn*

An der Nord-Süd-Fahrt wuchs ebenfalls nach Plänen von Riphahn am Offenbachplatz das Theaterensemble zusammen, bestehend aus Oper, 1952–57, Theaterrestaurant, 1957/58, und Schauspielhaus, 1959–62. Das beherrschende Opernhaus in der Tradition des Neuen Bauens ist ein nach seinen Funktionen auch durch unterschiedliche Materialien gegliederter Baukörper aus Foyer und Zuschauerraum, Bühnenhaus und Kulissenturm, seitlich eingefasst von terrassenartig ansteigenden Pylonen für die Werkstätten. Diese Klarheit des Äußeren findet ihre Entsprechung in der Aufteilung des weiträumigen Inneren.

Eine grandiose Symbiose aus Kriegsruinen und den charakteristischen Ausdrucksmitteln der 1950er-Jahre ist den Architekten Schwarz, Karl Band und Hans Schilling bei dem 1955 vollendeten Ensemble aus Gürzenich und Alt St. Alban gelungen. Vornehmlich der neue Trakt zwischen den beiden historischen Baukörpern widerspiegelt in der Weitläufigkeit von Foyer und Garderobe sowie der großzügigen Treppenanlage Geist und Gefühl der Nachkriegsepoche. Die Ausstattung erscheint wie ein Musterkatalog damaliger künstlerischer Ambitionen als Gemeinschaftswerk zahlreicher namhafter Künstler wie Ludwig Gies, Theo Heiermann, Elmar Hillebrand, Sepp Hürten, Hans Lüneborg, Paul Nagel, Erika Vonhoff, Paul Weikmann und anderer. Beeindruckend ist der Blick auf die als integrierte Ruine belassene Albanskirche.

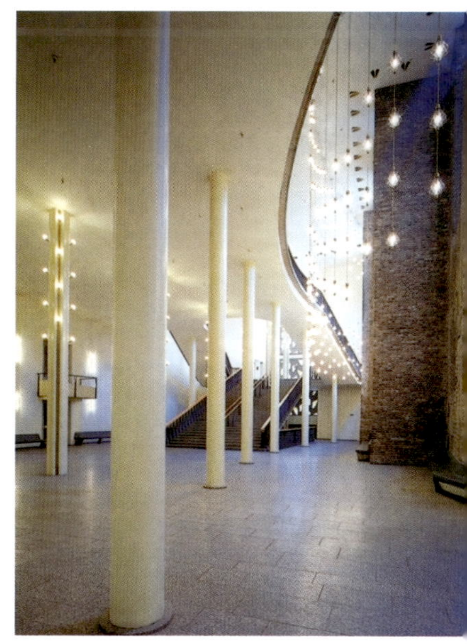

Gürzenich, *Wandelhalle mit Treppenaufgang, 1952-55 von R. Schwarz, K. Band und H. Schilling*

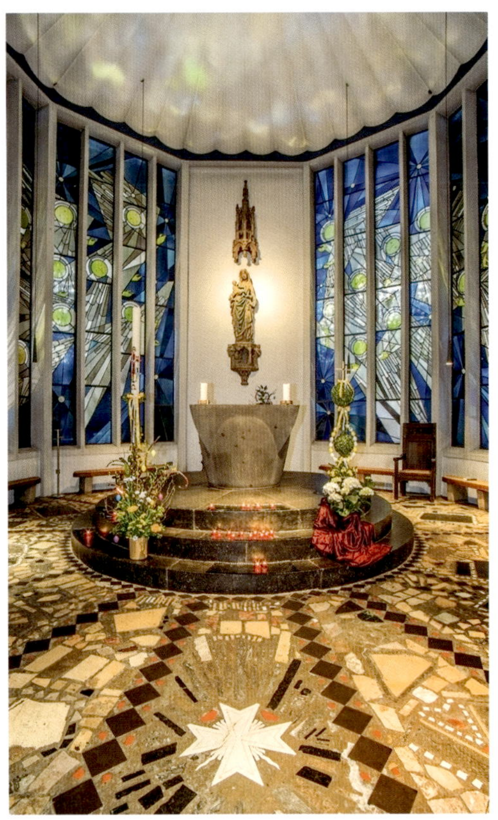

Maria in den Trümmern, *1949/50 von G. Böhm,* **Glasbilder** *1954 von L. Gies*

Ähnlich kühn emporschwingende Treppen, in denen die Befindlichkeit der aufstrebenden Wirtschaftswunderzeit spürbar wird, bestimmen auch das Innere der Neubauten des Spanischen Baus sowie des Wallraf-Richartz-Museums (heute Museum für Angewandte Kunst). Beide Gebäude versuchen mit ihren Backsteinfassaden und Walm- beziehungsweise Satteldächern eine Einbindung in das historische Altstadtgefüge. Vergleichsweise robuster behaupten sich dagegen die neuen Trakte am historischen Rathaus anstelle der zerstörten An- und Umbauten des 19. Jahrhunderts, so insbesondere die grobmaßstäbliche Fassade zum Alter Markt. In der innen liegenden Piazetta des 1966–72 erstellten Komplexes haben Band und Eugen Weiler mit der großer Freitreppe und den Ausblicken auf Rathausturm, Saalbau und Löwenhof ähnliche Erlebnismomente inszeniert, wie sie der Gürzenich bietet.

Schon bald nach Kriegsende, 1947, überlegte Gottfried Böhm, wie er innerhalb der Trümmerlandschaft von Köln die Ruinenreste von St. Kolumba nutzen könne für ein neu zu bauendes Zeichen des hoffnungsvollen Wiederauflebens der Stadt. Dazu entwarf er um die lebensgroße Steinmadonna in der Nachfolge des Konrad Kuyn, die mit Podest und Baldachin den Bombenhagel überstanden hatte, unter Einbeziehung von Turmstumpf und Westvorhalle in Skelettbauweise eine oktogonale Kapelle. Für die Flächen zwischen den schlanken Stützen ihres Polygons komponierte Ludwig Gies große Glasgemälde mit Engelchören vor hellblauem Hintergrund. Sie schenkten dem Andachtsraum von ‚Maria in den Trümmern', den die Kölner geradezu als Architekturikone der Nachkriegszeit verehren, natürliche Helligkeit. Seit ihrer Überbauung

2003 durch Peter Zumthors Museumsbau muss sie von außen künstlich beleuchtet werden. Gies, der an den Kölner Werkschulen Bildhauerei lehrte und unter anderem 1955 den Bundesadler für den Alten Plenarsaal des Deutschen Bundestages schuf, war in Köln mehrfach als Glasmaler für Kirchen verantwortlich, wie beispielsweise in der dem südlichen Seitenschiff von St. Aposteln 1955 angebauten Aula.

Ein markantes Baukunstwerk der Zeit des Wirtschaftswunders ist das Blau-Gold-Haus am Domkloster, das Wilhelm Koep 1951 für das Kölner Traditionsunternehmen 4711 entworfen hatte. Der sechsgeschossige Stahlskelettbau mit Glas-Aluminiumfassade vereint zeittypischen Dekor mit firmenspezifischen Designelementen des Produkts ‚Echt Kölnisch Wasser'. Insbesondere bei Dunkelheit gerät diese Architekturvitrine durch die blau-goldene Beleuchtung zu einem unverwechselbaren Werbeträger. Architektur im Dienst von Corporate Identity verkörpert auch das Verwaltungsgebäude der Kaufhof AG in der Leonard-Tietz-Straße. 1953/54 haben Hermann Wunderlich und Reinhard Klüser diesen mehrflügeligen Stahlskelettbau mit dominantem Turm geschaffen, der die in den USA als Inbegriff der Moderne geltende gläserne Vorhangfassade übernimmt, wie sie der aus dem Rheinland stammende Ludwig Mies van der Rohe vorbildlich entwickelt hatte. Ihre feinteilige Rahmenkonstruktion aus eloxiertem Aluminium mit den grünen Glasbrüstungen etablierte sich bundesweit zum Erkennungsmerkmal der Konzernbauten. In Konstruktion und Gestaltung eng verwandt ist am Deutzer Rheinufer das Landeshaus, Verwaltungssitz des Landschaftsverbandes Rheinland, 1957/58 als aufgeständerter Vierflügelbau errichtet von Ernst von Rudloff, Eckhard Schulze-Fielitz und Ulrich Schmidt von Altenstadt.

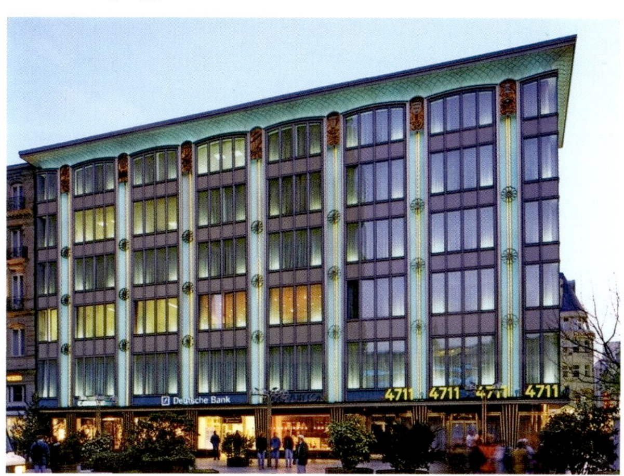

Blau-Gold-Haus, *1951 von W. Koep*

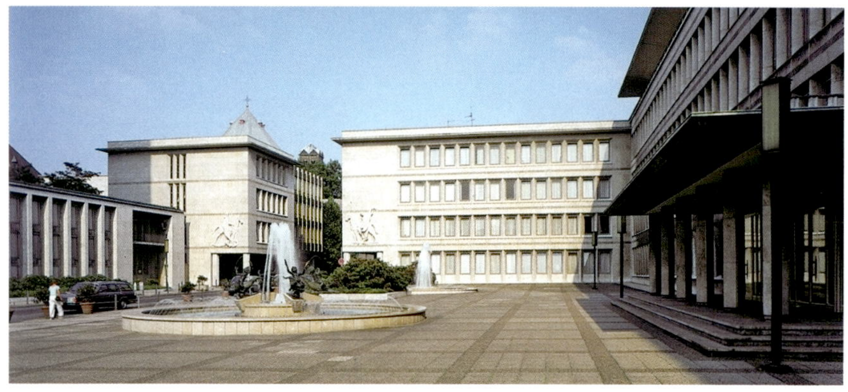

Gerling-Komplex, *1956–58 von Arno Breker und H. Gerling*

Einen ganz anderen Ton bei der baukünstlerischen Umsetzung einer Corporate Identity schlug kurz zuvor der Gerling-Konzern am Gereonshof an. Auf der Nordseite der Straße wurde 1953 nach Vorplanungen von Helmut Hentrich und Hans Heuser als erstes Hochhaus der Nachkriegszeit in Köln ein unter Einflussnahme Hans Gerlings von Erich Hennes entworfener 15-geschossiger Turm vollendet. Seinen Stahlbetonkern umhüllt eine solide Werksteinverkleidung, deren stringente Struktur den Fassaden wie auch den seitlichen Flügelbauten neoklassizistische Haltung verleiht, die ihre Bezüge zur Architektur der 1930er-/40er-Jahre nicht verhehlen kann (Neuerdings durch Umwidmung zu Wohnzwecken beeinträchtigt). Noch stärker kommt dieser Rückgriff bei der axial gegenüberliegenden Dreifügelanlage von 1956–58 zur Geltung. Diese hatte Gerling zusammen mit Arno Breker symmetrisch um eine ‚Cour d'honneur' mit zwei runden Brunnenbecken konzipiert. Mit dem Staffelgeschoss unter extrem dünnem vorspringendem Dach auf dem Haupttrakt und mit den anschließenden Bauten von 1958 am Hildeboldplatz und zum Klapperhof, 1961–66, passt sich der Gebäudekomplex zunehmend zeitgenössischen Architekturströmungen an.

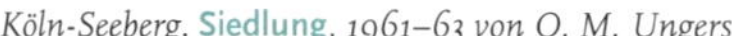

Köln-Seeberg, Siedlung, *1961–63 von O. M. Ungers*

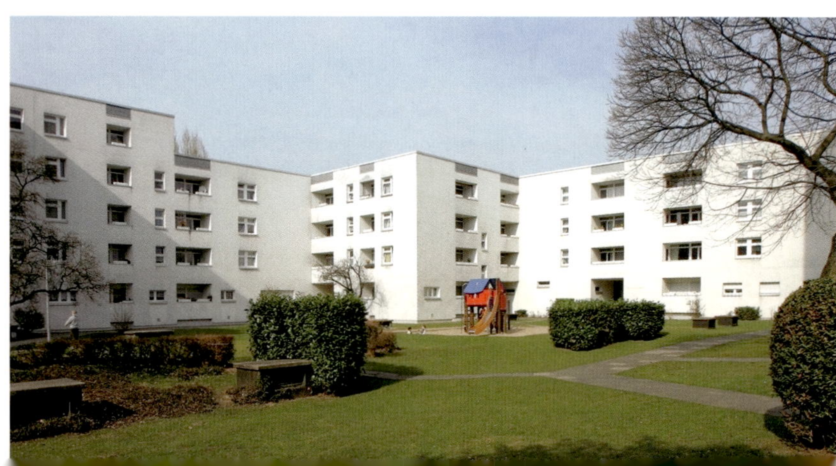

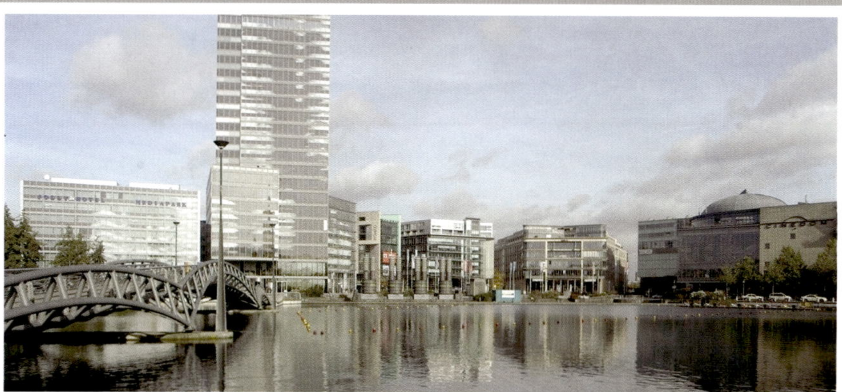

MediaPark *mit Brücke von Verena Dietrich, 1994*

Bis heute hat Köln als Sitz angesehener Unternehmen und Verwaltungen, aber ebenso als Ort der Wissenschaft und Forschung mit deren Bauten die Architekturgeschichte exemplarisch fortgeschrieben. Diese Entwicklung kulminiert in den Neubauten des MediaParks mit der futuristisch wirkenden Brücke, 1994 von Verena Dietrich, und des Rheinauhafens, wo unter anderem die 1924/25 von dem russischen Künstler und Architekten El Lissitzky skizzierte Idee der ‚Wolkenbügel' in den sogenannten Kranhäusern Gestalt angenommen hat. In gewissem Umfang gilt das auch für den Wohnungsbau, namentlich die Siedlungen. In Weiterführung der Tendenzen, wie sie etwa die ‚Weiße Stadt' zeigte, fasste Oswald Mathias Ungers 1961–63 seine Anlage in Köln-Seeberg auf. Auch hier verwirklichte er seine Vorstellung von der Morphologie der Stadt als einer aus einem Haus abgeleiteten Struktur. Im Alternieren von Positiv- und Negativräumen bestimmen Hof- und Atriumhäuser das nach dem gleichen System geordnete Siedlungsgefüge. Seine von zwei bis auf sechs Geschosse aufsteigende Bebauung ist wie ein in sich rhythmisiertes Gebäude angelegt. Mit ihren weiß verputzten Wandflächen und den ihnen scharf konturiert einbeschriebenen Fenstern und Loggien reflektieren sie den Geist der klassischen Moderne.

Blick auf den Rheinauhafen mit den Kranhäusern, *2008–2010*

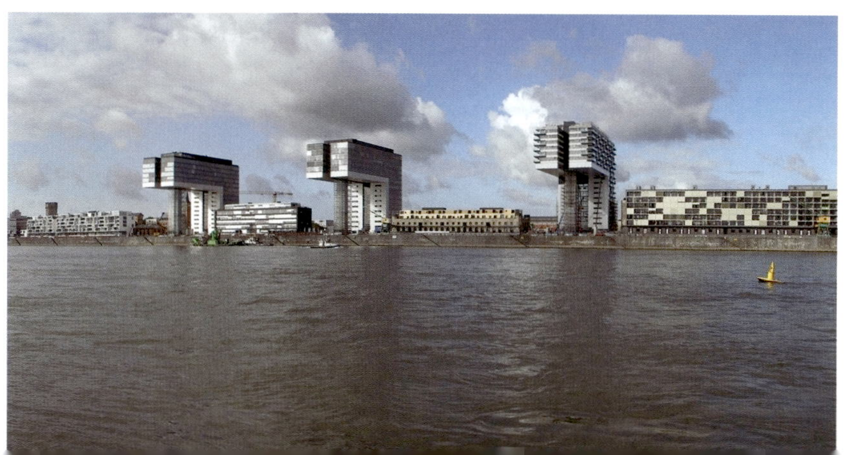

SAKRALE VIELFALT IN FORM UND MATERIAL

Die liturgischen Reformbewegungen der Vorkriegszeit fanden nach 1945 ihre Weiterführung und im Bereich der katholischen Kirche durch das II. Vatikanische Konzil, 1962–65, ihre liturgisch vertiefte Fortsetzung. In Köln wurden wie im Rheinland nach dem Krieg so viele Kirchen gebaut wie sonst nirgendwo in Deutschland. Dabei lebten auch gestalterisch wirksame Materialien wieder auf. Ähnlich wie bei den Verwaltungsbauten erobert insbesondere das Glas eine prägende Rolle. So war die Auflösung der Wand durch Glas bei Bartnings evangelischer Kirche auf der ‚Pressa' anregend beim letzten Sakralbauwerk von Dominikus Böhm, St. Maria Königin in Köln-Marienburg von 1953/54. Der backsteinverkleidete Stahlbetonbau mit quadratischem Grundriss unter flachem Zeltdach, dessen Decke dünne Eisenstützen tragen, ist auf seiner Südseite durchgängig durch eine Fensterwand aufgebrochen. Dem Kirchenraum mit gläsernem Gang angeschlossen ist eine ebenfalls vollkommen verglaste Taufkapelle.

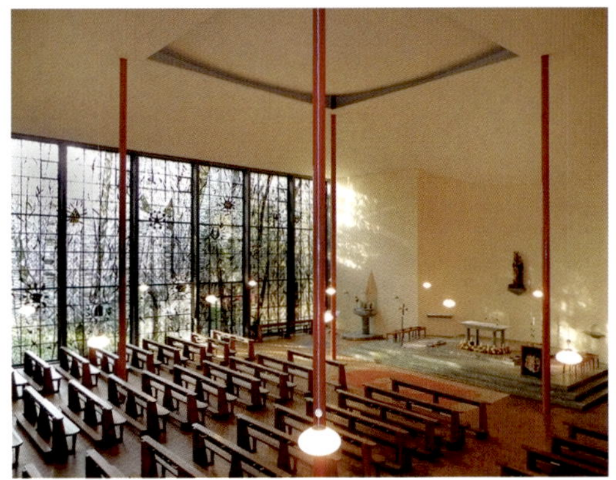

Köln-Marienburg, **St. Maria Königin**, *Inneres, 1953/54 von D. Böhm*

Joachim und Margot Schürmann haben an ihrem 1957–61 errichteten Neubau von St. Stephanus in Köln-Lindenthal das den Stahlskelettkubus füllende Glas in eine asketische Ästhetik überführt. Opake Scheiben alternieren mit solchen aus Glasfasern und schenken dem von schlanken vergoldeten Rundstützen getragenen Innenraum eine lichte, zeitlose Feierlichkeit. In nahezu expressiver Dramatik inszenierte Fritz G. Winter die bis zum Dach verglasten Seitenwände der evangelischen Stephanuskirche in Köln-Riehl, die den 1963–65 über rautenförmigem Grundriss errichteten Bau zum spitzen Chorraum wie einen gewaltigen Schiffsbug aufragen lassen.

Gleichzeitig entstanden geschlossene Sichtbetonbauten, die ihren Innenräumen spürbare Introvertiertheit verleihen. Dazu gehören insbesondere die skulptural aufgefassten Baukörper von Gottfried Böhm wie St. Gertrud von 1965 in der Kölner

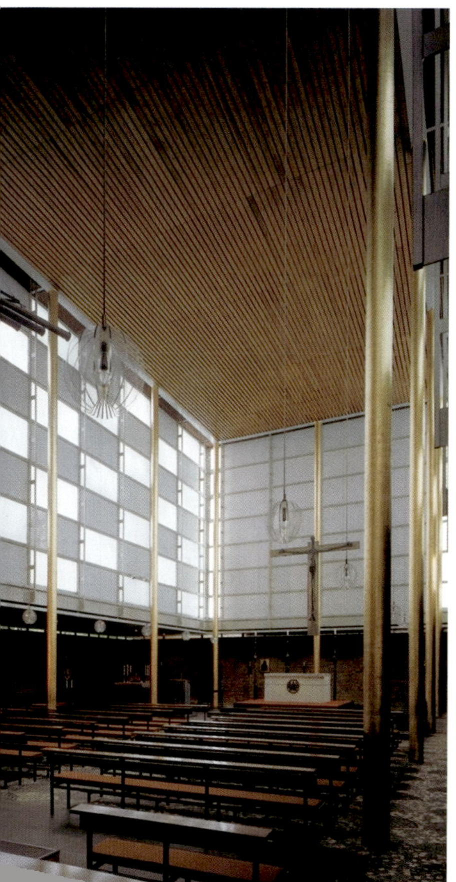

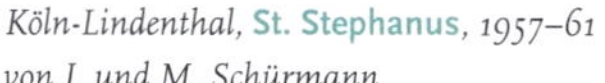

Köln-Lindenthal, St. Stephanus, *1957–61 von J. und M. Schürmann*

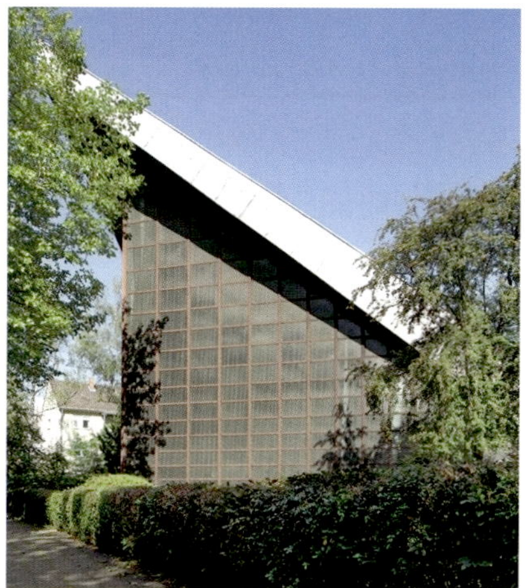

Köln-Riehl, ev. Stephanuskirche, *1963–65 von F. G. Winter*

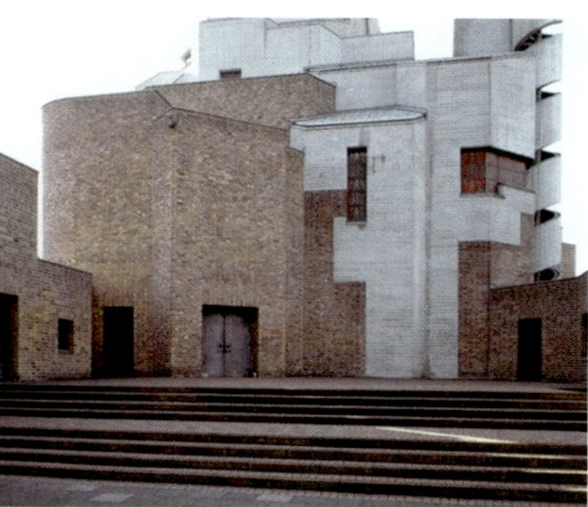

Köln-Lindenthal, St. Christi Auferstehung, *1967–70 von G. Böhm*

Neustadt, ein in die Straßenzeile eingebundenes Gebäude mit Faltdach und spitz endendem Campanile. Mehr im Sinne einer architecture brut, dem sogenannten Brutalismus, erbaute er 1967–70 die Pfarrkirche Christi Auferstehung in Köln-Lindenthal als point de vue am Ende des dortigen Wasserkanals. Der verschachtelt durchformte Stahlbetonbau mit beigestelltem Turm wird außen und innen kombiniert mit Backsteinflächen. Für beide Bauten hat der Architekt selbst die sparsam verteilten Fenster entworfen.

TRADITION UND INNOVATION IN SKULPTUR UND MALEREI

Wie bei der Architektur so blieben vor 1945 wirkende Künstler auch anderer Kunstgattungen in der Nachkriegszeit weiter tätig. Ein bezeichnendes Beispiel sind die gewaltigen Reliefs von Breker an den Bauten des ehemaligen Gerling-Konzerns am Gereonshof. Die von einer pathetischen neoklassizistischen Auffassung bestimmten Darstellungen der Gabendarbringung der Hll. Drei Könige wie von St. Georg und St. Martin hinterlassen nicht nur angesichts der christlichen Thematik im Kontext eines Kapitalunternehmens einen zwiespältigen Eindruck. Gleichermaßen erlaubt der von Breker im ‚Ehrenhof' geschaffene Bronzeschmuck der Brunnen mit Putti, die auf Delfinen reiten, in seiner barocken Attitüde Rückschlüsse auf das Selbstverständnis des Auftraggebers.

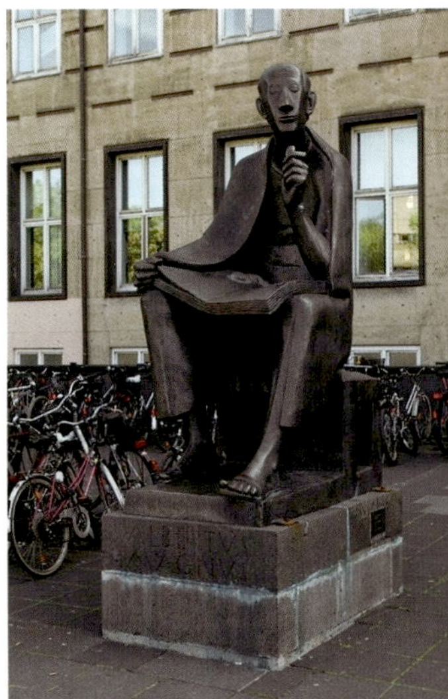

Gerhard Marcks, **Albertus Magnus** *vor der Kölner Universität, 1955/56*

Ganz anders präsentiert sich das 1955/56 von Gerhard Marcks vor dem Universitätshauptgebäude geschaffene Denkmal für Albertus Magnus. Sein wohl bedeutendstes Werk stellt den Heiligen auf einem Sockel sitzend in Denkerpose dar. Mit der Reduktion auf das Wesentliche verkörpert die Bronzeplastik auf expressive Weise die charakteristischen Züge des in Köln tätigen und begrabenen Dominikaners. In ähnlicher Konzentration auf innere Befindlichkeit ist das ‚Trauernde Elternpaar' aufgefasst, das Ewald Mataré 1953/54 in Rückgriff auf das 1931 von Käthe Kollwitz geschaffene Vorbild (Original auf dem deutschen Soldatenfriedhof Vladslo/Belgien) für die Gedenkruine von Alt St. Alban konzipiert hatte. Ausgeführt haben die knienden Steinfiguren seine Meisterschüler Joseph Beuys, den Vater, und Erwin Heerich, die Mutter.

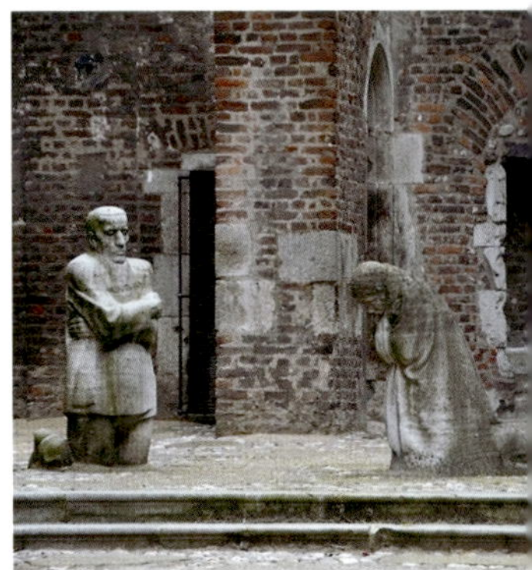

Ewald Mataré, **Trauernde Eltern** *in der Ruine von St. Alban, 1953/54*

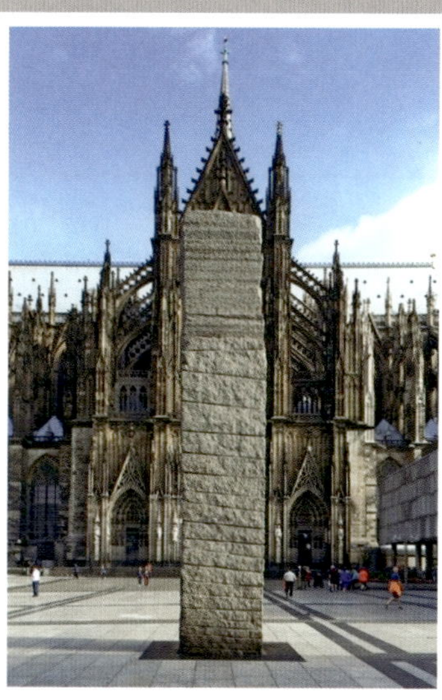

Heinz Mack, Columne pro Caelo, *1984*

Eine Generation später installiert Heinz Mack, Mitbegründer der Gruppe ZERO, mit seiner fast zehn Meter hohen Granitstele ‚Columne pro Caelo' auf dem Roncalliplatz ein bildhauerisches Monument, das auf völlig andere Weise Regungen vermittelt. Seine zum kapitellartigen Abschluss oben in ihrem Abstand zunehmenden Querrillen erzeugen eine Symbiose von Licht und Bewegung. Damit gelingt es der Plastik auf der Weitläufigkeit der Fläche, die architektonischen Strömungen der heterogenen Platzwände im Vorfeld des südlichen Querhausgiebels des Domes zu beruhigen und zu fokussieren. Diesem Werk von Mack verwandt sind die großmaßstäblichen Steinskulpturen von Ulrich Rückriem, der vor seinem Studium bei Gies in der Dombauhütte arbeitete. Wie er mit dem Material Stein umgeht, ist im Skulpturenpark in Köln-Riehl zu sehen, wo Blöcke zerteilt und anschließend mit Bohr-, Spalt- und groben Bearbeitungsspuren wieder zusammengefügt sind.

Zu den wichtigen Malern, die in der Nachkriegsepoche ihre künstlerische Tätigkeit fortsetzen konnten, zählt Peter Hecker, der sich mit Fenstern, Mosaiken, vor allem aber meist großflächigen Freskogemälden hervorgetan hat und einer der prominenten Vertreter des religiösen Expressionismus war. Der Chor von St. Elisabeth in Köln-Hohenlind verdankte ihm 1949/50 eine monumentale Ausmalung mit dem Jüngsten Gericht. Die Unterseiten der Betonemporen für die Orgel im Nordquerhaus des

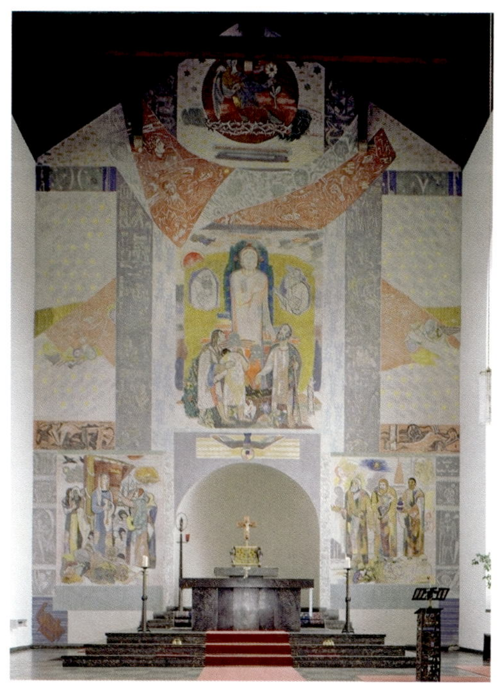

Peter Hecker, Wandgemälde in St. Albertus Magnus *in Köln-Lindenthal, 1969*

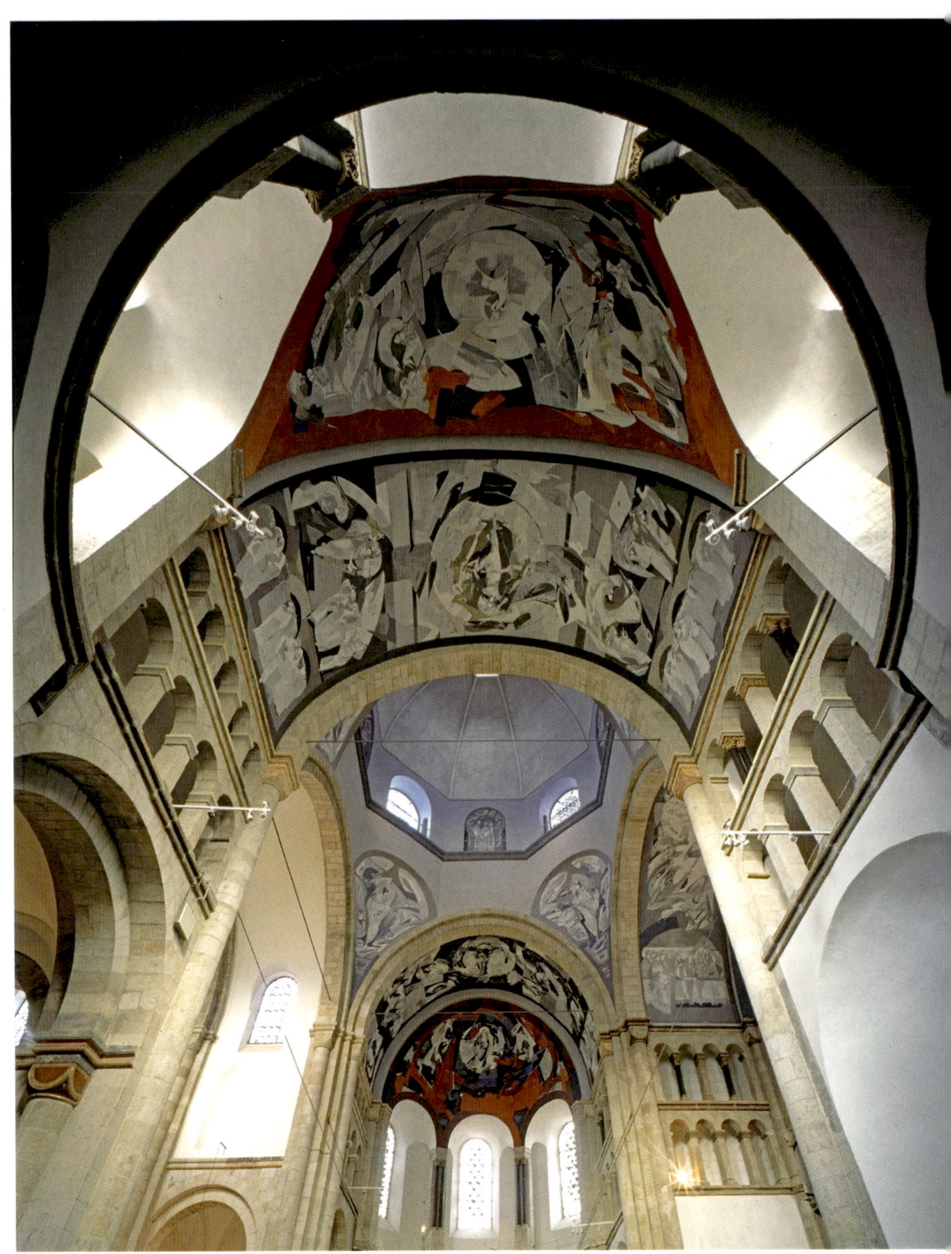

Hermann Gottfried, Chorausmalung von St. Aposteln, *1988–93*

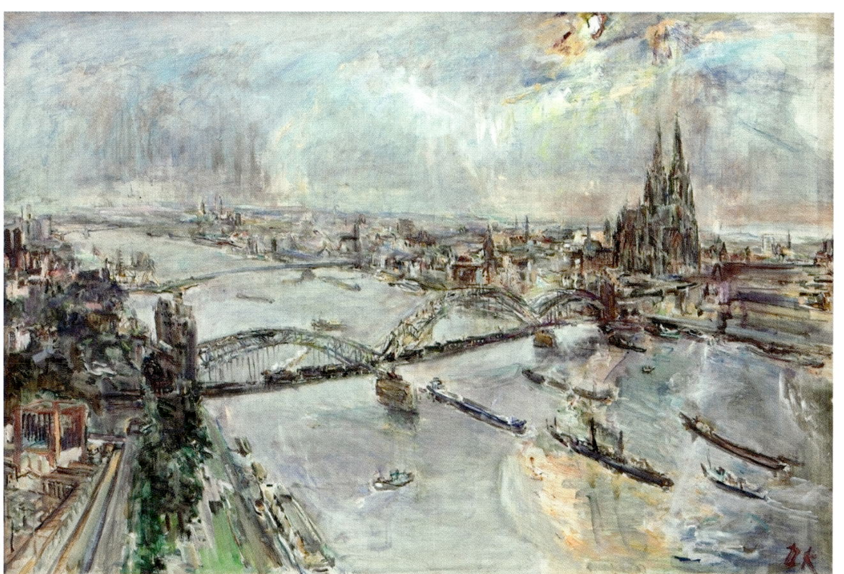

Oskar Kokoschka, Köln*, 1956, Museum Ludwig*

Domes bemalte er 1964 mit Themen der Musik aus Altem und Neuem Testament. Sein letztes großes Opus war 1969 die Bemalung der Chorwand von St. Albertus Magnus in Köln-Lindenthal mit der Verklärung Christi auf dem Berg Tabor. Bereits 1958 hatte er in dieser Kirche unter anderem die 14 Kreuzwegstationen in der für ihn typischen expressiven zeichnerischen Malweise geschaffen.

Eine Wiederaufnahme mittelalterlicher, aber auch historistischer Gewölbemalerei wagte Hermann Gottfried 1988–93 in den Konchen von St. Aposteln. Seine Szenen aus der Offenbarung des Johannes sind auf wenige, partiell etwas duster wirkende Farben reduziert und werden auch deshalb heute nicht unkritisch im Kontext der Architektur gesehen.

In der langen Tradition der Ansichten von Köln malte Oskar Kokoschka 1956 die Stadt vom Messeturm. Das Bild im Museum Ludwig bestimmen der breite, von Schiffen befahrene Rhein und das Massiv des Domes, das die Hohenzollernbrücke mit Deutz verbindet. Kokoschka, bedeutender Vertreter des österreichischen Expressionismus und der Wiener Moderne, vermittelt in diesem eher impressionistischen Gemälde den Eindruck von Köln als einer großen und geschäftigen Metropole am Strom.

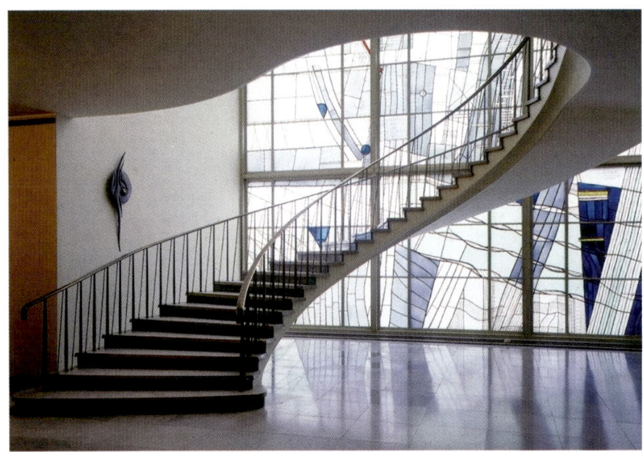

Georg Meistermann, Glasfenster im Spanischen Bau des Rathauses, *1958*

Insbesondere bei der Glasmalerei hat Köln bis in die Gegenwart ebenso Großartiges wie Wegweisendes vorzuweisen. Georg Meistermann ist einer der Protagonisten. Er entwarf für das imposante Treppenhaus im Spanischen Bau des Rathauses die 1958 vollendeten Fenster, die in Symbolen und Zahlen 200 Ereignisse aus der Kölner Stadtgeschichte widerspiegeln. In St. Gereon, wo er 1983 die Apsisfenster schuf, stattete er die beiden Obergeschosse des Oktogons mit ähnlich stark farbigen Glasgemälden aus mit dem für den gesamten Raum geltenden Thema ‚Der Sieg Christi in seinen Heiligen, die Einheit von himmlischem und irdischem Jerusalem'. Markus Lüpertz, der sich gerne als Malerfürst feiern lässt, entwarf 2005–10 die Glasgemälde in den Querhausarmen von St. Andreas. Ihr Inhalt nimmt Bezug auf die Raumikonografie. Die Fenster im Südchor mit dem Machabäerschrein stellen die Leidensgeschichte Christi dem Martyrium der Machabäer gegenüber. Auf der Nordseite werden die Pietà und Zitate von Albertus Magnus aufgegriffen. Im Dom konnte das Domkapitel 2007 Gerhard Richter als Künstler für das Fenster des südlichen Querhausgiebels verpflichten. Er ordnete darin 11.263 Quadrate aus 72 Farben nach dem Zufallsprinzip zu einem Farbklangteppich, dessen Scheiben nicht von Bleiruten gehalten, sondern mit Silikon-Gel auf einem Trägerglas fixiert sind. Dieses erste Kirchenfenster Richters, das keinen religiösen Inhalt vermittelt, vermag gleichwohl, kontemplative Ruhe zu stiften und das Innere der Kathedrale in ein Kaleidoskop ständig wechselnder Farbspiele zu versetzen, was durchaus dazu beitragen kann, Besuchern die Aura des Gotteshauses näherzubringen.

Gerhard Richter, Fenster im südlichen Querhausgiebel des Domes, *2007*

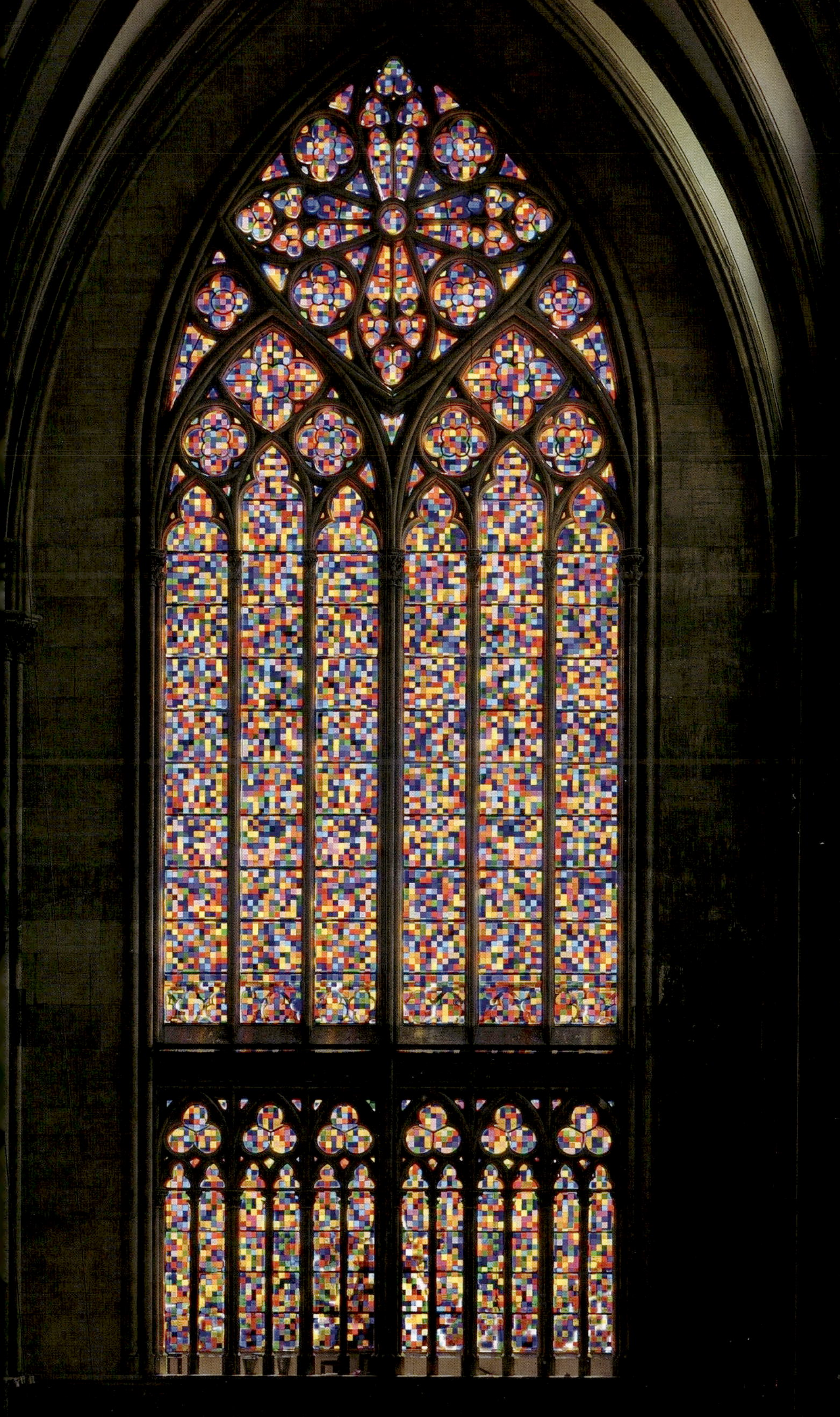

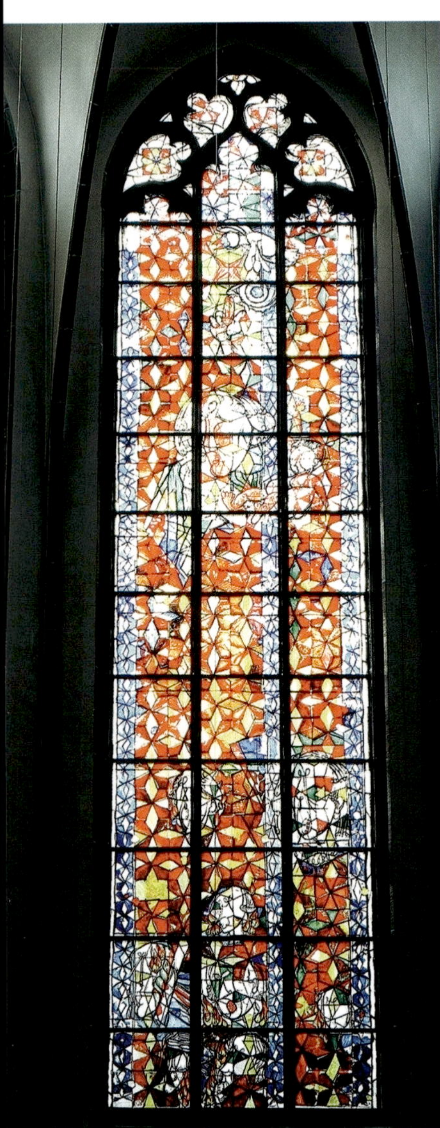

Markus Lüpertz, Marienfenster in St. Andreas, *Machabäerchor, aus dem siebenteiligen Zyklus: Das Leiden Christi, 2005*

Die Glasmalereien von Lüpertz und Richter führen paradigmatisch vor Augen, wie sehr es offenbar im Wesen Kölns liegt, dass sich seit dem Mittelalter bis heute insbesondere die Sakralbauten als Orte für herausragende Kunstschöpfungen bewährt haben. Das war und ist vornehmlich möglich dank der Begeisterung der Kölner, die Kunst durch Stiftungen und Spenden nachhaltig zu fördern. Ebenso bezeichnend und wegweisend für den Bau- und Kunstbesitz insgesamt war der Umgang mit den romanischen Kirchen nach 1945 durch die Denkmalpflege, deren Handeln immer eine Fortschreibung der Kunstgeschichte bedeutet. Anfangs galt die Maxime, eine zerstörte Form sei nicht wiederholbar, was exemplarisch anschaulich wird an der Erneuerungen am Dom unter Willy Weyres, der den mittelalterlichen Bauschmuck durch zeittypische Interpretationen ersetzte, oder bei seinen ‚Maßwerk'-Fenstern aus Beton in St. Maria im Kapitol. Doch bisweilen nutzte man die Zerstörungen auch, um beim Wiederaufbau vermeintlich ursprünglichere Raumgefüge zurückzugewinnen vor allem durch das Einziehen hölzerner Decken wie in St. Pantaleon, St. Ursula und St. Maria im Kapitol, wo zudem die staufisch veränderte Ostkonche in Angleichung an die südliche und nördliche in die salische Formensprache zurück übersetzt wurde. In zunehmendem Maße jedoch trat seit den 1960er-Jahren an die Stelle einer ‚schöpferischen' Denkmalpflege das Bemühen um eine weitgehende Wiedergewinnung künstlerischer Gestaltwerte, wie sie die Geschichte bis zu den Beschädigungen durch den Krieg überliefert hatte.

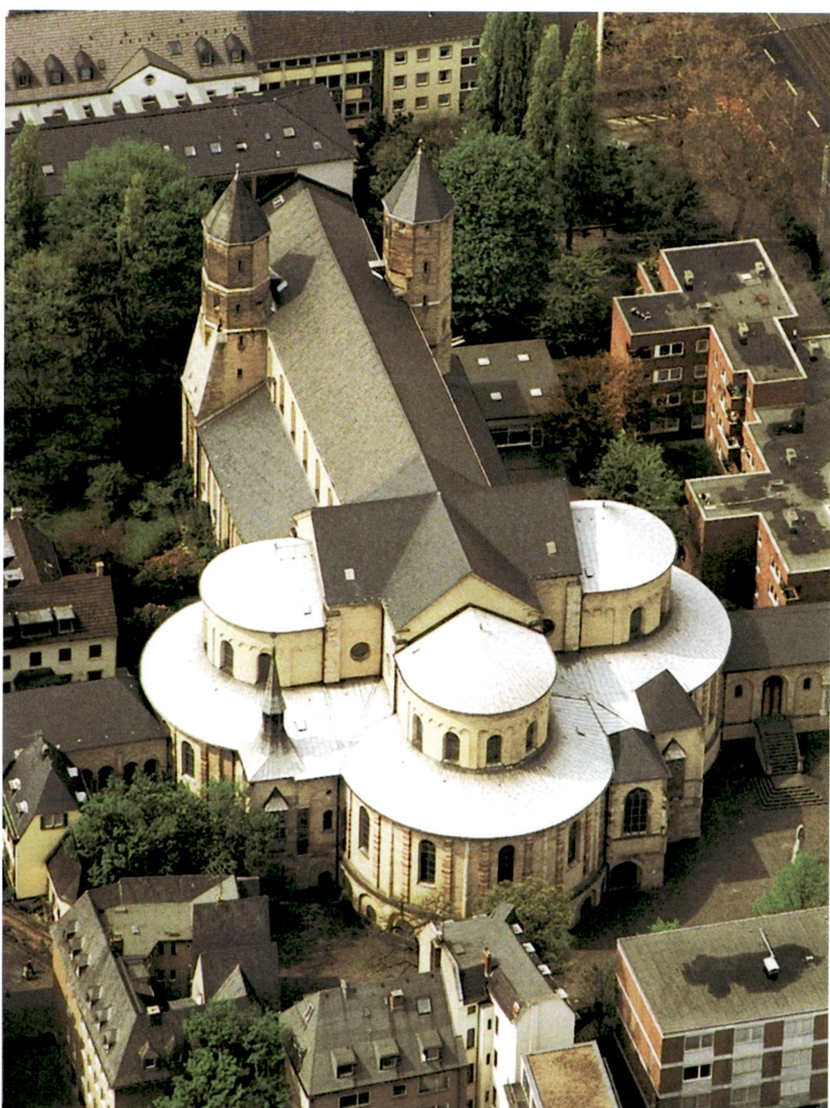

St. Maria im Kapitol, *nach Kriegszerstörungen angestrebte Rückführung in die Gestalt des 11. Jh.*

IM ÜBERBLICK: TAUSEND JAHRE KÖLNER KUNST IN MALEREI UND PLASTIK

Die Kunstgeschichte hat die Geschichte der Kunst in Epochen geschieden. Sie will damit künstlerische Zusammenhänge und Entwicklungen systematisch ordnen. Das darf nicht darüber hinwegtäuschen, dass form- und stilprägende Kräfte häufig über politische Brüche, gesellschaftliche Veränderungen oder den Wandel von Systemen und Moden hinaus weiter fortwirkten.

VON DER ANTIKE BIS ZUR ROMANIK

Anschauliches Beispiel für dieses Phänomen ist ein Ausmalungsrest aus dem frühchristlichen Zentralbau von St. Gereon (s. S. 21), in dem antike Gestaltungsmittel im frühen 12. Jahrhundert an das Mittelalter weitergegeben wurden. Das Freskobruchstück stellt vermutlich einen Propheten dar, der einen Apostel auf seinen Schultern

St. Gereon, Malereifragment, *frühes 12. Jh., Museum Schnütgen*

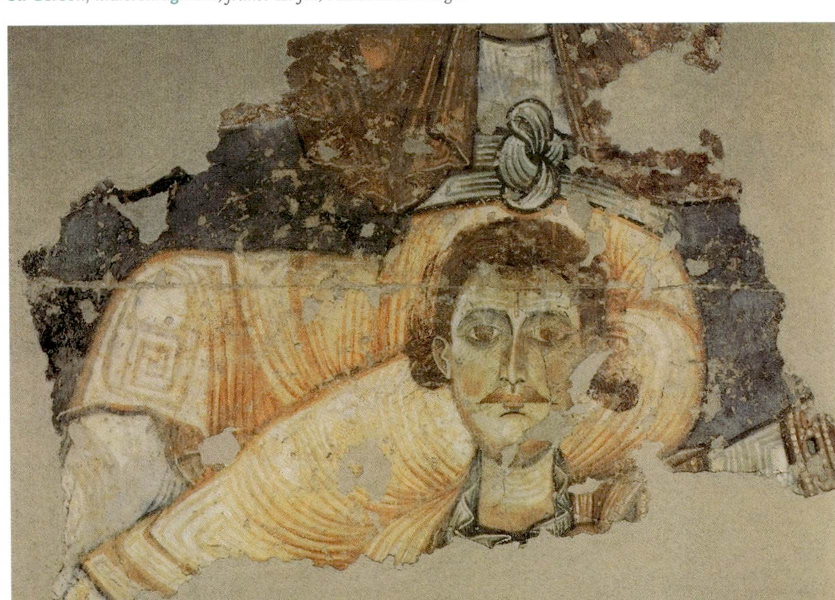

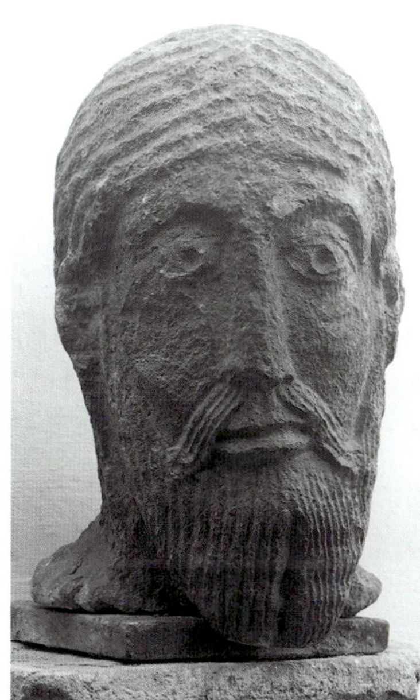

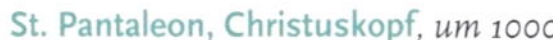

St. Pantaleon, Christuskopf, *um 1000*

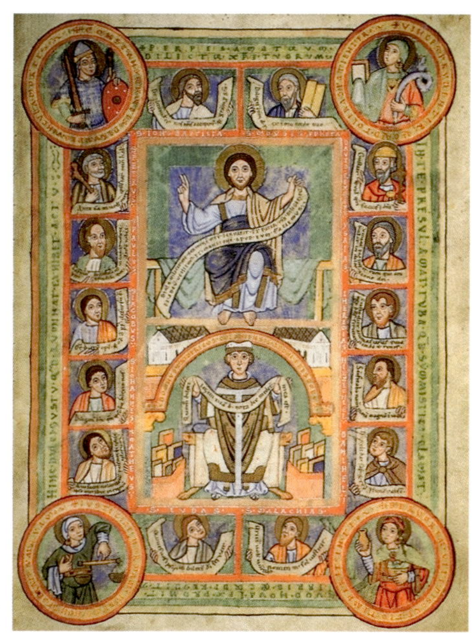

Sogenanntes Friedrich-Lektionar, *Köln, um 1120/30, Erzb. Diözesan- und Dombibliothek, Dom, Hs. 59*

trägt. Faltenwurf der Gewandung und Schraffuren zur Modellierung des Hauptes erzeugen räumliche Wirkung. Eine solche malerische Plastizität weist auf griechische Wurzeln, wie sie auch in der römischen Malerei zu finden sind.

Vergleichbares ist zu beobachten in der Buchmalerei, die seit dem 10. Jahrhundert in Köln für einige Zeit eines ihrer bedeutenden Zentren besaß. Und sie wiederum sollte nicht ohne Einfluss bleiben auf die Gewölbe- und Wandmalereien in den romanischen Kirchen der Stadt. Die Kölner Buchmalerei zeichnet sich aus durch leuchtende Intensität ihrer Farben und kompositorische Dynamik.

Ebenso in der Bildhauerkunst blieben an der Schwelle zum 2. Jahrtausend oft antike, namentlich provinzialrömische Vorgaben maßgeblich. Das belegt etwa der Christuskopf vom nur rudimentär überkommenen monumentalen Figurenprogramm an der Westfront von St. Pantaleon (s. S. 40). Bei ihm machen Haar- und Barttracht mit ihrer parallelen Ausfurchung abermals Verwandtschaften zur zeitgenössischen Buchmalerei offenkundig und bezeugen zugleich Verbindungen zum Gerokreuz im Dom und zum Kruzifix in St. Georg (s. S. 40).

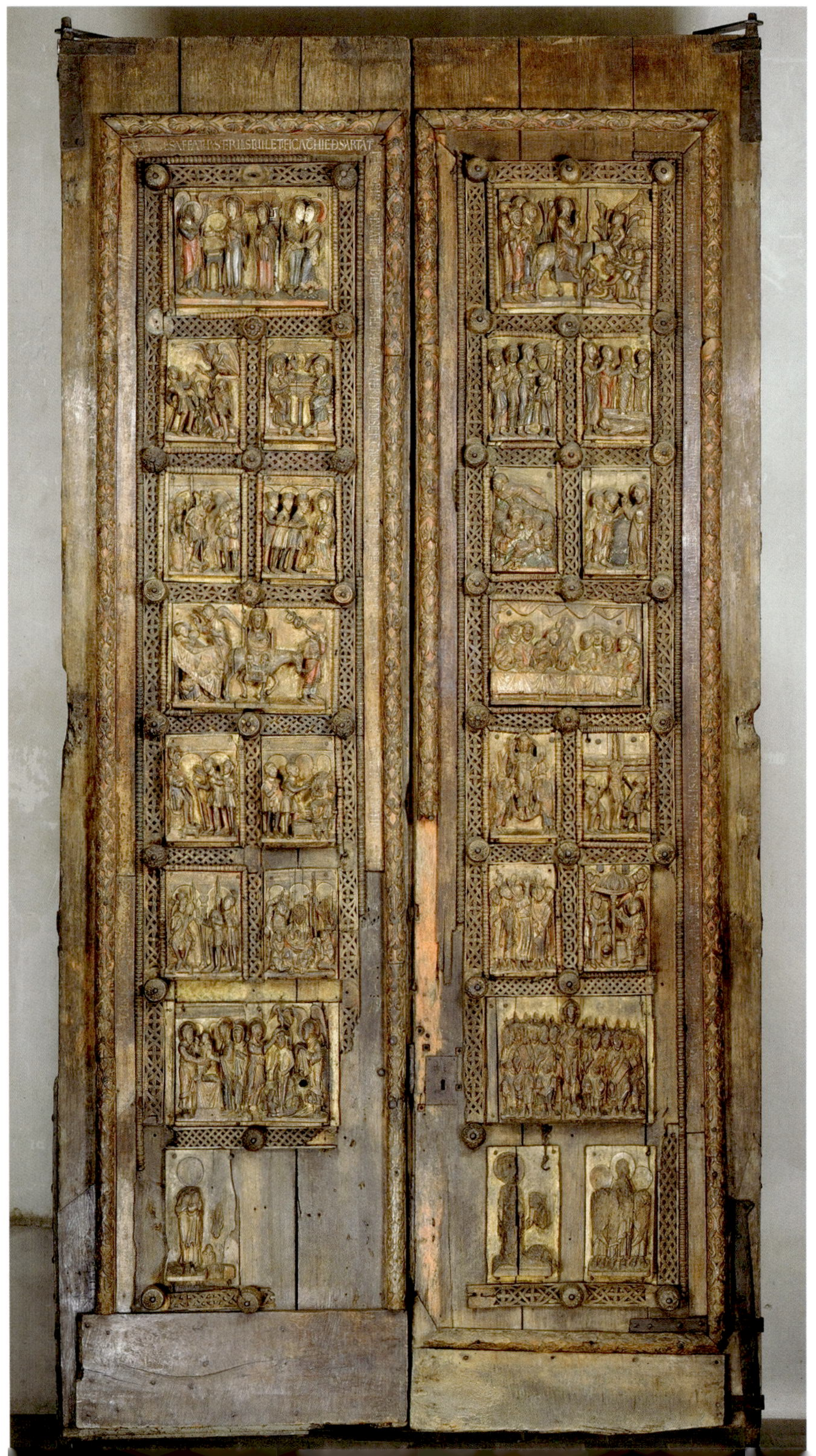

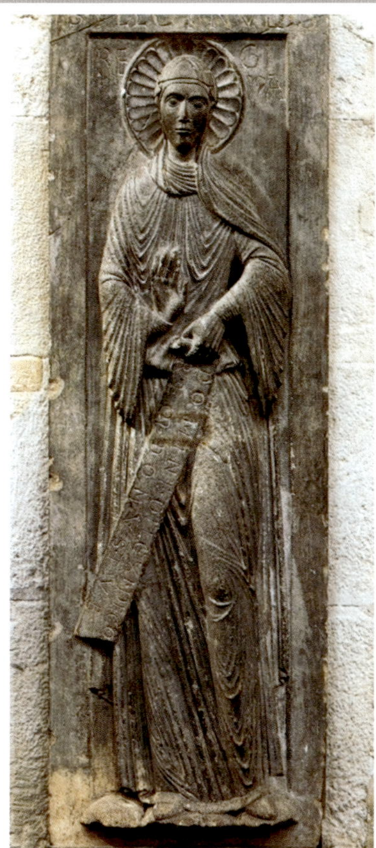

St. Maria im Kapitol, Grabplatte der Plectrudis, *um 1180/90*

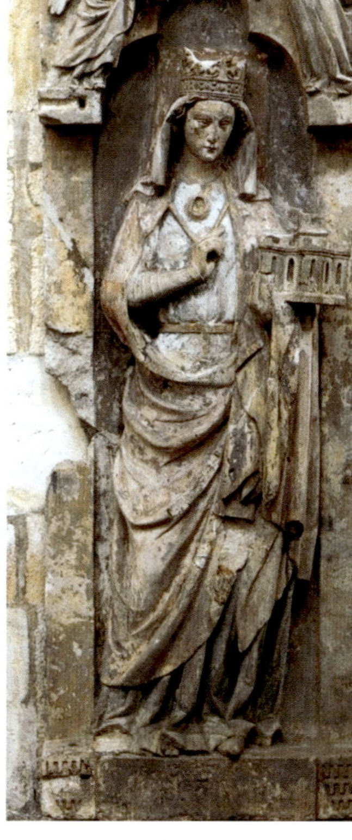

St. Maria im Kapitol, Grabplatte der Plectrudis, *um 1300*

Merkmale dieser Figuren wurden ebenfalls um die Mitte des 11. Jahrhunderts kleinmaßstäblich umgesetzt in dem christologischen Figurenprogramm an den beiden Türflügeln in St. Maria im Kapitol, die einzig erhaltene große Holztür mit skulpturalem Schmuck aus dieser Zeit (s. S. 40).

Am Ende jener über die Buchmalerei mit der Antike verflochtenen Kunstwerke mit frontal präsentierten Gestalten in von linearem Faltenwurf modellierter Kleidung steht um 1180/90 eine Grabplatte der Plectrudis in St. Maria im Kapitol. Das relativ vollplastisch ausgeführte Relief zeigt die Kirchengründerin mit einem Muschelnimbus um ihr Haupt, die Rechte in Gebetshaltung, in der Linken ein Schriftband, das die angedeutete Ponderation von Stand- und Spielbein überlagert.

Maria im Kapitol, Türflügel, *Mitte 11. Jh.*

DIE GOTIK BIS ZUM HERBST DES MITTELALTERS

Eine offenkundig andersartige künstlerische Auffassung vertritt in St. Maria im Kapitol um 1300 eine weitere Grabplatte der Plectrudis, die den Typus französischer Portalmadonnen aufgreift und die bekrönte Stifterin unter einer gotischen Arkade zeigt. Über ihrem gegürteten Untergewand trägt sie einen Umhang mit kräftigen Schüsselfalten, die sie über ihrer Linken bündelt, mit der sie – wie Maria das Jesuskind – ein Modell der Kirche hält (mit dem einzig überlieferten Hinweis auf einen Vierungsturm für St. Maria im Kapitol). In Antlitz und Körperhaltung kündigt sich bereits der sogenannte Weiche Stil mit seinen Schönen Madonnen an, der die Plastik und Malerei während des 15. Jahrhunderts prägen sollte (s. S. 72, 81).

Neben der Schiffermadonna in St. Maria Lyskirchen (s. S. 72) besitzt St. Gereon eine besonders anmutige Schöne Madonna, ursprünglich aus St. Maria ad Gradus. Diese um 1430 gefertigte Holzskulptur mit fein gewelltem langem Haar und umspielt von reichen Faltenkaskaden schenkt weniger dem Kind auf ihrem Arm als vielmehr dem Betrachter ihren liebevollen Blick. Ihr edel geschnittenes Gesicht trägt ähnliche Züge wie die Figuren der ungefähr gleichaltrigen Verkündigungsgruppe in St. Kunibert (s. S. 72).

In der Malerei gilt als Inbegriff einer Schönen Madonna in Köln das Tafelbild der Madonna mit dem Veilchen im Museum Kolumba. Dieses Werk des Stefan Lochner (s. S. 81) entstand noch vor der Mitte des 15. Jahrhunderts und stellt Maria wie auf einer Bühne stehend in einer Blumenwiese vor einem halbhohen goldenen Brokatvorhang dar, auf den sich zwei Engel lehnen. Sie leiten von der diesseitigen Welt über in die hell leuchtende Himmelssphäre, in der oberhalb der beiden goldenen Scheibennimben die Taube des Hl. Geistes, Gottvater und eine Engelgruppe erscheinen. In ihrer linken Hand hält die vornehm gekleidete und kostbar geschmückte Maria das dem Bild seinen Namen gebende Veilchen. Bildaufbau, Gesten und die unterschiedlichen Blickrichtungen aller Dargestellten lösen die Flächigkeit des Bildes auf zugunsten einer Räumlichkeit, die darauf abzielt, Betrachter des Bildes in das Geschehen einzubeziehen.

Die Wandlung vom flächigen Bild zum dreidimensionalen Raum führt 1490/95 sehr anschaulich der Kreuz-Altar des Bartholomäusmeisters im Wallraf-Richartz-Museum, ursprünglich Kartäuserkirche (s. S. 61), vor Augen. Während die Seitenflü-

Stefan Lochner, Madonna mit dem Veilchen, *vor 1443, Museum Kolumb*

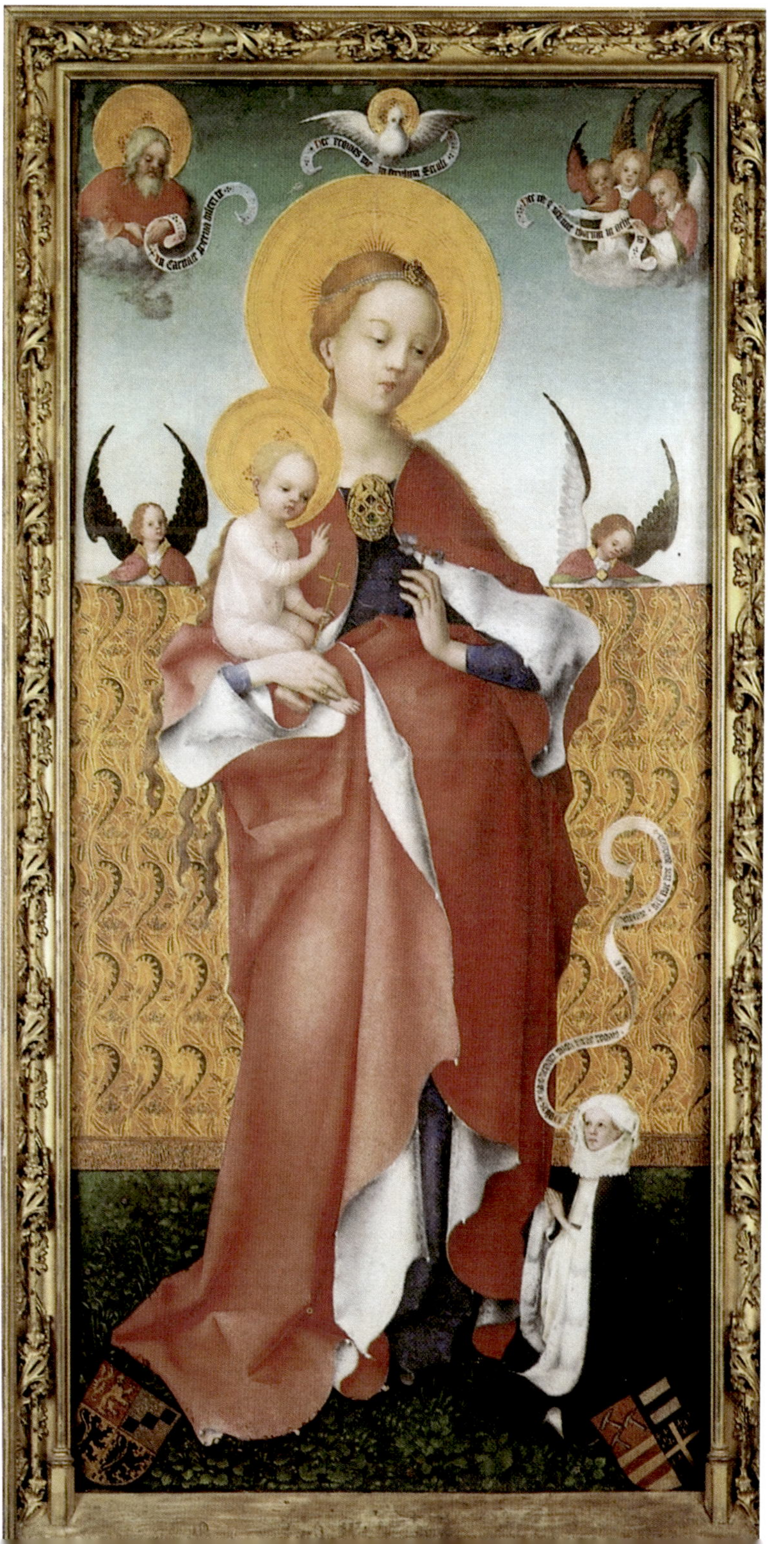

gel herkömmliche Tafelbilder sind, erscheinen in der größeren Mitteltafel die gemalten Figuren wie Skulpturen. Gesteigert wird dieser Eindruck dadurch, dass der für ältere Heiligendarstellungen übliche goldene Hintergrund ein kastenartiges Gehäuse vortäuscht, in dem der gekreuzigte Christus inmitten der Begleitpersonen wie in einem Bühnenraum in Szene gesetzt ist. Die dabei zu beobachtende Detailtreue des Malers ist nicht zuletzt auch ablesbar in der hebräisch-griechisch-lateinischen Kreuzesinschrift. Sie verrät ein wissenschaftliches Interesse, wie es die unmittelbar bevorstehende Renaissance in besonderer Weise auszeichnet.

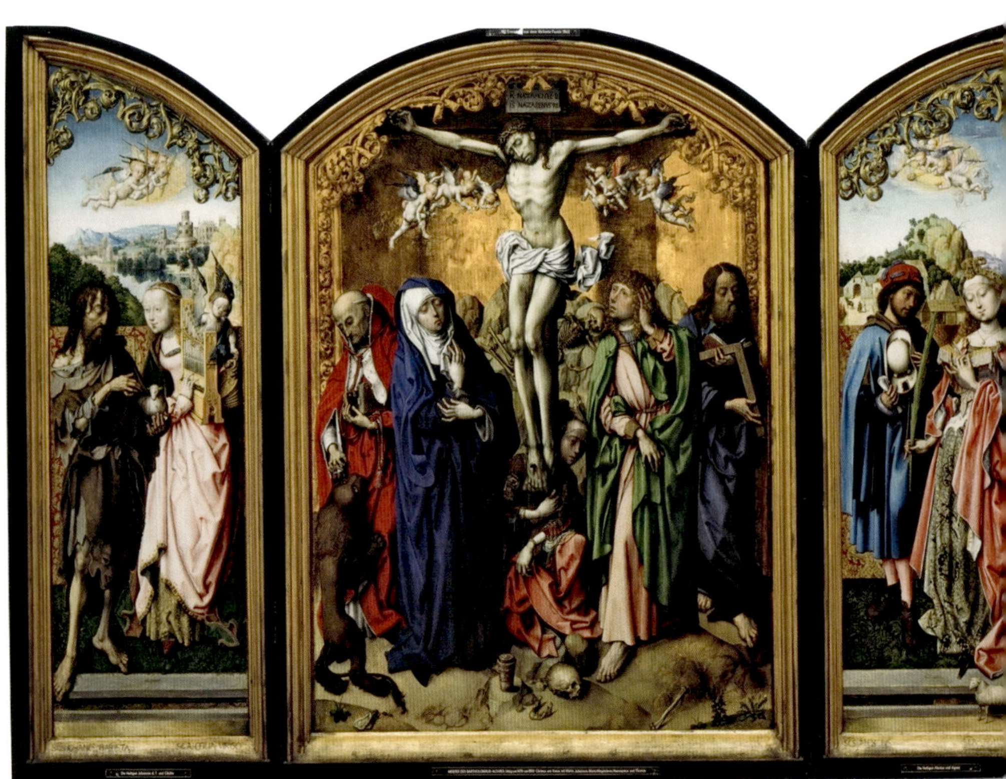

Bartholomäusmeister, **Kreuz-Altar**, *1490/95, ursprünglich Kartäuserkirche, Wallraf-Richartz-Museum*

Der Bartholomäusmeister war wie Stefan Lochner ein wichtiger Vertreter der Kölner Malerschule. Unter dieser Bezeichnung werden überwiegend Maler zusammengefasst, die namentlich nicht bekannt sind, deshalb nach ihren Werken mit Notnamen benannt werden und die von etwa 1300 bis 1550 in Köln ihre Werkstätten betrieben. Über Generationen hinweg ging ihr eigentümlicher, von der Buchmalerei ausgehender Stil vom Meister auf den Schüler über. Charakteristisch ist eine verwandte Malweise, die wesentlich auf gegenseitiger Beeinflussung beruht.

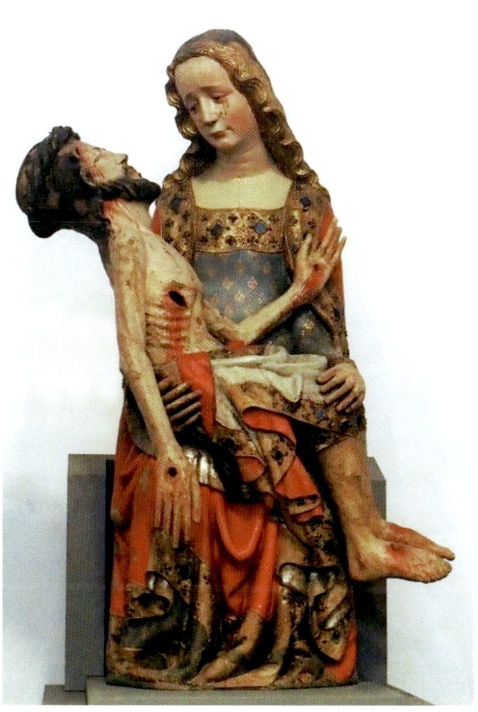

St. Andreas, Vesperbild, *Holzskulptur mit Resten originaler Farbfassung, um 1380, vermutlich aus der Dominikanerkirche Heilig Kreuz*

Eine andere Frömmigkeitshaltung als sie die Schönen Madonnen verkörpern, tritt während der Gotik in den Vesperbildern zutage. Vergleichbar den Crucifixi dolorosi jener Zeit (s. S. 73) verströmen diese meist plastischen Kunstwerke Trauer und Schmerz, von deren Anblick die Menschen des Mittelalters Trost in ihrer Not erhofften. Die Bezeichnung Vesper deutet auf das Abendgeschehen nach der Kreuzabnahme, als Maria den Leichnam ihres Sohnes beweint. Diese auch Pietà genannten Skulpturen zeigen den toten Christus auf dem Schoss seiner Mutter, im 14. Jahrhundert überwiegend mit aufgerichtetem Körper, der im 15. Jahrhundert zunehmend waagerecht gelagert ist und später zuweilen auf dem Boden ruht, sein Haupt auf den Knien Marias. Damit einher geht der zunehmende Verzicht auf die schmerzerfüllte Intimität zwischen Sohn und Mutter, die den toten Körper ihres Sohnes nun immer häufiger wehklagend dem Betrachten darbietet.

DIE RENAISSANCE UND DIE VERÄNDERTE DARSTELLUNG DES MENSCHEN

Vom fließenden Übergang der Gotik zur Renaissance künden zwei geschnitzte Engel, um 1530, im Museum Schnütgen. Als Mittler zwischen göttlicher und irdischer Sphäre halten sie jeweils Schriftrollen mit Zitaten aus dem Alten und Neuen Testament. Mit ihrem kunstvoll gelockten Haar und den lieblichen Gesichtern zeigen sie zwar noch verwandte Züge zu den Schönen Madonnen der Gotik, in den goldenen, reich verzierten Borten ihrer üppigen Gewandung treten jedoch unübersehbar die charakteristischen Ornamente der italienischen Renaissance hervor.

Derartige zeittypische Accessoires zeigt auch ein gleichaltriges Tafelbild von Bartholomäus Bruyn d. Ä. im Wallraf-Richartz-Museum, das aus St. Mauritius stammt und die Beweinung Christi nach der Abnahme vom Kreuz darstellt. Bruyn, vor allem wegen seiner Porträtkunst berühmt, malte zahlreiche Altarbilder vornehmlich in der Tradition älterer Vorbilder (s. S. 93). In diesem Gemälde wird trotz konventioneller Elemente hingegen in Kleidung und Kopfschmuck der am Geschehen beteiligten Frauen und Männer der für die Renaissance eigentümliche Geschmack der damaligen Mode offensichtlich.

Auch wenn die Kunst in Köln im 16. Jahrhundert anfänglich immer noch von religiösen und für sakrale Räume bestimmten Themen geprägt war, hielt sie vermehrt Einzug in den profanen Bereich, bei der Malerei vorrangig in Gestalt von Bildnissen. Nicht nur in der offiziellen Architektur wie der des Rathauses (s. S. 85–87), sondern vor allem in privaten Räumen kam sie zur Geltung und diente dort vielfach als Zierde alltäglicher Einrichtungen. Dazu zählen neben Gerätschaften aus Edelmetallen, Kaminen, Wand- und Deckenvertäfelungen auch Treppen mit den zughörigen, oft reich verzierten Treppenpfosten am unteren Ende ihrer Geländer oder Wangen. In Menschengestalt tauchen solche Treppenpfosten in Köln erstmals auf im Haus ‚Groß Rosendahl' in der Mühlengasse 17 (zerstört), das sich der Kaufmann Pelser 1520

Zwei geschnitzte **Engel mit Spruchbändern**, *um 1530, Museum Schnütgen*

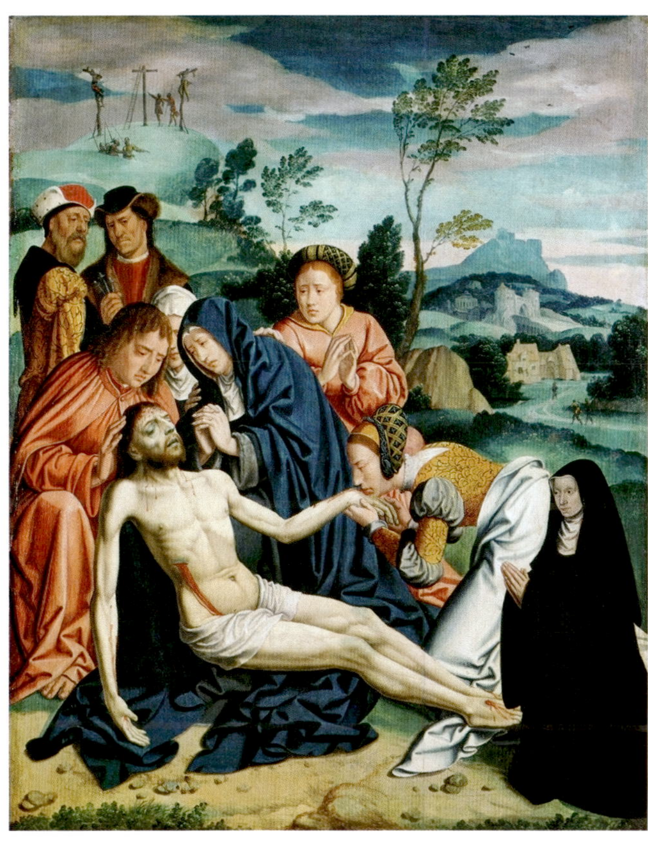

Bartholomäus Bruyn d. Ä., Beweinung Christi, *um 1530, Wallraf-Richartz-Museum*

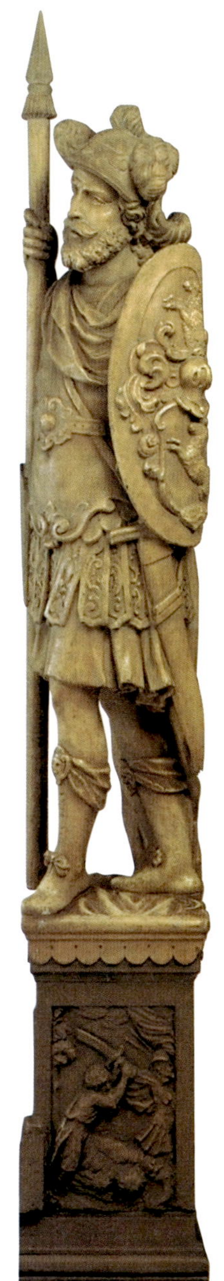

hatte errichten lassen. Die beiden etwa 30 Jahre jüngeren Treppenpfosten stellen die biblischen Figuren David mit dem Haupt Goliaths und Goliath mit dem Wappen der Familie Pelser dar. Goliath tritt, wie in der Renaissance beliebt, in der Rüstung eines römischen Soldaten auf; die Züge seines Gesichtes mit der vollen Barttracht entsprechen dagegen mehr den Idealvorstellungen der damaligen Zeit. In dem Hirtenjungen David sah man damals einen bürgerlich-patriotischen Helden in seinem Kampf um Gerechtigkeit, der den Riesen Goliath als Unterdrücker seines Volkes besiegt, eine vergleichbare Botschaft wie sie der Kampf des Bürgermeisters Grin am Rathaus vermittelt (s. S. 85).

Goliath als Treppenpfosten, *ursprünglich Mühlengasse 17, Kölnisches Stadtmuseum*

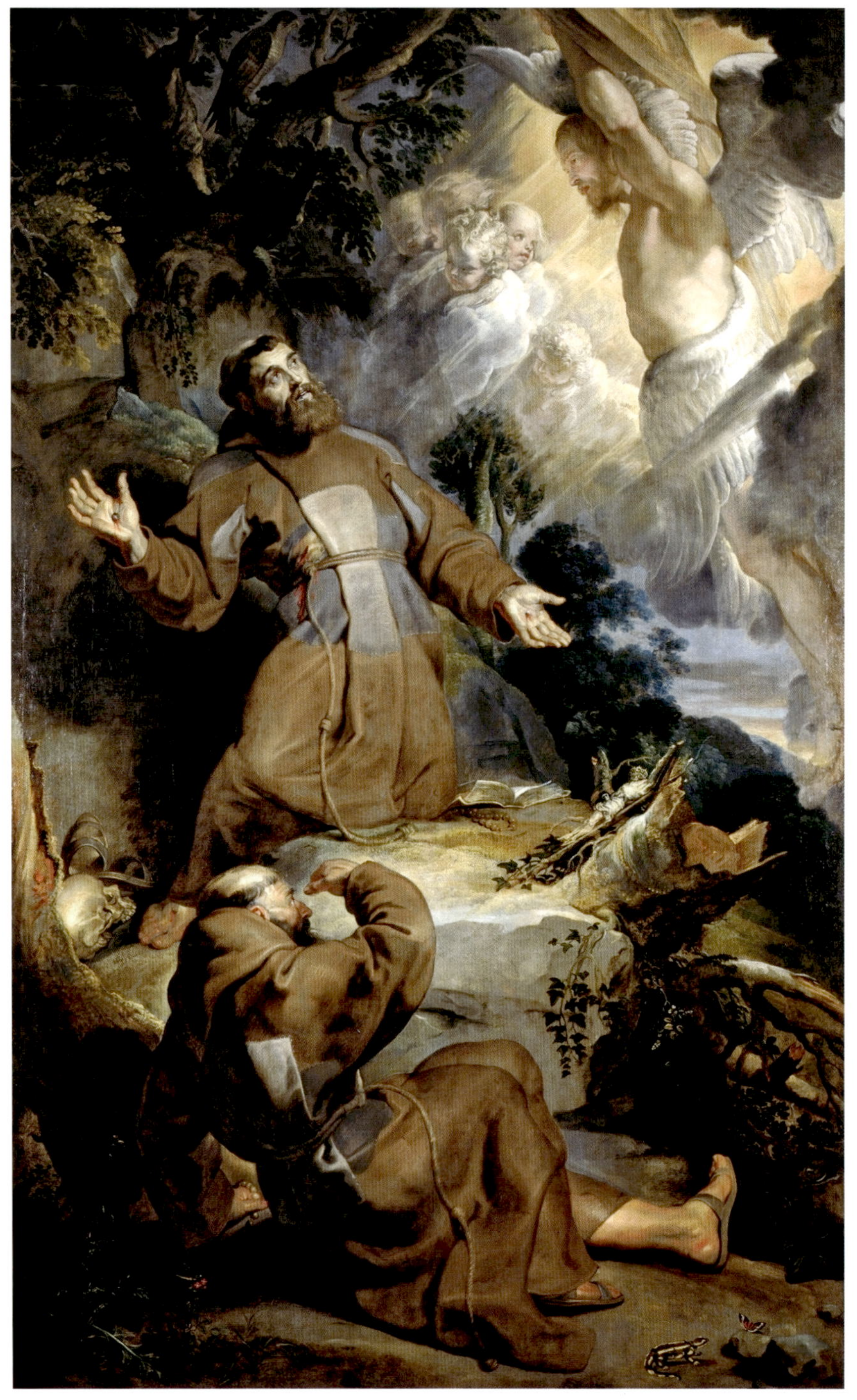

DER BAROCK, DAS BEWEGTE ZEITALTER

Die Zeit des Barock war wesentlich bestimmt von den mannigfachen Aktivitäten der Gegenreformation, die in Köln eine ihrer wichtigsten Hochburgen besaß. Eng damit verkettet war der Dreißigjährige Krieg, 1618 bis 1648, in dem die Stadt ‚unheilige Zeiten' erlebte. So standen zunächst alle Kunstgattungen vorrangig im Dienst einer wirksamen Stärkung des katholischen Glaubens, was erklärt, weshalb Malerei und Plastik vornehmlich im kirchlichen Bereich Großartiges geleistet haben. Außerdem wurde das Kunstgeschehen damals hauptsächlich von Künstlern aus den benachbarten Niederlanden, bisweilen aus Italien bestritten (s. S. 103 ff.). Der in Köln aufgewachsene, später in Antwerpen wirkende Peter Paul Rubens hat außer dem prächtigen Altarbild in St. Peter (s. S. 113–114) 1615/16 ein weiteres für den Hochaltar der 1818 abgebrochenen Kirche der Kapuziner hinterlassen, jetzt im Wallraf-Richartz-Museum. Es zeigt in einem dramatischen hell-dunkel Kontrast die Stigmatisation des hl. Franziskus. Diesem erscheint ein Seraph, ein Engel mit sechs Flügeln, von dem aus sich die Wundmale Christi auf den Heiligen einbrennen.

Neben religiösen Themen bereicherten insbesondere die niederländischen Maler die Kölner Kunst mit Straßenszenen, Interieurs und Genremotiven. Exemplarisch mag das ein Bild illustrieren, das Gerrit Adriaensz Berckheyde um 1680 gemalt hat. Vor der Kulisse von St. Maria im Kapitol ist ein Bühnenpodest aufgebaut, auf dem ein Zahnauszieher vor staunender Zuschauerschar in theatralischer Inszenierung sein Handwerk ausübt. In seinen Bildern, die nach Zeichnungen vor Ort entstanden, schildert Berckheyde zumeist vor den romanischen Kirchen als Staffage das geschäftige, doch zugleich ruhige Alltagsleben der Stadt. Von Köln zog der gefragte Maler weiter an den Kurpfälzischen Hof zu Heidelberg, wo ihn der Kurfürst dort neben anderen Wohltaten mit der ‚Goldenen Kette' auszeichnete.

Dieser Hinweis wirft ein bezeichnendes Licht auf die Verhältnisse in Köln, wo nach der Vertreibung des Erzbischofs als weltlicher Territorialherr aus der Stadt am Ende des 13. Jahrhunderts der Kunst unter

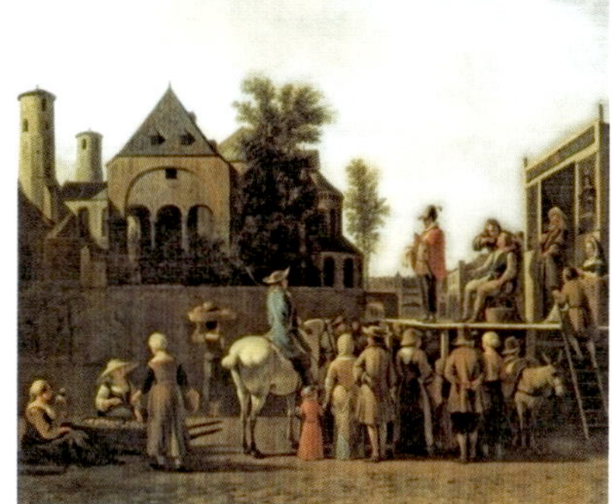

Gerrit Adriaensz Berckheyde, **Der Zahnzieher**, *um 1680, Kölnisches Stadtmuseum*

Peter Paul Rubens, **Stigmatisation des hl. Franziskus**, *1615/16, ursprünglich Kapuzinerkirche, Wallraf-Richartz-Museum*

bürgerlicher Führung keine feudale Förderung mehr zugute kam. Gewissermaßen stellvertretend für einen absolutistischen Herrscher hoch zu Ross wurde der wohl bekannteste Reitergeneral des Dreißigjährigen Krieges auf katholischer Seite, Jan von Werth, gefeiert. Mit Köln verband ihn der Sage nach vor allem die unerfüllte Liebe zur Magd Griet (s. S. 141). Doch scheint es erhellend für die profane Bildhauerkunst Kölns im 18. Jahrhundert, diesem Helden, wenngleich stattlich, etwa in Gestalt eines Treppenpfostens zu begegnen.

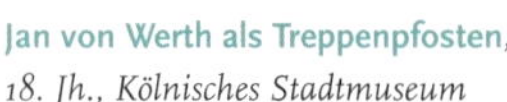

Jan von Werth als Treppenpfosten, *18. Jh., Kölnisches Stadtmuseum*

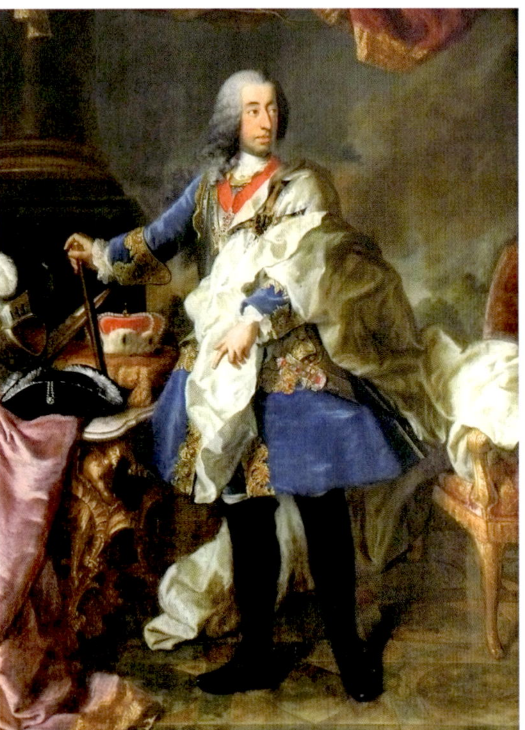

Georg Demarées, Der Kölner Kurfürst Clemens August als Hochmeister des Deutschen Ritterordens, *1746, Schloss Augustusburg, Brühl*

In völlig anderem Selbstverständnis ließ sich dagegen im ausgehenden Barock Franz Kaspar von Wymar 1755 von dem Maler Johann Jakob Schmitz porträtieren. Auf dessen Gemälde präsentiert sich jener zur Mitte seiner drei Jahrzehnte währenden Amtszeit als Kölner Bürgermeister mit dem Kanon aller Würdesymbole, die einen absolutistischen Herrscher auszeichnen, wie Zepter, Thron, Säule, Vorhang und Tisch mit der statusgemäßen Kopfbedeckung. Augenscheinlich war er getrieben von dem Ehrgeiz, in gleicher Pracht aufzutreten wie der damals regierende Kölner Kurfürst und Kölner Erzbischof Clemens August von Bayern.

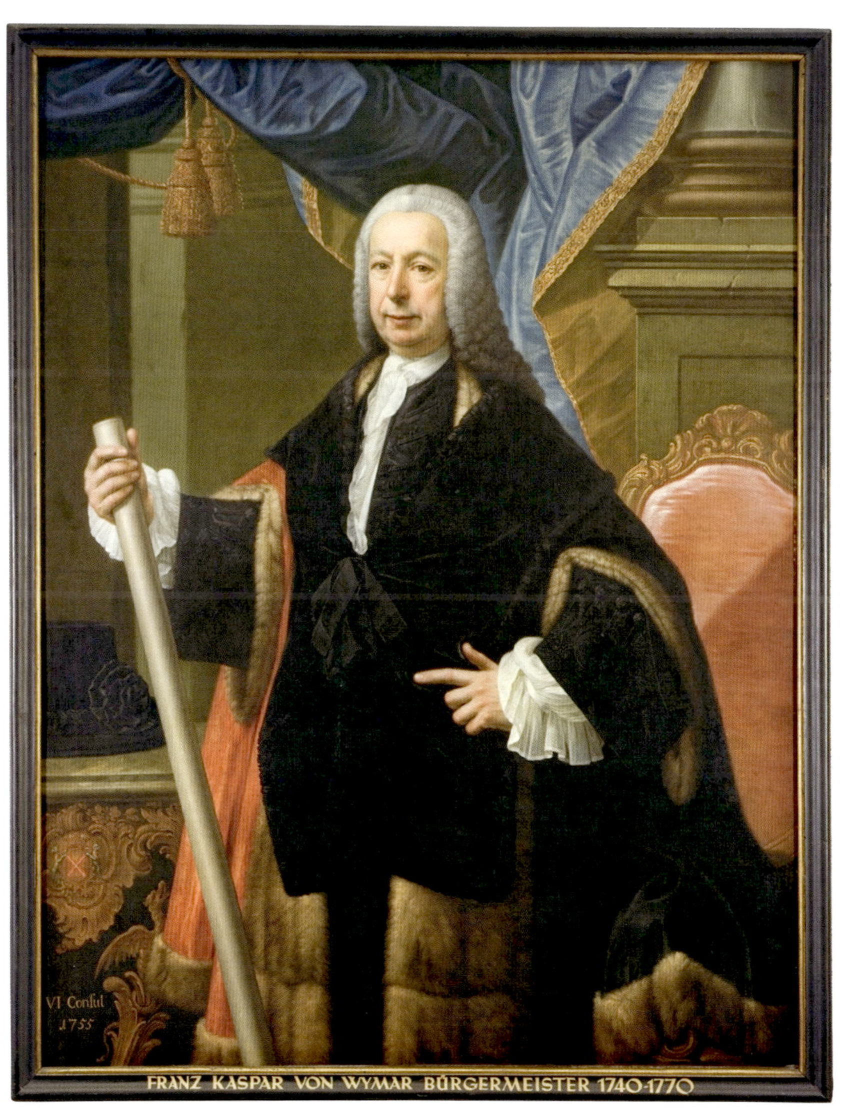

Johann Jakob Schmitz, Bürgermeister Franz Kaspar von Wymar, *1755, Kölnisches Stadtmuseum*

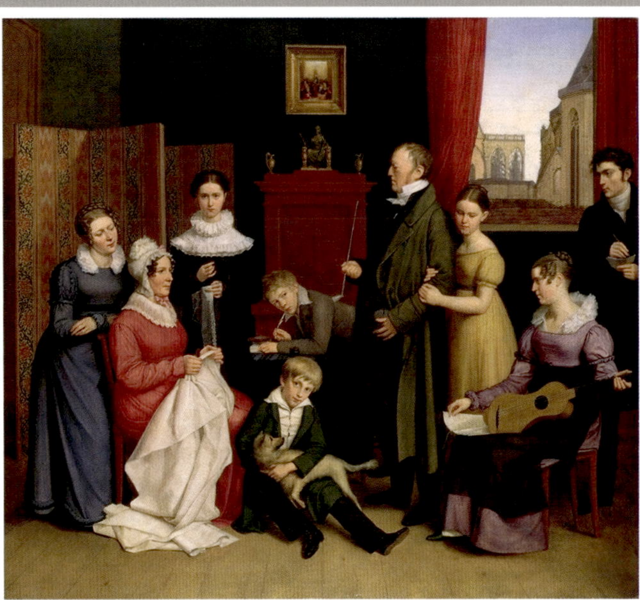

Karl Josef Begas, **Familie Begas**, *1821, Wallraf-Richartz-Museum*

VOM BIEDERMEIER ZUR GRÜNDERZEIT

Einem solchen Prunk hatte die Französische Revolution ein Ende bereitet. Nach deren Unrast, vor allem nach der Besetzung von Köln durch französische Truppen, sehnten sich die Menschen nach Ruhe und Beschaulichkeit, die sie vorzugsweise in der Geborgenheit ihres Heimes suchten. Ihren Ausdruck findet diese Empfindung des Biedermeier hauptsächlich in der Malerei. Sie widmet sich bevorzugt einer bürgerlichen Welt, die nach gemütlicher Idylle strebt. Einblick in diese Befindlichkeit hat 1821 Karl Josef Begas in einem Gemälde gewährt, auf dem er seine Familie im wohlgeordneten Ambiente der Wohnstatt in Positur setzt. Der streng symmetrische Aufbau spiegelt die festgelegte Familienstruktur wider. Die Frauen gehen den ihnen geziemenden Tätigkeiten nach, während die Knaben mit einem Hund spielen oder sich im Schreiben üben. Der Text auf dem Notenblatt der Gitarrenspielerin „Wir sitzen fröhlich beisammen" ist nicht ohne Ironie bezüglich der bourgeoisen Atmosphäre, die den Vater, den Herrn Landgerichtspräsidenten, umgibt. Absichtsvoll kehrt er seinem Sohn am rechten Bildrand den Rücken zu, da dieser gegen seinen Willen Maler geworden war. Zwischen ihnen gibt ein Fenster den Blick frei auf den unvollendeten Dom und St. Andreas. Begas, in Paris geschult, glänzte als Porträtist im Stil des französischen Klassizismus, stand den Nazarenern nahe und arbeite als Historienmaler im Sinne der Düsseldorfer Schule.

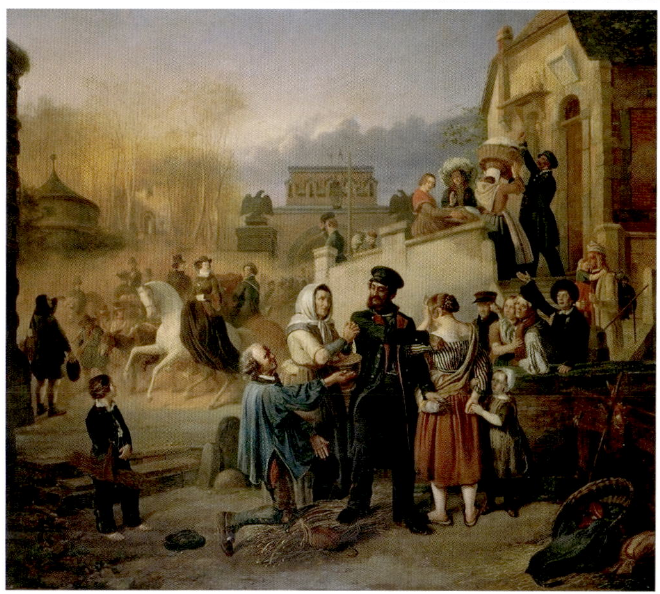

Wilhelm Kleinenbroich, Zollkontrolle, *1847, Kölnisches Stadtmuseum*

Ohnehin stand die Malerei in Köln während des 19. Jahrhunderts weitgehend im Schatten der Düsseldorfer Kunstakademie. 1773 als Kurfürstlich-Pfälzische Akademie der Maler-, Bildhauer- und Baukunst von Kurfürst Carl Theodor gegründet und 1819 als Preußens Königliche Kunstakademie weitergeführt, hatte sie sich weit über das Rheinland hinaus als wegweisende Ausbildungsstätte für Künstler etabliert. Ähnlich wie Köln zur Barockzeit zahlreiche niederländische, bisweilen auch italienische Künstler angezogen hatte, führte auch die Ende des 18. Jahrhunderts vor allem in England erwachte Sehnsucht, die Rheinromantik zu erleben, etliche Maler von dort nach Köln. Die prominentesten unter ihnen waren William Turner, William Clarkson Stanfield (s. S. 2–3) und James Webb, die das Kölner Stadtbild in vorimpressionistischen beziehungsweise italienisch anmutenden Gemälden festhielten.

Nach den betulichen Jahren des Vormärz, 1815 bis 1848, fanden in Folge der revolutionären Ereignisse von 1847/48, die auch in Köln für Unruhen sorgten, verstärkt sozialkritische Töne Eingang in die Malerei. So klagt Wilhelm Kleinenbroich in einem Bild von 1847 die willkürliche Erhebung der Schlacht- und Mahlsteuer an. Während eine vornehme Jagdgesellschaft mit ihrer Beute ungehindert die Zollstation passieren darf, werden die einfachen Bauern streng kontrolliert.

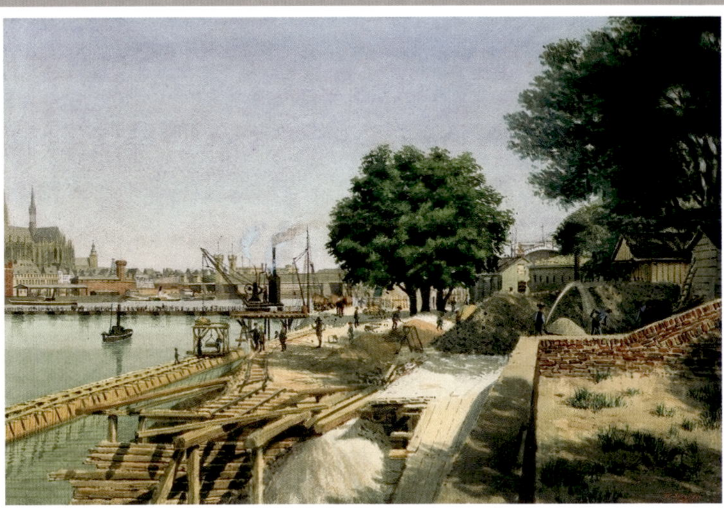

Wilhelm Scheiner, Deutzer Ufer beim Bau der Eisenbahnanlagen, *1884, Kölnisches Stadtmuseum*

Das wirtschaftliche und städtebauliche Aufblühen Kölns nach Deutsch-Französischem Krieg 1870/71 und wachsender Industrialisierung fand im späten 19. und frühen 20. Jahrhundert seinen Niederschlag in Zeichnungen, vor allem aber Aquarellen von Jakob Scheiner und seinem Sohn Wilhelm. Mit Vogelperspektiven von der werdenden Großstadt, Straßenszenen, Außen- und Innenansichten von Gebäuden sind ihre Werke von bemerkenswerter Genauigkeit und zugleich von hohem dokumentarischem Wert. In ihrer Vielzahl geben diese Bilder einen umfassenden Einblick in Leben und Lebensumfeld der Kölner um die Jahrhundertwende. Sie verstehen sich anders als die Künstler einer glorifizierenden Historienmalerei der Gründerzeit als nüchtern malende Chronisten der Kölner Stadtgeschichte.

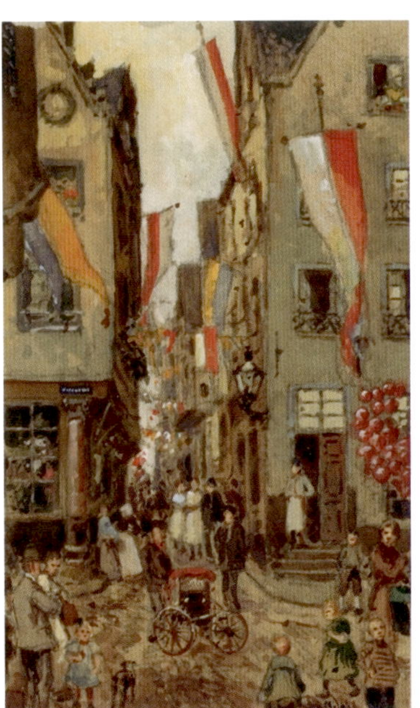

Vergleichsweise heiter und von unbeschwerter Stimmung zeigen sich dagegen die eher volkstümlichen Aquarelle von Carl Rüdell, dem Architekten von St. Agnes in Köln (s. S. 123). Seine Bilder beschreiben das Kölner Alltagstreiben in einer Malweise, die von den französischen Impressionisten inspiriert zu sein scheint. Die Bauwerke, die seinen Motiven festen Hintergrund geben, verraten die Hand des gelernten Architekten.

Carl Rüdell, Buttermarkt in Köln, *Aquarell, um 1925, Kölnisches Stadtmuseum*

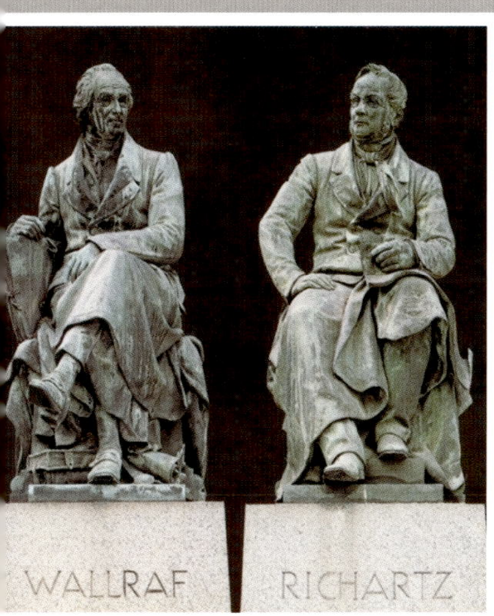

ilhelm Albermann, Ferdinand Franz Wallraf *und* hann Heinrich Richartz, *1900*

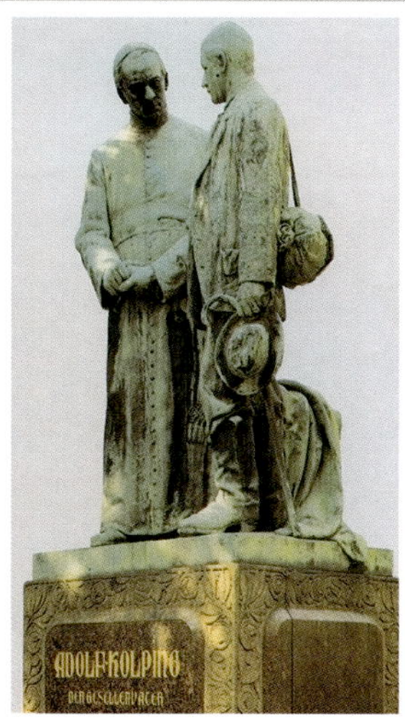

Johann Baptist Schreiner, Kolping-Denkmal, *1903*

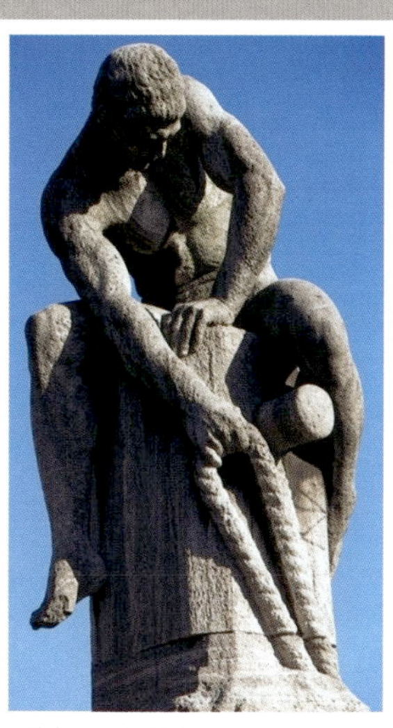

Nikolaus Friedrich, Der Tauzieher, *1908/11*

Wie in den Reiterstandbildern der Deutschen Kaiser auf der Hohenzollernbrücke (s. S. 140) ist am Beginn des 20. Jahrhunderts auch bei den bürgerlichen Denkmälern in der Stadt die Abkehr vom Naturalismus hin zum Idealtypischen ablesbar. Die sitzenden Stifterfiguren von Wallraf und Richartz vor dem einstmals ihnen gewidmeten Museum an der Rechtsschule (heute Museum für angewandte Kunst), Bronzewerke des Wilhelm Albermann von 1900, sind noch sehr der realistischen Auffassung des 19. Jahrhunderts verhaftet, wie sie auch dem Heumarkt-Denkmal innewohnt (s. S. 139–140).

In Nachbarschaft zur Minoritenkirche setzte 1903 Johann Baptist Schreiner an seinem Kolpingdenkmal das Material Bronze in reduzierten Formen ein, um hinter der Oberfläche mehr die Persönlichkeit des Arbeiterpfarrers und des ihm auf Augenhöhe begegnenden wandernden Handwerkers spürbar werden zu lassen. Nikolaus Friedrich ging es bei seinem Tauzieher, dem auf einem Poller hockenden Jüngling, der mit kraftvoller Drehung seines nackten Körpers an einer Seilschlaufe zieht, noch stärker darum, einen Menschen charakteristisch bei der Ausübung seiner Arbeit zu erfassen. Diese durchaus heroisierende Darstellung weist aber schon in ihrer auf das Wesentliche komprimierten Darstellung auf die Moderne. Es war dem Drängen aus der Kölner Bürgerschaft zu verdanken, dass diese 1908 entworfene Skulptur aus Muschelkalk am Zugang zum Rheinauhafen 1911 in Köln als erste Plastik im Sinne eines freistehenden Kunstwerkes im öffentlichen Raum aufgestellt werden konnte.

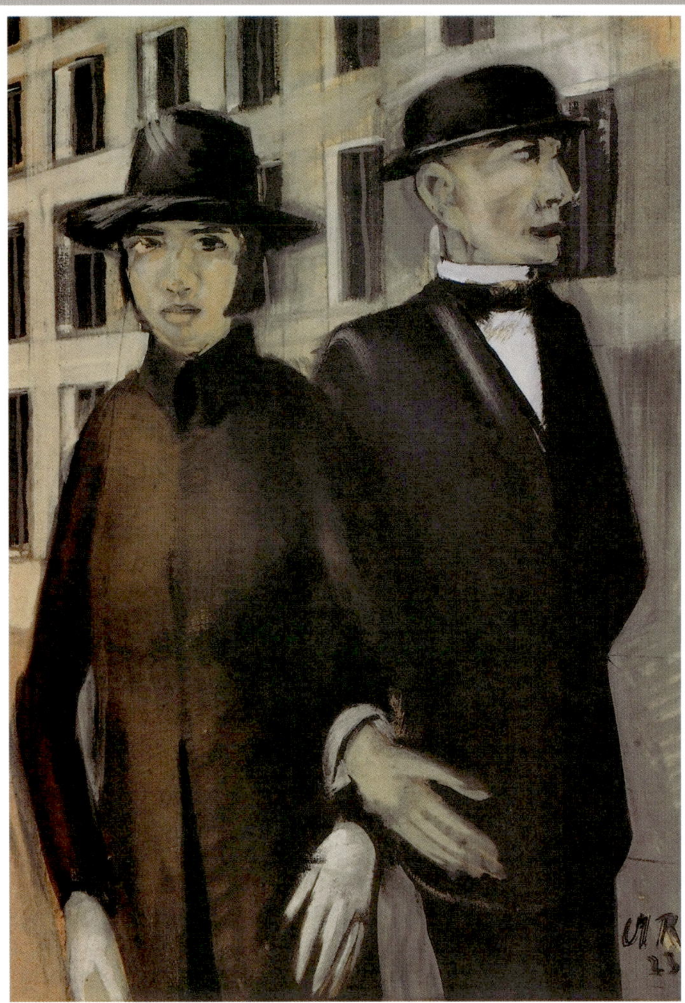

Anton Räderscheidt, Ehepaar Bischof*, 1923, Museum Ludwig*

VOM ERSTEN WELTKRIEG IN DIE MODERNE

Künstler, die am Ersten Weltkrieg teilgenommen hatten, waren oft traumatisiert und von dem Wunsch getrieben, mit ihrem Tun die Welt zu verändern. Sie wollten mit den sinnentleerten Traditionen brechen und die Kunst zu neuen Ufern führen. In Köln gehörten zu ihnen vor allem Max Ernst, Heinrich Hoerle, Anton Räderscheidt und Franz Wilhelm Seiwert (s. S. 152–153). In Bewegungen wie dem Dadaismus, der

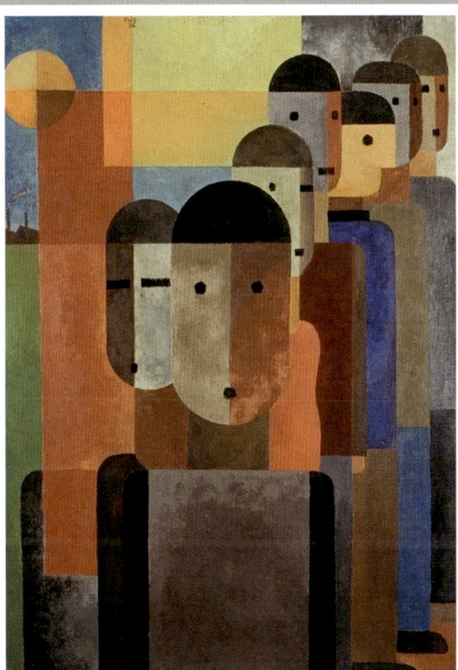

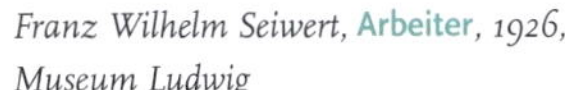

Franz Wilhelm Seiwert, Arbeiter, *1926, Museum Ludwig*

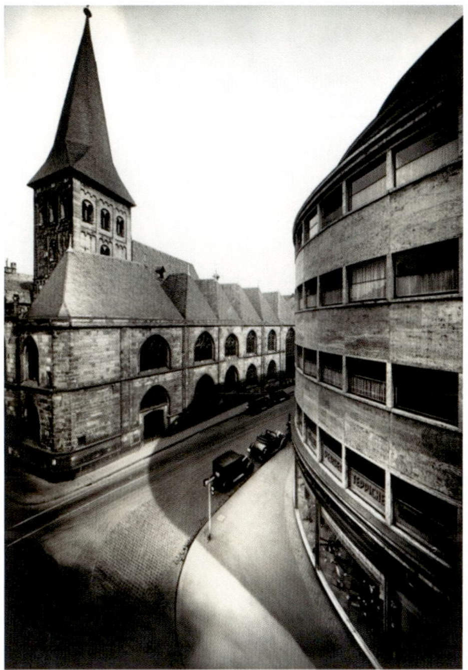

August Sander, St. Kolumba und das Dischhaus, *Fotografie um 1925*

Gruppe ‚Progressiver Künstler' oder der Vereinigung ‚Stupid' widmeten sie sich bevorzugt sozialkritischen Themen und ebneten zugleich in ihren Werken der Neuen Sachlichkeit den Weg. Ihr hat nicht zuletzt August Sander in zahlreichen Aufnahmen den Eingang in die Fotokunst eröffnet.

Für die zeitgleichen Intentionen der Klassischen Moderne (s. S. 148) steht als wichtiger Vertreter im Bereich der Bildhauerei Ewald Mataré. Insbesondere seine Tierplastiken konzentrieren sich mit ihrer formalen Geschlossenheit auf die Gestaltung des körperlichen Volumens und gelangen so zu einer allgemein gültigen Aussage über das Wesen von Kreaturen der Schöpfung. Als entartet verfemt lebte Mataré im Dritten Reich hauptsächlich von kirchlichen Aufträgen. St. Elisabeth in Köln-Hohenlind birgt von ihm einen Schmerzensmann von 1937 und in St. Maria in den Trümmern ist von ihm ein hl. Antonius, 1942/43, zu sehen. In beiden Werken wirkt der Expressionismus der Vorkriegszeit nach.

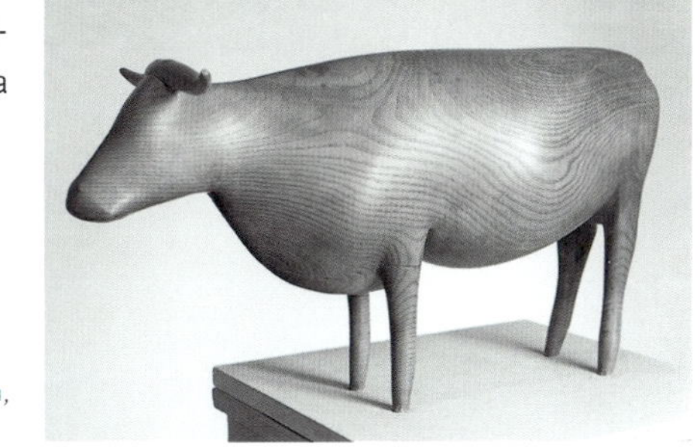

Ewald Mataré, Große Schweizer Kuh, *1928, Museum Ludwig*

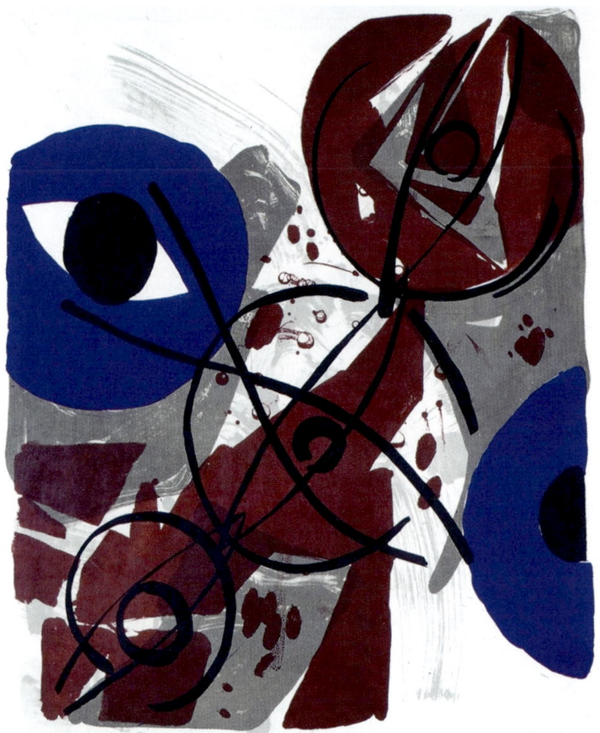

Ernst Wilhelm Nay, Dominant Blau, *Farblithografie 1964, Museum Ludwig, Grafische Slg.*

VOM WIRTSCHAFTSWUNDER ZUR POP ART

Nach 1945 war Mataré zusammen mit anderen zwischenzeitlich geächteten Künstlern wie Räderscheidt und Gerhard Marcks eine treibende Kraft beim Wiederaufleben der Kunst in Köln. Für das Südportal des Domes schuf er 1948–54 unter Beteiligung seines Schülers Joseph Beuys in kritischer Auseinandersetzung mit der neugotischen Portalrahmung (s. S. 119) die neuen Bronzetüren. Und Räderscheidt hatte die Stadt 1963 ganz ähnlich wie Oskar Kokoschka 1956 zuvor (s. S. 167) vom Messeturm aus festgehalten.

Ein Kölner Künstler, der mit seinem umfangreichen Ouevre ebenfalls eine Brücke geschlagen hat zwischen der Vor- und der Nachkriegszeit, war der Maler und Grafiker Ernst Wilhelm Nay. Eigentlich ist er keiner Kunstrichtung direkt zuzuordnen, da

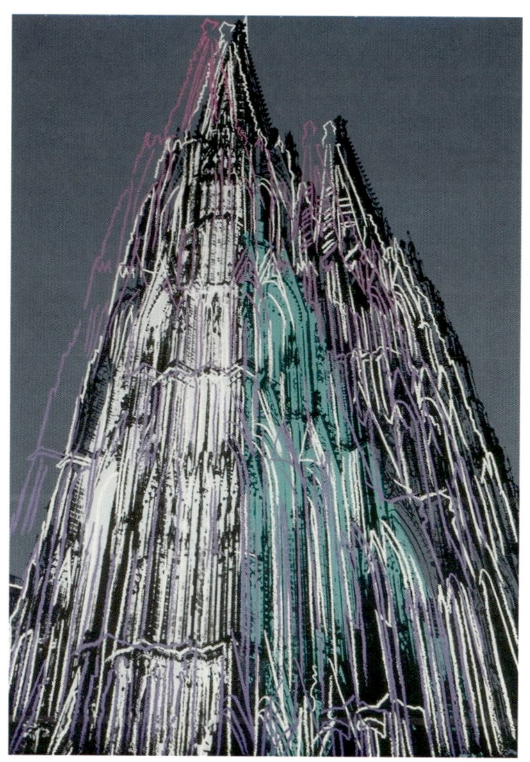

Andy Warhol, Kölner Dom, *Farbsiebdruck 1985*

er innerhalb seines langen Schaffens seine eigene Farb- und Formsprache entwickelt hat. Gleichwohl lässt sich sein Werk in unterschiedliche Abschnitte gliedern. Klingen in seiner frühen Phase Einflüsse von Henri Matisse und der Surrealisten an, so gerinnen in den 1930er-Jahren Gegenstände bei ihm zu Farb- und Formträgern, die nach dem Krieg immer mehr zu Ornamenten mutieren. Vielleicht kann man mit dem Begriff Rhythmus am ehesten das durchgängige Motiv seiner Bilder charakterisieren.

Dank der Stiftung von Irene und Peter Ludwig stieg Köln seit 1976 in Deutschland zu einem Vorort moderner Kunst auf, bei der namentlich der in Köln lebende Gerhard Richter (s. S. 168–170) eine führende Rolle spielt. Einen Schwerpunkt im Museum Ludwig bildet die in Europa umfangreichste Sammlung von Pop Art, die, seit den 1950er-Jahren von Amerika und England ausgehend, triviale Dinge des Alltags zum Gegenstand der Darstellung erhob. Eine ihrer Leitfiguren war Andy Warhol. Mit der variationsreichen künstlerischen Verarbeitung von Ansichten des Kölner Domes hatte er sich in seinem druckgrafischen Werk erstmals einem Architekturthema gewidmet. Unter der Bezeichnung ‚Cologne Cathedral' schuf er 1985 verschieden große Farbserigrafien, die mit Diamantstaub fixiert sind. Außer vier Varianten dieses Motivs in Rot, Gelb, Schwarz und Violett wurden von ihm 80 sogenannte ‚Trial Proofs' in unterschiedlichen Farbkombinationen gedruckt.

Diese Hommage an den Dom trägt mit ihrer kaum übersehbaren Vervielfältigung als Poster und Postkarten immens dazu bei, nicht nur die Einzigartigkeit der Kathedrale, sondern auch den Ruf der Stadt als Metropole der Kunst weltweit zu verbreiten.

Glossar

Ädikula, die, Rahmung von Portalen, Fenstern oder Nischen durch Säulen, Pfeiler oder → Pilaster, darüber Giebel
Akanthuslaub, das, Blattwerk des Bärenklau
Annex, der, Anbau an ein Gebäude
Apsis, Apside, die, Abschluss eines → Chores über halbrundem Grundriss
Architrav, der, horizontaler steinerner Balken, der auf Stützen ruht
Archivolte, die, ornamental oder figürlich gestalteter Bogen in Portalen
Arkade, die, Bogen mit seitlichen Stützen
Arkatur, die, Reihung von → Arkaden
Atrium, das, ungedeckter Hof mit Umgang
Baldachin, der, aus der Wand kragender, meist turmartiger Überbau von Figuren
Baptisterium, das, Taufkirche
Beletage, die, Hauptgeschoss eines Gebäudes mit den repräsentativen Räumen
Belfried, der, Turm mittelalterlicher Rathäuser in Belgien und den Niederlanden
Beschlagwerk, das, Ornament aus symmetrisch geordneten Bändern und Leisten, die an Zierbeschläge erinnern
Blendbogen, der, Bogen, der einer Wandfläche vorgelegt ist
Borte, die, die Kölner Borte ist ein meist reich besticktes textiles Bandgewebe von 10–15 Zentimetern Breite
Brutalismus, der, Architekturstil vornehmlich der 1950er-/60er-Jahre, der vor allem unbehandelten Sichtbeton als gestalterisches Ausdrucksmittel einsetzte
Bündelpfeiler, der, Pfeiler, der mit Dreiviertelsäulen, sog. → Diensten, oft unterschiedlicher Stärke besetzt ist
Campanile, der, freistehender Glockenturm
Capella vitrea, die, Kirchenraum, dessen Außenwände fast vollkommen von Fenstern durchbrochen sind
Cardo Maximus, der, Hauptstraße einer römischen Stadt in Nord-Süd-Verlauf
Chor, der, für gemeinsames Singen und Beten der Geistlichen, zumeist im Osten gelegener Raumabschnitt von Kirchen
Codex, der, mittelalterliche Handschrift auf Pergament, oft mit Ornamenten oder Bildern verziert
Coemeterialbau, der, für Bestattungen bestimmtes Gebäude
Dadaismus, der, literarisch-künstlerische Bewegung nach dem Ersten Weltkrieg mit dem Ziel, bürgerliche, sinnentleerte Konventionen zu entlarven
Decumanus Maximus, der, Hauptstraße einer römischen Stadt in Ost-West-Verlauf
Dekagon, das, zehneckiger Zentralbau
Dienst, der, schlankes Säulchen auf Pfeilerkernen oder Wänden zum Abfangen von Gewölberippen
Dreischneuß, der, spätgotisches → Maßwerkmotiv, das an drei um eine Achse drehende Fischblasen erinnert
Drillingsarkade, die, dreifache Arkadenstellung
Ebenist, der, Kunsttischler, der Möbel, Altäre und andere Gegenstände aus Holz mit Furnieren oder → Intarsien verkleidet
Eckwarte, die, vorkragendes Türmchen an den oberen Gebäude-ecken, ursprünglich zu Wehrzwecken
Empore, die, höher gelegener Einbau, der sich zum Innenraum öffnet, meist über Seitenschiffen oder in Westwerken
Epitaph, das, einer Wand oder einem Pfeiler vorgehängtes oder vorgestelltes Erinnerungsmal an eine verstorbene Person, die an anderer Stelle bestattet ist
Feston, der, Gehänge aus einem Gebinde aus Blumen, Blättern und Früchten
Fiale, die, schlankes, spitz zulaufendes Türmchen, meist mit → Maßwerk und → Krabben verziert
Florentiner Renaissance, die, in Florenz bevorzugte Formen der Renaissance
Floris-Stil, der, von Cornelis Floris (1514–75) entwickelte, hauptsächlich üppige Ornamente umfassende Gestaltweise, die durch Stichwerke verbreitet wurde
Fresko, das, Malerei auf noch feuchten Putzflächen
Gaffel, die, Vereinigung von Zünften und Bürgern in Köln
Gallisches Sonderreich, das, lat. Imperium Galliorum, das von 260 bis 274 aus Nieder- und Obergermanien, Rätien, Gallien, Britannien und Hispanien bestand, d. i. im Wesentlichen Mittel- und Westeuropa
Gesims, das, waagerechtes Bauelement, meist zur Trennung von Geschossen
Glasmalerei, die, Komposition mit farbig unterschiedlichen Glasstücken
Grat, der, Schnittkante zweier Flächen
Grisaille, die, Malerei aus Grau- und Schwarztönen; Malerei, die plastische Werke nachahmt
Groteske, die, Ornament aus Ranken mit Blattwerk, Früchten und figürlichen, bisweilen fratzenartigen Elementen
Gurt, der, Gewölbe trennender und konstruktiv wirksamer Bogen
Hausmeier, der, Vorsteher der Verwaltung des kgl. Hofes während der Merowingerzeit
Hausteinfassung, die, Begrenzung von Portalen, Fenstern und Gebäudekanten durch steinmetzmäßig bearbeitete Quader
Inkrustation, die, Verkleidung von Mauerwerk durch edlere Steinplatten
Intarsie, die, Einlegearbeit auf Möbeln und anderen aus Holz gefertigten Gegenständen
Ionische Ordnung, Säule oder → Pilaster mit Kapitell aus → Voluten und einem Schaft mit Kanneluren (senkrechte konkave Rillen)
Joch, das, Raumteil unter einem Gewölbefeld
Kalotte, die, Gewölbe in Gestalt einer Viertelkugel
Karton, der, starkes Papier, meist für Entwurfszeichnungen
Kartusche, die, Zierrahmen für Wappen und Inschriften
Kassette, die, tieferliegendes quadratisches, rautenförmiges oder mehreckiges Feld
Kielbogen, der, Spitzbogen, der im oberen Teil konvex, im unteren Teil konkav geschwungen ist (und so den Querschnitt eines Bootes mit Kiel nach oben abbildet)
Knorpelwerk, das, Ornament mit knorpelähnlichen Elementen
Kolossalordnung, die, Säulen oder → Pilaster, die mehrere Geschosse eines Gebäudes übergreifen
Kompositsäule, die, Säule, deren Kapitell aus einer Verbindung → korinthischer und → ionischer Formen besteht
Konche, die, einem Raum angefügter Anbau über halbrundem Grundriss
Konsole, die, vorkragendes Element zum Tragen von Figuren oder Architekturteilen
Korbbogen, der, gedrückter Rundbogen
korinthische Ordnung, die, Säule oder → Pilaster, deren Kapitell sich in zwei Reihen übereinander aus Akanthusblättern zusammensetzt, über deren Ecken → Voluten wachsen
Krabbe, die, plastisches Ornament in Gestalt eines Blattes, meist auf Kanten und Graten
Kreuz-Altar, der, Altar(-bild) für die Gemeinde in Kloster- oder Stiftskirchen vor, bisweilen auch auf dem → Lettner stehend
Kreuzblume, die, stilisiertes Blattgebilde über kreuzförmigem Grundriss als Bekrönung von → Fialen, → Wimpergen oder Turmspitzen
Kreuzrippengewölbe, das, Gewölbe, dessen einzelne Kappen durch konstruktiv wirksame Rippen geschieden werden
Krypta, die, tiefer liegender Raum unterhalb eines Chores in Kirchen
Langhaus, das, Bereich einer Kirche zwischen Westabschluss und Vierung bzw. → Chor
Lanzettfenster, das, schmale, meist zu Gruppen zusammengefasste spitz zulaufende Fenster
Lettner, der, meist begehbare und von Durchgängen durchbro-

chene Schranke zur Trennung des Priester- und Mönchschores vom → Langhaus
Majestasbild, das, Darstellung Christi als Weltenherrscher
Mandorla, die, großer Heiligenschein in Form einer Mandel, der die dargestellten Figuren mit ihrem gesamten Körper umschließt
Mansardbau, der, Gebäude mit einem Mansarddach, dessen unterer Teil steiler geneigt ist als der obere
Maschikuli, die, Ausgussöffnungen zwischen den Konsolen eines vorkragenden Wehrgangs
Maßwerk, das, geometrisch mit Zirkel und Lineal konstruiertes Bauornament zur Teilung des Bogenfeldes von Fenstern oder zur Gliederung von Flächen
Maßwerkbrücke, die, waagerechte Teilung oder Gliederung von Fenstern und Flächen durch → Maßwerk
Misericordie, die, kleine → Konsole, die bei hochgeklappter Sitzfläche des Chorgestühls beim Stehen Unterstützung bietet
monolith, aus einem Steinblock bestehend
Muschelstil, der, Ornamente, die durch (Ohr-)muschelähnliche Formen gebildet werden
musivisch, wie ein Mosaik gestaltet
Narthex, der, Vorkirche, ursprünglich zum Aufenthalt Ungetaufter
Nazarener, die, Gruppe deutscher Maler, die eine empfindungsstarke religiöse Kunst schaffen wollten im Gegensatz zur oft gefühlsleeren Kunst, wie sie die Akademien lehrten
Nimbus, Heiligenschein als Scheibe oder Kreis, meist in Gold, um das Haupt göttlicher oder heiliger Personen
Obergaden, der, (Fenster-)Zone zwischen → Arkaden und Decke bzw. Gewölben in Kirchen
Oktogon, das, achteckiger Zentralbau
Palas, der, Saal- oder Wohnbau einer Burg oder Pfalz
Paramente, die, Gewänder und Kleidung, die bei Gottesdiensten angelegt werden
Pass, der, Bogen oder Öffnung, deren Rahmung sich aus Kreisen zusammensetzt
Patrozinium, das, Schutzherrschaft von Heiligen, zu deren Ehren eine Kirche geweiht ist
Pilaster, der, einer Wand vorgelegter Pfeiler mit Basis und Kapitell
Plattenfries, der, Abfolge gerahmter, in der Regel quadratischer Platten
Polygon, das, Vieleck
Ponderation, die, gleichmäßige Verteilung des Körpergewichts auf Beine und Füße
Portalmadonna, die, Marienfigur vor dem mittleren Pfeiler eines Portals, der das → Tympanon stützt
Portikus, der, von Säulen getragene Vor- oder Eingangshalle
Postament, das, Sockel als Unterbau von Säulen, Pfeilern oder Statuen
Predella, die, Unterbau zwischen Altar und aufgesetztem → Retabel
Purifizierung, die, Entfernung nachträglicher Zutaten an Architektur und Ausstattung
Putto, der, kleiner nackter Knabe mit oder ohne Flügel
Pylon, der, pfeilerartige Konstruktion, zwischen die Bauteile eingehängt werden; hochragender Vor- oder Anbau
queroblong, querrechteckig
Radialkapelle, die, in ihrer Achse auf einen Raummittelpunkt ausgerichtete Kapelle
Reihenkomposition, die, Darstellung von Personen, die gleichmäßig nebeneinander aufgestellt sind
Reliquiar, das, Behältnis zur Aufbewahrung und Präsentation der Überreste von Heiligen
Retabel, das, Altaraufsatz mit bildlichen oder plastischen Darstellungen
Riss, der, maßstäbliche Zeichnung von Ansichten oder Grundrissen eines Gebäudes
Rollwerk, das, Ornament, meist zur Rahmung, das sich aus dreidimensionalen aufgerollten Bandformen zusammensetzt
Rosette, die, runde Öffnung oder Blende mit ihre Achse umkreisendem → Maßwerk
Rustizierung oder **Rustika**, die, natürliche oder durch Putz plastisch vor die Fugen hervortretende Quader
salisch, Epochenbezeichnung nach der Regentschaft der salischen Herrscher, etwa 1030–1125
Schallarkade, die, Öffnung der Glockenstube in Türmen, um den Klang ausdringen zu lassen
Scheinarchitektur, die, illusionistisch gemalte Architektur
Schirmkandelaber, der, Kerzenhalter in Schirmform
Schweifwerk, das, Ornament aus s- und c- förmigen Elementen
Spolie, die, wiederverwendetes Bauteil
Stadtprospekt, der, bildliche Ansicht einer Stadt
staufisch, Epochenbezeichnung nach der Regentschaft der staufischen Herrscher, etwa 1140–1250
Stichkappengewölbe, das, Gewölbe, das quer in das höher liegende Hauptgewölbe einschneidet
Stufengiebel, der, Giebel mit stufenartig ansteigender Kontur
Tabernakel, das, 1. kleiner Schrank in → Predella oder → Retabel zur Aufbewahrung der Hostien, 2. ein von Säulen getragener Dachaufbau, meist zur Aufnahme von Figuren
Tafelmalerei, die, Malerei auf Holztafeln
Tapisserie, die, Bildteppich
Tektonik, die, Zusammensetzung starrer Teile zu einem Gefüge
Tondo, das, Relief oder Gemälde in runder Rahmung
Tonne, die, Dach- oder Gewölbeform von halbem Kreisquerschnitt
Triforium, das, → Arkatur im Obergaden zwischen → Arkaden und Fenstern des → Obergaden
Triptychon, das, dreiteiliges (Altar-)Bild, → Retabel mit feststehendem Mittelteil und beweglichen Seitenflügeln
Tumba, die, über einem Grab aufragender Überbau, der die Grabplatte mit Inschrift und/oder ein Abbild des/der Toten trägt
Tympanon, das, Bogenfeld über Portalen, häufig mit Reliefschmuck
Vierungsturm, der, Turm über der Durchquerung von → Langhaus und Querhaus einer Kirche
Volute, die, spiral- oder schneckenförmig gerolltes Bau- oder Ornamentteil
Wange, die, seitlich abschließendes Element eines Chorgestühls oder einer Treppe
Westwerk, das, dem Westen einer Bischofs- oder Klosterkirche vorgesetzter liturgisch selbstständiger Baukörper mit eigenem → Patrozinium
Wimperg, der, giebelförmige Überhöhung von Fenstern und Portalen, meist mit → Maßwerk und → Krabben
Wirtel, der, auch Schaftring, ringförmige Zier um Säulen
Wulst, der, rundes Zierglied, meist zur Rahmung von Blenden und Öffnungen
Zackenstil, der, Malweise, die von spitzen und kantigen Formen geprägt ist
Ziborium, das, ähnlich dem → Tabernakel auf Stützen stehender Überbau über einer Figur, einem Altar oder Grabmal
Zinne, die, aufragendes Mauerstück, das in regelmäßigen Abständen ursprünglich auf Wehrgängen den Schützen als Deckung diente
Zwerchgalerie, die, Folge kleinerer → Arkaden als oberer Abschluss außen von → Apsiden, hinter der sich ein Laufgang befindet
Zwickel, der, dreiseitig begrenzte Fläche zwischen Bauteilen oder gliedernden Elementen

Weiterführende Literatur

Einleitung (allgemeine Darstellungen)

Binding, Günther / Löhr, Barbara: 2000 Jahre Baukunst in Köln. Köln 1983.

Binding, Günther: Städtebau und Heilsordnung. Künstlerische Gestaltung der Stadt Köln in ottonischer Zeit (Studia humanoria, series minor, Bd. 1) Düsseldorf 1986.

Dehio, Georg: Handbuch der Deutschen Kunstdenkmäler. Nordrhein-Westfalen, Bd. 1, Rheinland. München, Berlin 2005, S. 561–839.

Dietmar, Carl / Jung, Werner: Kleine illustrierte Geschichte der Stadt Köln. Köln 2013.

Eckert, Willehad Paul: Köln. Stadt am Rhein zwischen Fortschritt und Tradition. Köln 1976.

Helbach, Ulrich / Oepen, Joachim: Kleine illustrierte Geschichte des Erzbistums Köln. Köln 2013.

Hillen, Christian / Rothenhöfer, Peter / Soénius, Ulrich S.: Kleine illustrierte Wirtschaftsgeschichte der Stadt Köln. Köln 2013.

Kier, Hiltrud: Kleine Kunstgeschichte Kölns. München 2001.

Rode, Herbert: Köln. München, Berlin 1968.

Schäfke, Werner: Köln. Zwei Jahrtausende Kunst, Geschichte und Kultur. Köln 1988.

Vogts, Hans: Köln im Spiegel seiner Kunst. Köln 1950.

Die römische Stadt

Fischer, Thomas / Trier, Marcus: Das römische Köln. Köln 2013.

Süßenbach, Uwe: Die Stadtmauer des römischen Köln. Köln 1981.

Romanik

Back, Ulrich / Höltken,Thomas / Hochkirchen, Dorothea: Der Alte Dom (Studien z. Kölner Dom, Bd. 12) Köln 2012.

Baumgarten, Jörg: Kölner Reliquienschreine (Köln entdecken, Bd. 3) Köln 1985.

Becks, Leonie / Deml, Matthias / Hardering, Klaus (Hg.): Caspar, Melchior, Balthasar – 850 Jahre Verehrung der Heiligen Drei Könige im Kölner Dom. Ausst. Kat. Köln 2014.

Beer, Manuela u. a. (Hg.): Die Heilgen Drei Könige. Mythos, Kunst und Kult. Ausst. Kat. München 2014.

Dietmar, Carl: Das mittelalter-liche Köln. Köln 2006.

Finger, Heinz / Wessel, Werner (Hg.): Die Heiligen Drei Könige. Die Translation ihrer Gebeine 1164 und ihre Verehrung in Köln (Libelli Rhenani, Bd. 53) Köln 2014.

Gassen, Bernhard W.: Mittel-alterliche Kirchen in Köln. Petersberg 2010.

Goldkuhle, Fritz: Mittelalterliche Wandmalerei in St. Maria Lyskirchen (Bonner Beitr. z. Kunstwiss., Bd. 3) Düsseldorf 1954.

Hagendorf-Nußbaum, Lucie / Kutz, Nadine: Die romanischen Kölner Pfarrkirchen von den Anfängen bis zur Gegenwart, (Colonia Romanica, Bde. 28, 29) Köln 2013, 2014.

Kemper, Dorothee u. a.: Die Goldschmiedearbeiten am Dreikönigenschrein. 3 Bde. Köln 2014.

Kier, Hiltrud / Krings, Ulrich (Hg.): Köln: Die Romanischen Kirchen. Von den Anfängen bis zum Zweiten Weltkrieg (Stadtspuren – Denkmäler in Köln, Bd. 1) Köln 1984.

Kier, Hiltrud: Die Romanischen Kirchen in Köln. Führer zu Geschichte und Ausstattung. Köln 2014.

Kubach, Hans Erich / Verbeek, Albert: Romanische Baukunst an Rhein und Maas, Bd. 1. Berlin 1976, S. 496–629.

Legner, Anton (Hg.): Ornamenta Ecclesiae. 3 Bde. Köln 1985.

Legner, Anton: Reliquien in Kunst und Kult zwischen Antike und Aufklärung. Darmstadt 1995.

Mainzer, Udo: Die staufischen Tore der landseitigen Befestigung Kölns. In: Colonia Romanica 1, 1986, S. 45–55.

Miller, Markus: Kölner Schatzkasten. Die Große Kölner Beinschnitzwerkstatt des 12. Jahrhunderts. Mainz 1997.

Monumenta Annonis, Köln und Siegburg. Weltbild und Kunst im hohen Mittelalter. Ausst. Kat. Köln 1975.

Plotzek, Joachim / Winnekes, Katharina u. a. (Hg.): Die Kölner Dombibliothek. Ausst. Kat. Köln 1998. Ostfildern 1998.

Rhein und Maas. Kunst und Kultur 800–1400. Ausst. Kat. Köln 1972, 2 Bde. Köln 1972/1973.

Schäfke, Werner / Trier, Marcus (Hg.): Mittelalter in Köln. Köln 2010.

Schmidt, Wolfgang: Stifter und Auftraggeber im spätmittel-alterlichen Köln (Veröff. d. Kölnischen Stadtmuseums, Bd. 11) Köln 1990.

Verbeek, Albert: Kölner Kirchen. Die kirchliche Baukunst in Köln von den Anfängen bis zur Gegenwart. Köln 1987.

Vogts, Hans: Das Kölner Wohnhaus bis zur Mitte des 19. Jahrhunderts, 2 Bde. Neuss 1966.

Weyres, Willy: Die vorgotischen Bischofskirchen in Köln (Studien z. Kölner Dom, Bd. 1) Köln 1987.

Gotik

Bergmann, Ulrike: Das Chorgestühl des Kölner Domes, 2 Bde. Neuss 1987.

Beuckers, Klaus Gereon: Köln: Die Kirchen in gotischer Zeit (Stadtspuren – Denkmäler in Köln, Bd. 24) Köln 1998.

Geis, Walter / Krings, Ulrich (Hg.): Köln: Das gotische Rathaus und seine historische Umgebung (Stadtspuren – Denkmäler in Köln, Bd. 26) Köln 2000.

Herdering, Klaus (Hg.): Die Chorpfeilerfiguren des Kölner Domes. Festschr. Barbara Schock-Werner (Kölner Domblatt, Bd. 77) Köln 2012.

Hoffmann, Godehard: Das Gabelkreuz in St. Maria im Kapitol zu Köln und das Phänomen der Crucifixi dolorosi in Europa (Arbeitsheft d. rhein. Denkmalpflege 69) Worms 2006.

Kier, Hiltrud / Ernsting, Bernd / Krings, Ulrich (Hg.): Köln: Der Rathausturm. Seine Geschichte und sein Figurenprogramm (Stadtspuren – Denkmäler in Köln, Bd. 21) Köln 1996.

Kier, Hiltrud: Gotik in Köln. Köln 1997.

Krischel, Roland: Stefan Lochner. Muttergottes in der Rosenlaube. Leipzig 2013.

Nußbaum, Norbert: Neues zu den Turmplanungen des Kölner Domes. In: Kölner Domblatt 79, 2014, S. 75–119.

Pfotenhauer Angela: Köln: Der Gürzenich und Alt St. Alban (Stadtspuren – Denkmäler in Köln, Bd. 22) Köln 1993.

Rode, Herbert: Die mittelalter-lichen Glasmalereien des Kölner Domes (Corpus Vitrearum Medii Aevi, Bd. 4,1) Berlin 1974.

Schäfke, Werner (Hg.): Die Kölner Kartause um 1500. Köln 1991.

Schmid, Wolfgang: Stifter und Auftraggeber im spätmittel-alterlichen Köln. Köln 1994.

Schulze-Senger, Christa / Hansmann, Wilfried: Der Clarenaltar im Kölner Dom (Arbeitsheft d. rhein. Denkmalpflege 64) Worms 2005.

Skriver, Anna: Die Taufkapelle von St. Gereon in Köln. Untersuchungen zur Wechselwirkung zwischen Architektur und Farbfassung spätstaufischer Sakralräume im Rheinland (mediaevalis. Beitr. z. Kunst d. Mittelalters, Bd. 2) Köln 2001.

Steinmann, Marc: Die Westfassade des Kölner Domes. Der mittelalterliche Fassadenplan F (Forschungen z. Kölner Dom, Bd. 1) Köln 2003.

Teplitzky, Thesy: Geld, Kunst, Macht. Eine Kölner Familie zwischen Mittelalter und Renaissance. Die Stiftungen der Familie Hackeney. Köln 2014.

Wolff, Arnold: Der Kölner Dombau der Spätgotik. In: Beiträge zur rheinischen Kunstgeschichte und Denkmalpflege II (Die Kunstdenkmäler des Rheinlandes, Beih. 20) Düsseldorf 1974, S. 137–150.

Wolff, Arnold (Hg.): Der gotische Dom in Köln. Köln 1986.

Zehnder, Frank Günter: Katalog der Altkölner Malerei (Kataloge d. Wallraf-Richartz-Museums, Bd. 11) Köln 1990.

Zehnder, Frank Günter (Hg.): Stefan Lochner – Meister zu Köln. Ausst. Kat. Köln 1993.

Renaissance

von Büren, Guido / Mölich, Georg u. a. (Red.): Renaissance am Rhein. Ausst. Kat. Bonn 2010. Ostfildern 2010.

Jüsten-Hendtrich, Margit (Red.): Kölner Kirchen und ihre Ausstattung in Renaissance und Barock (Colonia Romanica, Bde. 16–20) Köln 2001–2005.

Kirgus, Isabelle: Renaissance in Köln. Architektur und Ausstattung. 1520–1620 (Sigurd Greven-Studien, Bd. 3) Bonn 2000.

Kirgus Isabelle: Die Rathauslaube in Köln 1569–1573. Architektur und Antikerezeption (Sigurd Greven-Studien, Bd. 4) Köln 2003.

Lang, Astrid: Die Baumaßnahmen am Kölner Rathaus 1597–1617: Tür, Portal und Tor als Grenzorte und Kommunikationsräume. In: INSITU. Zeitschr. f. Architekturgesch. 5, 2013, S. 175–198.

Mainzer, Udo: Zur Genese der Renaissance-Architektur im Rheinland (Elfte Sigurd Greven-Vorlesung) Köln 2007.

Rauch, Ivo / Scholz, Hartmut: St. Peter zu Köln (Meisterwerke der Glasmalerei, Bd. 1) Regensburg 2007.

Schäfke, Werner: Coellen eyn Croyn. Renaissance und Barock in Köln. Köln 1999.

Täube, Dagmar (Hg.): Rheinische Glasmalerei. Meisterwerke der Renaissance. Ausst. Kat. 2 Bde. Regensburg 2007.

Tümmers, Horst-Johs: Die Altarbilder des Älteren Bartholomäus Bruyn. Köln 1964.

Barock

Dattenberg, Heinrich: Niederrheinansichten Holländischer Künstler des 17. Jahrhunderts (Die Kunstdenkmäler d. Rheinl., Beih. 10) Düsseldorf 1967.

Eberhardt, Silke: Sakrale Großplastik in Köln (1600–1730). Die Geschichte ihrer Entstehung und ihre stilistische Einordnung. Diss. Köln 2005.

Gamer, Jörg: Matteo Alberti. Oberbaudirektor des Kurfürsten Johann Wilhelm von der Pfalz (Die Kunstdenkmäler d. Rheinl., Beih. 18) Düsseldorf 1978.

Lewejohann, Stefan (Hg.): Köln in unheiligen Zeiten. Die Stadt im Dreißigjährigen Krieg. Köln, Weimar, Wien 2014.

Mainzer, Udo (Hg.): Die Jesuitenkirche St. Mariae Himmelfahrt in Köln (Beitr. z. d. Bau- u. Kunstdenkmälern d. Rheinl., Bd. 28) Düsseldorf 1982.

Weirauch, Ursula: Der Engelbertschrein im Kölner Domschatz von 1633 und das Werk des Bildhauers Jeremias Geisselbrunn (Beitr. z. d. Bau- u. Kunstdenkmälern d. Rheinl., Bd. 21) Düsseldorf 1973.

19. Jahrhundert

Borger, Hugo (Hg.): Der Kölner Dom im Jahrhundert seiner Vollendung. Ausst. Kat. Köln, 2 Bde. Köln 1980.

Breuer, Judith: Die Kölner Domumgebung als Spiegel der Domrezeption im 19. Jahrhundert (Landeskonservator Rheinland Arbeitsheft 10) Köln 1981.

Fraquelli, Sybille: Im Schatten des Domes: Architektur der Neugotik in Köln. Köln, Weimar 2008.

Fraquelli, Sybille: Die romanischen Kirchen im Historismus (Colonia Romanica, Bd. 25, 26) Köln 2013, 2014.

Kier, Hiltrud: Die Kölner Neustadt (Beitr. z. d. Bau- u. Kunstdenkmälern d. Rheinl., Bd. 23) Düsseldorf 1978.

Kier, Hiltrud / Schäfke, Werner: Die Kölner Ringe. Köln 1987.

Meynen, Henriette (Hg.): Festungsstadt Köln. Das Bollwerk im Westen. Köln 2010.

Oepen, Joachim / Schaffer, Wolfgang (Hg.): Kirche. Kanzel. Kloster. Pfarrgründungen, Kirchbau und Seelsorge in der Kölner Neustadt 1880–1920. Köln 2006.

Pracht, Elfi: Jüdisches Kulturerbe in Nordrhein-Westfalen. Teil 1 (Beitr. z. d. Bau- u. Kunstdenkmälern i. Rheinl., Bd. 43,1) Köln 1997, S. 242–320.

Schäfke, Werner / Bock, Ulrich (Hg.): Johann Peter Weyer. Kölner Alterthümer. 2 Bde. Köln 1993–1994.

Springer, Peter: Das Kölner Dom-Mosaik (Studien z. Kölner Dom, Bd. 3) Köln 1991.

Trier, Eduard / Weyres, Willy (Hg.): Kunst des 19. Jahrhunderts im Rheinland. 5 Bde. Düsseldorf 1979–1981.

Wolff, Arnold: Dombau in Köln. Stuttgart 1980.

20. Jahrhundert

Backes, Dirk / Herzogenrath, Wulf u. a.: Heinrich Hoerle. Leben und Werk 1895–1936. Köln 1981.

Binding, Günther / Müller, Georg: Die Bauten der Kölner Universität. Köln 1988.

Funck, Britta: Wilhelm Riphahn. Architekt in Köln. Köln 2004.

Fußbroich, Helmut: Architekturführer Köln. Profane Architektur nach 1900. Köln 1997.

GAG Immobilien AG (Hg.): Großstadt in der Großstadt. Köln 2013.

Gohr, Siegfried / Ronte, Dieter (Hg.): Die Expressionisten. Vom Aufbruch bis zur Verfemung. Ostfildern 1996.

Heinen, Werner / Pfeffer, Anna-Marie: Köln: Siedlungen 1888–1938 (Stadtspuren – Denkmäler in Köln, Bd. 10,1) Köln 1988.

Kier, Hiltrud / Liesenfeld, Karen / Matzerath, Horst (Hg.): Architektur der 30er und 40er Jahre in Köln. Materialien zur Baugeschichte im Nationalsozialismus (Schr. d. NS-Dokumentationszentrums d. Stadt Köln, Bd. 5) Köln 1999.

Kölnisches Stadtmuseum (Hg.): August Sander. Köln wie es war. 408 Fotografien von 1920 bis 1939. Köln 2009.

Kolberg, Gerhard (Hg.): Nay-Variationen. Retrospektive zum 100. Geburtstag. Köln 2002.

Schilling, Sabine Maja: Ewald Mataré. Das plastische Werk. Köln 1994.

Westfehling, Uwe: Jakob und Wilhelm Scheiner: Bilder zur Kölner Stadtentwicklung zwischen 1872 und 1922. Köln 1978.

Vom Dadamax bis zum Grüngürtel. Köln in den zwanziger Jahren. Ausst. Kat. Köln 1975.

Nachkriegsmoderne

Architekten- und Ingenieur-Verein KölnBonn (Hg.): Der Rheinauhafen. Köln 2011.

Bollenbeck, Karl Josef (Bearb.): Neue Kirchen im Erzbistum Köln. 1955–1995, Bd. 2. Köln 1995, S. 502–551.

Diederich, Stephan / Pilz, Luise (Hg.): Ludwig goes Pop. Köln 2014.

Gohr, Siegfried u. a.: Malen mit Glas (Colonia Romanica, Bd. 27) Köln 2012.

Hagspiel, Wolfram / Kier, Hiltrud / Krings, Ulrich: Architektur der 50er Jahre (Stadtspuren – Denkmäler in Köln, Bd. 6) Köln 1986.

Heinen, Werner / Pfeffer, Anna-Marie: Köln: Siedlungen 1938–1988 (Stadtspuren – Denkmäler in Köln, Bd. 10,2) Köln 1988.

Kier, Hiltrud: Architektur der 50er Jahre. Bauten des Gerling-Konzerns in Köln (Insel Taschenbuch 1617) Frankfurt M., Leipzig 1994.

Lieb, Stefanie / Zimmermann, Petra Sophia: Die Dynamik der 50er Jahre. Architektur und Städtebau in Köln. Petersberg 2007.

Obrist, Hans Ulrich: Gerhard Richter – Bilder/Serien. Ostfildern 2014.

Pfotenhauer, Angela / Lixenfeld, Elmar: Festarchitektur der fünfziger Jahre. Der Gürzenich und St. Alban in Köln. Köln 1997.

Schäfke, Werner: Architektur der 50er Jahre in Köln. Köln 1986.

Denkmalpflege nach 1945

Krings, Ulrich / Schwab, Otmar: Köln: Die Romanischen Kirchen. Zerstörung und Wiederherstellung (Stadtspuren – Denkmäler in Köln, Bd. 2) Köln 2007.

Machat, Christoph: Der Wiederaufbau der Kölner Kirchen (Landeskonservator Rheinland Arbeitsheft 40) Köln 1987.

Stadtkonservator Köln (Hg.): Köln: 85 Jahre Denkmalschutz und Denkmalpflege 1912–1997 (Stadtspuren – Denkmäler in Köln, Bde. 9 I/II) Köln 1997/1998.

Register

Architekten/Baumeister

Künstler

Kunstwerke

Bildnachweis

Archiv Werner Heinen: 154; **Bachem Archiv Köln:** 13 u., 135 o.; **G. Binding/B. Kahle: 2000 Jahre Baukunst in Köln, Köln 1983:** 21 (A. v. Gerkan, G. Binding, H.-G. Hellenkemper), 31 o. (A. Verbeek), 32 o. (F. Mühlberg, H. Borger); **Robert Boecker, Köln:** 104, 106, 107 o., 113, 126; **Fotolia/Klaus Büth:** 101; **Colonia 3D: RGM/Köln International School of Design/Universität zu Köln:** 13 o., 14; **Dombauarchiv:** 22, 47, 51, 53, 54, 56, 57, 58, 71 o., 75, 76, 80, 93 o., 94 u., 95, 117, 138 u., 144 (© Dombauhütte Köln/Foto: Matz und Schenk), 40, 72 o. (© Dombauhütte Köln/Foto: W. Kralisch), 52, 83 o., 115, 119 (© Dombauhütte Köln), 111 (© Dombauhütte Köln/Foto: J. Rumbach, M. Unkelbach), 120 (© Dombauhütte Köln/Foto: A. Schmitz), 145 (© Dombauhütte Köln/Foto: M. Bräker), 169 (© Entwurf: Gerhard Richter, Köln/Foto: Dombauhütte Köln/Matz und Schenk); **H. G. Esch:** 31 u., 143, 163 l.; **Ernser-Bild:** 124 u., 171; **Förderverein Romanischer Kirchen Köln e. V.:** 99, 116; **Fuchs, Peter: Köln – Wesen, Werden, Wirken, Köln 1968:** 38 o.; **Cartomedia, Angelika Solibieda:** 11; **Rainer Hackenberg, Köln:** 34 M., 85 u., 90 u., 92, 140 u., 147; **Wilfried Hansmann:** 184 u.; **Christoph Heckeley:** 77 u.; **Dorothea Heiermann:** 32 u., 60, 112 l., 157 u., 168, 170; **Rolf Heinrich, Köln:** 37 u.; **Willy Horsch:** 93 u., 112 r.; **H. Kier/U. Krings: Stadtspuren Band 1, Köln: Die romanischen Kirchen. Von den Anfängen bis zum Zweiten Weltkrieg, Köln 1984:** 26 (H. Fußbroich/H. Stöcker); **Holger Klaes:** 38 u., 45 u.; **Kölnisches Stadtmuseum/RBA:** 6–7 (rba_052496), 12 (rba_c015609), 37 o. (rba_021156), 67 l. (rba_d037777), 69 o. (rba_mf005438), 94 o. (rba_c025212), 105 (rba_c009552), 121 (rba_c019797), 128 (rba_630195, rba_c000006), 129 (rba_c021982), 152 (rba_c016093), 181 r. (rba_c006132), 183 (rba_c016089), 184 o. (rba_mf049034), 185 (rba_c003449), 188 o. (rba_c000374), 188 u. (rba_c019996); **Kolumba/RBA:** 42 (rba_c003830); **Celia Körber-Leupold:** 25, 27, 30, 33 r., 34 r., 34 u., 35, 36, 41 u. l., 44, 45 o., 49, 61, 62 o., 63–65, 70, 72 u., 74, 96, 114 o., 127, 142, 150 u., 153 r., 166, 172, 175, 177, 179; **U. Krings/O. Schwab: Stadtspuren Band 2: Köln die romanischen Kirchen, Zerstörung und Wiederherstellung, Köln 2007:** 29 (O. Schwab); **Boris Loehrer:** 161 o.; **LVR – Amt für Denkmalpflege im Rheinland:** 33 l., 41 l., 73 u., 77 o., 107 u., 123 u., 151, 158, 160 u., 162, 163 r., 165 u., 174; **Udo Mainzer:** 109 r., 164 u., 165 o.; **Wolfgang F. Meier:** 173 r., 180, 189 l., 189 M., 190; **moderne Stadt:** 161 u.; **Florian Monheim, Krefeld:** 78; **Museum Ludwig/RBA:** 4–5 (rba_d028990), 153 l. (rba_c003490), 167 (rba_d028990); 191 o. l. (rba_c000544), 191 u. (rba_090107), 192 (rba_c007759); **Museum Schnütgen/RBA:** 41 o. r. (rba_d032904_01), 42 (rba_c005404), 71 u. (rba_d032910_02), 83 u. (rba_d015201); **Preußische Schlösser und Gärten Berlin-Brandenburg:** 67 r. Titel: Osterwald, Georg: Der Hansasaal im Rathaus von Köln, 1846, GK I 7782.Fotograf: Roland Handrick; **Csaba Peter Rakoczy:** 189 r.; **Rheinisches Bildarchiv Köln (RBA):** hintere Innenklappe (rba 711543), 28 (rba_c006089), 34 o. l. (rba_076332), 39 (rba_c003409), 46 (rba_c005453, rba_c005451), 73 o. (rba_c005644, rba_c005643), 79 o. (rba_c001702), 85 o. (rba_mf042884), 86 (rba_c006553), 89 (rba_mf004496), 91 (rba_c005648), 98 (RBA 140 214), 108 (rba_L003122_02), 109 l. (rba_115924), 114 u. (rba_c005641), 125 (rba_065333), 130 (RBA 158 166), 131 (RBA 044 875), 134 (rba_mf065001), 137 l. (RBA L 02 457/39), 139 (rba_d028339_02), 140 o. (rba_d028375_05), 146 (rba_mf110234), 149 (rba_c013618), 164 o. (rba_d018092_04), 173 l. (rba_mf131155), 191 o. r. (rba_d006101), 193 (rba_c005625); **Rheinisches Landesmuseum Bonn/RBA:** 2–3 (rba_c001898); **Römisch-Germanisches Museum (RGM)/RBA:** 19 o. (rba_d030714_2), 17 (rba_d035090); **RGM:** 18, 19 u.; **RGB/Marcus Trier:** 16; **Roland Rost:** Titelbild; **Hans Peter Schäfer, Köln:** 102; **BU Schorn:** 62 u.; **Raimond Spekking/CC BY-SA 3.0 (via Wikimedia Commons):** 157 o.; **Stadtkonservator Köln:** 68, 69 u., 88, 90 o., 97, 110, 122, 123 o., 124 o., 132, 133, 135 u., 136, 137 r., 141, 148, 150 o., 156, 159, 160 o.; **Gerald Zugmann:** 138 o.; **VG Bild-Kunst Bonn:** 4–5 (© Fondation Oskar Kokoschka/VG Bild-Kunst, Bonn 2015), 35 (© Georg-Meistermann-Nachlassverwaltung, Dr. J. M. Calleen/VG Bild-Kunst, Bonn 2015), 70 (© VG-Bildkunst, Bonn 2015), 153 (© VG Bild-Kunst, Bonn 2015), 158 (© VG Bild-Kunst, Bonn 2015), 167 (© Fondation Oskar Kokoschka/VG Bild-Kunst, Bonn 2015), 168 (© Georg-Meistermann-Nachlassverwaltung, Dr. J. M. Calleen/VG Bild-Kunst, Bonn 2015), 169 l. (© VG Bild-Kunst, Bonn 2015), 190 (© VG Bild-Kunst, Bonn 2015), 191 l. (© VG Bild-Kunst, Bonn 2015), 192 (Elisabeth Nay-Scheibler, Köln/VG Bild-Kunst, Bonn 2015); **Wallraf-Richartz-Museum & Fondation Corboud/RBA:** 79 u. (rba_c006531), 81 (rba_d000074), 82 (rba_c009205), 178 (rba_c000031), 181 l. (rba_c003315), 182 (rba_c015781), 186 (rba_c008571), 187 (rba_c011311)